G 广告与新媒体系列教材

丛书主编　周茂君

U1009777

营销传播文案写作

◎ 阮卫　编著

WUHAN UNIVERSITY PRESS
武汉大学出版社

图书在版编目(CIP)数据

营销传播文案写作/阮卫编著.—武汉：武汉大学出版社，2021.12
广告与新媒体系列教材/周茂君主编
ISBN 978-7-307-22101-7

Ⅰ.营…　Ⅱ.阮…　Ⅲ.广告文案—写作—教材　Ⅳ.F713.812

中国版本图书馆 CIP 数据核字(2020)第 272874 号

责任编辑:陈　豪　　责任校对:李孟潇　　版式设计:马　佳

出版发行：**武汉大学出版社**　(430072　武昌　珞珈山)
(电子邮箱：cbs22@ whu.edu.cn　网址：www.wdp. com.cn)
印刷:湖北金海印务有限公司
开本:720×1000　1/16　印张:18.25　字数:307 千字　插页:2
版次:2021 年 12 月第 1 版　2021 年 12 月第 1 次印刷
ISBN 978-7-307-22101-7　定价:46.00 元

序　言

我们正在经历一个从传统到数字的变革时代——从传统媒体到数字媒体，从传统营销到数字营销，从传统广告到数字广告，技术在其中扮演着关键角色。网络技术、数字技术、移动通信技术、大数据技术、人工智能技术、物联网技术、区块链技术和VR、AR、5G等技术正在改变着媒体市场格局，带来媒体市场生态的颠覆性变革，对广告市场和营销市场产生了深刻影响，促使其市场重心由传统媒体转向数字媒体和智能媒体，这种变革的轨迹非常明显。

其一，对广告交易制度的改变。传统媒体时代的广告交易制度——广告代理制逐渐被程序化购买的交易制度(Real Time Bidding，RTB)所取代；过去广告经营主体——广告主、广告代理公司、广告媒体，逐渐被数字时代参与程序化购买的媒体服务平台(Sell-Side Platform，SSP)、数据管理平台(Data Management Platform，DMP)、需求方平台(Demand-Side Platform，DSP)和广告交易平台(AD EXchange)四方所取代。网络投放与广告管理系统的开发有力地推进了网络广告市场的规范化运作。与常规的人工购买相比，基于自动化技术和数据系统来进行广告投放的程序化购买平台可以极大地改善广告购买的效率、规模和投放策略。

其二，数据成为广告营销市场的核心竞争力。广告主可以凭借其拥有的第一方数据，借助其官网和微博、微信，自建APP，搭建营销平台，进行品牌宣传与产品营销；数字媒体平台则依靠其垄断的第二方数据资源和头部媒体优势，在广告营销市场纵横捭阖、所向披靡；传统广告公司曾经拥有的创意、策划等专业性优势，在数字时代逐渐被广告主和数字媒体平台蚕食，而"去中介"的行业诉求正在加重其生存危机，逼迫其通过搭建数字营销平台(垂直)和重构专业性实现浴火重生与凤凰涅槃。

其三，广告产品形态的多元化。随着媒介形态的多样化，技术手段的日益革新，网络广告的形式由最初的展示广告拓展到搜索引擎广告、富媒体广告、短视频广告、电商广告等丰富的产品形态。通过与不同行业的跨界合作，产品营销方式也多种多样，社交媒体平台、电商平台、新闻资讯平台、娱乐平台以及各传统媒体平台交融合作，打造从线上到线下的广告营销闭环，更加贴近消费者的生活场景与兴趣爱好。

正是在这样的背景下，周茂君教授组织、编写了这套“广告与新媒体系列教材”，其独特之处在于：其一，教材专为专业主干课程量身定做，编写内容紧跟时代步伐。上述教材贴近国内新闻传播院校广告学(含网络与新媒体)的专业主干课程，课程名称虽然变化不大，但从编写理念到章节拟定、从内容安排到案例选择，无不是当前广告数字时代新理念、新思想、新业态和新变革的集中体现。其二，勾画史的线索与立足广告营销实践。系列教材中的每本书皆坚持勾画出从传统媒体到数字媒体、从传统营销到数字营销，从传统广告到数字广告的“史”的线索和发展脉络，让读者能从中见出从传统时代到数字时代的演进轨迹；同时系列教材作者并没有局限于对广告营销做从理论到理论的纯理论研究，而是立足于广告营销实践，更多地从业界的视角去透视、研究相关的理论问题，这就使其研究更重实际，也更接地气。其三，本套教材既关注理论前沿问题，注意吸收和借鉴国内外广告营销研究的最新成果，又注重这些基本理论的实际应用，将基本理论、实际应用和案例点评很好地结合在一起，形成独具的特色。

中国广告营销市场从 1979 年重新恢复至今不过 40 多年时间，数字媒体、智能媒体的崛起也只是新千年以后的事情。与之相应，2010 年以前国内出版的广告学专业教材较多，此后这类教材的出版渐次变少，成套出版的就更少，而既成套又兼顾广告与新媒体的则更是少之又少。因此，周茂君教授主编的这套“广告与新媒体系列教材”的出版可谓恰逢其时，无疑会极大地促进国内广告学(含网络与新媒体)专业教育的开展。

是为序。

强月新

2021 年 11 月

前　　言

美国《热线杂志》(*Hotwired*)绝对不会想到，其网络版在1994年10月14日为美国电话电报公司(American Telephone & Telegraph，AT&T)等刊登的14则广告主图像和信息，会成为网络广告诞生和数字广告时代到来的标志，从此1994年便成为传统广告与数字广告的重要分水岭。此后，技术进步引领着媒体市场、营销市场、广告市场的变革，从传统媒体到数字媒体、从传统营销到数字营销、从传统广告到数字广告，不是在变革之中就是在变革的路上。这场由新技术引发的媒体市场、营销市场和广告市场的变革已经对当下的媒体市场格局、媒体市场生态造成颠覆性的影响：媒体市场重心已由传统媒体平台转向数字媒体平台、智能媒体平台；数据成为市场中最重要的生产要素，已然取代创意、设计和策划成为广告代理公司(数字营销公司)最核心的竞争力；由程序化购买广告交易制度取代广告代理制已经成为广告营销业界的基本共识；广告主的“In-house”团队崛起与广告营销市场整体的“去中介”之间的关联越来越强，广告代理公司(数字营销公司)的生存危机也越发凸显。当然，广告营销市场的颠覆性变革还远不止这些，下列场景是新旧时代差异与变革的真实写照。

场景一：过去，广告人围坐在会议桌前，仅仅靠头脑风暴(brain storming)和无限的创意就能敲定广告方案的时代已经不再；现在的数字营销从业者更像是股票交易员，他们坐在电脑前，瞬间即可在在线广告交易平台上完成广告位的购买与销售。运算法则的输出结果能实时、准确地根据用户数据决定不同的产品广告应当在哪一个网页或终端设备上投放，同时准确地选择出向不同的用户投放哪一个版本的广告内容。广告交易平台可以根据访客曝光量或转化率为付费用户准确地计算出广告费用，并通过代码监测向广告主及时地反馈广告投放到目标用户的效果数据。一定的数据分析能力以及对于数字管理系统熟练的操作能力，似乎已经成为广告营销人员必备的职业技能。过去的“广告创意狂人”正在向现在的“数据达人”转变。

场景二：在创意生产领域，传统的营销创意基于市场调研、消费者调研、调研反馈以及营销创意人员自身的灵感；而人工智能技术则通过大数据深入挖掘市场信息和用户信息，实现对用户的精准匹配和个性化定制。传统的创意分发主要依赖广告代理机构所掌握的媒介资源和媒介档期；而人工智能技术则能够通过算法对用户特征、环境特征、营销内容特征进行精准匹配，从而进行智能精准投放。人工智能技术通过算法和大数据技术解决了传统营销模式无法解决的两大难题：对用户行为的大数据分析实现了广告对用户的精准匹配，解决了广告主与用户间的互动难题；智能分发则有效协调了广告主、广告代理公司、数字媒体平台和用户间的利益博弈。在人工智能时代，数据成为最重要的资源，原有的营销逻辑“创意驱动营销”被打破；人工智能时代的营销逻辑是数据驱动创新，创新带来营销创意。

场景三：人工智能技术具有强大的深度学习能力，能够基于现有的数据进行快速分析，其学习和模仿的能力远超人类；它能够将现有的营销案例进行拆解、剖析，甚至有望解决此前无数广告大师难以解决的科学与创意之间的共生与矛盾问题；它能够通过比对成百上千甚至上万的营销案例，分析其创意的最优点，并根据用户的个性需求，形成差异化甚至千人千面的营销创意点。但是，这些创意点并非创意本身，它们只是展示了人工智能技术“类人”的一面，其在营销创意过程中存在巨大的局限性——人工智能技术只能基于现有数据和案例“深度学习”，这种底层逻辑限制了其生产出崭新创意的可能性。人工智能所形成的创意点依旧需要基于人类对于创意的整体把控和评估展开，它必须“有所依托”才行，一旦失去这个“依托”，其无法生产创意的“短板”便会显露出来；它不能生产出大创意、大制作，更难有“落霞与孤鹜齐飞，秋水共长天一色”的神来之笔，也不能从品牌战略的高度对整体营销创意进行统筹。

场景四：人工智能技术使营销创意产业产生了颠覆性变革，产业竞争中心将从对用户的争夺转向对内容创意的回归。在人工智能时代，海量数据的获取或许是人工智能技术改变营销创意产业的基础，但真正为营销创意产业带来颠覆性变革的是海量数据背后人、物、社会之间关系的改变甚至重构。互联网营销上半场的核心思维是流量思维，虽然业内一直强调内容为王，但营销的核心依旧是对用户的争夺；而互联网下半场的核心思维则是内容创意的回归思维，内容和科技为营销双重加持，内容生产和营销之间的界限被打破，内容科技(contech)将成为营销创意产业的主流驱动力。当人与人、物与物、人与物的关系被重构，万物皆为媒介，用户和流量的天花板将被打破，营销内容和服务的优质化将成为竞争成败的关键。然而，无论人工智能技术将对营销创意产业造成何等的颠覆性变革，技术往往只是手段，变革始终在发生，营销的本质始终没有改变。营销的最终目的是销售产品，增加品牌资产。营销大师科特勒曾说，营销最基本的概念是人类需要，欲望和欲求则是人的本能，所以市场营销应该从满足顾客需要的角度去考虑营销。不论传统的营销创意中对市场和消费者的调研，还是人工智能时代对用户数据的收集、对用户画像的绘制，其根本目的在于洞察与满足用户需求，帮助用户实现自我价值。因此，对人的关注是营销创意产业的核心本质，营销手段可能会随着技术的发展而调整，但是营销创意关注人、洞察人性的本质却始终不会改变。

在广告营销市场的风云变幻中，广告主、数字媒体平台和广告代理公司(数字营销公司)作为行业发展的三大运作主体，面对已然来临的数字时代，只能直面困难而不能选择逃避，只有迎接挑战而不能回避问题，在迎接变革与挑战的过程中势必要经历残酷的竞争与痛苦的蜕变，能在这场变革中生存下来并在行业中占据一席之地的，都是能顺应时代潮流、适应改革创新的佼佼者。

正是在这种背景下，我们组织编写了这套面向数字时代的“广告与新媒体系列教材”，主要出于三点考虑。其一，在总体的指导思想上，本套教材将着眼于数字时代合格的广告与新媒体应用型人才培养，适应人才培养逐步由知识型向能力型转变的需要。其二，以国内新闻传播院校广告学专业的主干课程为主体，适当向网络与新媒体专业延伸，拟定首辑 12 本教材，即《世界广告史纲要》等(因《广告学概论》为马工程指定教材，故本套教材未将其列入)。其三，坚持大营销观，让广告回归营销，恢复广告是市场营销的一部分本来面目，处处从大营销角度和网络与新媒体角度展开论述。其四，勾画出从传统媒体到数字媒体、从传统营销到数字营销、从传统广告到数字广告的“史”的线索，编写重点落脚到数字时代的数字营销传播和数字广告，注重从“数字营销主体”“数字营销内容”“数字媒体平台”“数字营销对象”“数字营销管理”和“新媒体技术”“网络数据挖掘与分析”等方面展开研究与论述。其五，研究内容上既要相互有关联，又要厘清彼此间的研究边界而不至于重复，书与书之间是这样，章节与章节之间同样如此。

这套教材从 2019 年年初提出编写构想到现在即将付梓，前后历时近三年。它能够顺利面世，需要感谢的人很多。首先，要感谢丛书编写团队的每一位作者，由于人数众多，这里就不一一列举，正是你们的辛勤付出才迎来了现在的累累硕果。其次，要感谢武汉大学新闻与传播学院的强月新院长，强院长不仅平时十分关注本套教材的编写，还在百忙之中为本套教材撰写了序言。再次，要感谢三位副主编——武汉大学新闻与传播学院的洪杰文教授、厦门大学新闻与传播学院的曾秀芹教授和郑州大学新闻与传播学院的马二伟教授，他们为本套教材的编写提出了许多建设性意见。最后，还要特别感谢武汉大学出版社的编辑等，从出版合同的拟定到编辑方针和具体的编辑业务，点点滴滴，处处都有你们辛勤付出，正因为有了你们的鼎力支持，本套教材才能顺利出版！

周茂君　于武昌珞珈山

2021 年 11 月

目　录

第一章　概　　述

随着新媒体的不断涌现与普及，“文案”这一概念的使用频率越来越高，使用范围也越来越广。无论是各类媒体自身的运营，还是广告信息的传播，以及营销效果的达成，文案写作都是非常重要、关键的要素，须臾难离、不可缺少。

虽然很多人都在说文案、写文案，但不同人所说、所写的文案是有明显差别的：有的是知识的普及、介绍；有的是个人情感、经历及体验的抒发与分享；有的是抚慰、激发人心的各种鸡汤……当然，肯定还少不了抱有明确商业目的、追求市场效益的广告文案、促销文案。可以说，“文案”概念的内涵与外延都变得非常丰富、多元。因此，在正式对营销传播文案及其写作活动进行探讨之前，有必要先对“文案”的概念做一个简要的梳理与总结。

第一节　文案概念的厘清

追根溯源，现今人们所说的“文案”一词，最早产生于广告行业，专指“广告文案”。以此为基础，顺应着时代的发展、市场的需要，“文案”的内涵与外延不断拓展，特别是进入数字媒体时代之后，“文案”概念更是被广泛运用于诸多领域，成为一个热门、高频词汇。

一、广告文案

严格地说，广告文案是外来词汇，源于英文 advertising copy。

中国广告业自 1979 年开始复苏，早期人们曾将 advertising copy 直译为“广告拷贝”，并衍生、流行过诸如“广告稿”“广告文”“广告文稿”等称呼。直到 1991 年，中国友谊出版公司隆重推出唐忠朴主编的《现代广告学名著丛书》，该丛书共计9种，其中有由台湾地区学者刘毅志翻译的6种来自美国的著作。在这些著作中，刘毅志将 advertising copy 翻译成“广告文案”。借由这套丛书在当时中国广告业界、学界的巨大影响力，“广告文案”这一译法得到普遍认同，并逐渐成为规范用语。

在实际使用过程中，“广告文案”的具体所指也不尽一致，而且各种说法之间的跨度很大。概括而言，有人认为广告稿“包括文字稿与图画稿”；① 有人认为广告文有广义、狭义之别，广义的广告文指的是广告作品的全部，包括广告文字、绘画、图片、装饰等，而狭义的广告文“仅指广告作品中的语文部分”；② 还有人从更宏观的角度来看待广告文案，“凡是在广告活动中，为广告而撰写的文字资料都可以称为广告文案”，诸如广告策划书、广告预算书、广告调查报告、广告总结报告，甚至广告刊例、广告订单等都被囊括在其中，并进一步将广告文案划分为广告策划文案和广告作品文案两类。③

仔细分析这些说法，我们可以发现当时人们看待、研究广告文案的三种视角：宏观、中观与微观。从宏观的视角来看，广告运作中凡是需要用语言符号记录、表达、呈现出来的所有文本，都可以归于广告文案的范畴，诸如调查报告、总结报告、广告策划书之类都是广告文案的研究对象。在这种视角下，广告文案的包容面太过繁杂，根本无法从本质上对其加以把握、提炼，因而获得的认同不多。中观视角下的广告文案，指的是广告作品的全部，既包括信息内容与意义，又包括承载、传播信息与意义的各种符号（语言符号与非语言符号），以及作品的排版、装饰等技术处理。对于具体的广告作品而言，内容、意义与表现形式当然是不可分割的，但就表现形式部分而言，作为承载、传播信息的主要工具的语言符号与非语言符号，却分属于两个不同的符号系统，彼此之间存在着鲜明的差异与明确的分工，将之笼统地杂糅在一起，无异于眉毛胡子一把抓，最终必将陷入混乱。随着人们对广告的了解日益全面、深入、科学，以及广告实际运作的日趋专业与细化，广告文案概念的所指范围也逐渐缩小、聚焦：广告作品中用语言符号来传达信息的部分，非语言符号部分被排除在外，由此形成微观视角的广告

---

① 唐中朴，贾斌. 实用广告学[M]. 北京：工商出版社，1981：79.

② 傅汉章，邝铁军. 广告学[M]. 广州：广东高等教育出版社，1985：142.

③ 顾执. 广告文案技法[M]. 上海：中国大百科全书出版社上海分社，1995：1.

文案概念。在多种关于广告文案的概念中，高志宏、徐智明合著的《广告文案写作》给出的定义最具代表性："每一广告作品中为传达广告信息而使用的全部语言符号(包括有声语言和文字)所构成的整体。它与非语言符号共同构成有效传达信息的广告作品。"①

至此，行业内对广告文案的认识趋于明确、统一。首先，将广告文案的涉及范围界定为传播信息的"广告作品"；其次，进一步将广告作品中用来传播信息的语言符号与非语言符号区别开来，广告文案专指广告作品中的语言符号部分；最后，强调广告作品是由多种要素组成的有机整体，信息内容与传达符号、语言符号与非语言符号都必须相互配合、协调，方能达成最终目标。

在具体使用广告文案这个概念时，人们常常将其精简、省略为"文案"，而且还时常交替性地用其指涉两个对象：其一，指作为广告作品重要组成部分的"文案"；其二，指广告文案的撰写者。一般情形下，结合说话、行文的上下文语境，这种同一概念的两用不会产生理解上的歧义。

二、文案

随着社交媒体、自媒体的普及，越来越多的人拥有了自由表达、自主传播的工具与阵地——只要拥有一部智能手机，任何人都可以随时随地把自己看到的各种人、事、物，以及自己的想法、情感与观点记录、抒发、表达出来，并分享给更多的人。这在传统媒体主宰的时代是不敢想象、无法实现的。于是，在各种网络平台上，很快涌现出一批乐于且善于表达、传播的个体，他们或是通过视频，或是利用文字与声音，成为信息交流与传播活动中不可忽视的一支力量。

与传统媒体时代专业、严谨的表达与传播相比，以社交媒体、自媒体为主的个体表达与传播具有简短、灵活、随性的特质。首先，新媒体特别是社交媒体、自媒体碎片化的特点明显，如微博最初只能容纳 140 个字的篇幅，不管信息内容多么丰富、复杂，都必须通过 140 个字讲清楚，根本不可能像传统纸媒那样，可以洋洋洒洒地以成百上千字的篇幅讲清事情的来龙去脉；其次，很多活跃在新媒体上的创作个体并非专业、科班出身，而且很多时候为了追求信息传播的及时、快捷，更是普遍追求"短、平、快"的节奏。在此种情形之下创作出来的文本，

① 高志宏，徐智明. 广告文案写作(第二版)[M]. 北京：中国物价出版社，2002：3.

自有其不同于传统文本的特点。或许也正是基于此，人们纷纷舍弃传统的“文章”概念，而用“文案”的说法取而代之。由此，“文案”的概念逐渐兴盛、流行，“新媒体文案”的说法随处可见。在中国知网输入“文案”进行主题检索，除传统的“广告文案”“营销文案”之外，频繁出现的条目还有“公益活动文案”“律师事务所文案”“会展文案”“宣传文案”“专利文案”“企业文案”“博物馆展览文案”“情怀文案”；在当当网、京东上搜索“文案”类书籍，种类也很繁多，如“爆款文案”“走心文案”“刷屏文案”“吸金文案”“疯狂文案”“创意文案”“金牌文案”“微文案”“超文案”……真可谓种类齐全、内容繁多、无所不包。也就是说，涉及人类生活方方面面的诸多信息，只要是借由语言符号形成文本并在各种新媒体上发布、传播出来，都可被称为“文案”，这是在“广告文案”基础上对文案概念的极大拓展。

三、营销传播文案

在“文案”的覆盖、应用范围越来越广的同时，专业的“广告文案”也在不断寻求自身的突破与改变。

一方面，基于新媒体业已将决定信息传播活动成败的主要权利交付给一个个用户的现实背景，广告文案不能再像先前那样，摆着一张明显、刻板的“广告脸”，简单、直白地为商品、品牌摇旗呐喊，因为大多数用户对广告有强烈的排斥感和一定的免疫力，而且他们还可以通过多种手段与方法跳过、避开广告，如果再依靠先前千人一面的“广告腔”写作文案，根本难以奏效。于是，广告文案撰写者们纷纷走出围城、向外拓展，将笔触延伸到其他领域，如故事、电影、观念、情感与情怀等。慢慢地，广告文案的内容与形式都发生了很大的改变：一切内容皆可成为广告，各种表现形式均可为广告文案撰写者所用。概括地说，一方面，现在的广告文案越来越不像人们早已熟悉的广告文案，任何内容与形式的文案都可以成为广告文案。另一方面，基于互联网多种属性与多重功能的显现与发挥，广告主“品效合一”的目标与追求具备了最终切实落地的基础条件，整个市场对广告的要求早已不再停留在商品信息传播、品牌形象塑造的层面，而是将传播与营销紧紧捆绑在一起，并且越来越普遍、执著地期望快速完成市场转化、收获经济效益。

以上两方面的因素相互交融、结合，最终导致数字时代的广告与传统广告、广告文案与传统广告文案，无论是其内容还是形式，以及衡量与评判的尺度、标准等，都有了很大的不同，再沿袭传统的“广告文案”概念，已经难以准确概括、全面覆盖。由此，本书以“营销传播文案”替代“广告文案”的概念，作为包括广告文案在内的所有最终目标指向营销的文案的总称。

营销传播文案，指的是以激活市场、促进销售为最终目的，将商品、品牌巧妙地融入各种信息内容之中，通过语言符号表达、呈现出来，并与非语言符号密切配合、和谐共处的作品，其主要形式有文字作品、音频作品和视频作品。

第二节　营销传播文案的发展历程

从历史发展的角度来看，作为作品的广告文案出现得很早。可以说，数千年以前，自从人类在社会生活中创造了最初的广告，广告文案便同时诞生。早期广告的主要形式是实物陈列、口头叫卖，后来又陆续衍生出幌子、招牌、文字广告。除了实物陈列广告依靠商品本身来吸引买主之外，其他广告形式依赖的几乎都是语言符号：口头叫卖依赖的是有声语言，幌子、招牌、文字广告依靠的都是无声语言。再往后，随着传播技术的不断发展，媒介形式的不断更新，承载、传播信息的符号与载体越来越丰富、多元，但语言符号始终是信息传播的主要力量，文案始终是广告与营销活动中必不可少的元素。

当然，文案的主要功能及其在广告营销活动中的地位与作用并非一成不变。随着时代与市场的变化，处于不同历史背景与市场需求下的文案，其所肩负的任务与使命也不断增多、频繁升级。

一、简单的信息告知

某种程度上可以说，在进入 20 世纪之前，无论何种形式的广告其功能都非常简单，那就是在一定范围内尽可能让较多的人知道有关商品与服务的信息。当时的广告几乎全部由文案组成，因而广告文案的职责非常单一，即简单、直接地告知有关商品或服务的信息，这与最初人们对广告最朴素的理解“广而告之”非常贴合。

无论是最早的口头叫卖、寥寥数字的幌子与招牌，还是篇幅较长的文字广告，以及印刷时代早期的印刷广告、报刊广告，都莫不如此。

相关研究显示，最早的口头叫卖广告产生于商业贸易活动比较活跃、集中的地中海沿岸。在古埃及、巴比伦、古希腊和古罗马等地，都曾经出现过"专门的口头宣传人员及传令员(criers and barkers)"，"他们或宣布战讯，或广告市集讯息、竞技讯息，或传达统治者的命令"。① 商人们为了有效地进行商品交换活动，更是纷纷雇佣这些传令员，让他们穿街走巷、高声呐喊，告知民众、顾客有关商船往来的信息以及商品的优点和价格。有化妆品经销者还以朗朗上口的诗的形式为自己的产品叫卖：②

> 为了两目晶莹，为了两颊绯红；为了人老珠不黄，也为了合理的价钱，每一个在行的女人都会购买埃斯克里普托制造的化妆品。

可以说非常充分地把有声语言通俗、朗朗上口的特点利用并发挥出来。

文字产生以后，文字广告自然应运而生。当然，最初的文字形态和文字广告的载体非常原始、古朴。据考古发现，古巴比伦人曾将楔形文字发扬光大，制作泥版书以记载国王的丰功伟绩；在古埃及，很早就有人用象形字、俗体字和希腊文凿刻颂扬统治者的石碑，或者用纸草书写寻人启事，在寻找逃奴的同时为自己的织布店做广告：③

> 奴仆谢姆从织布店主人哈布处逃走，坦诚善良的市民们，请协助按布告所说的将其带回。他身高5英尺2寸，面红目褐。有告知其下落者，奉送金环一只；将其带回店者，愿奉送金环一副。
>
> ——能按您的愿望织出最好布料的织布师哈布

这则诞生于公元前1000年左右的寻人启事，被诸多广告史学家们认定为世

① 刘家林. 新编中外广告通史[M]. 广州：暨南大学出版社，2000：362.
② 刘家林. 新编中外广告通史[M]. 广州：暨南大学出版社，2000：363.
③ 刘家林. 新编中外广告通史[M]. 广州：暨南大学出版社，2000：362.

界上最早的传单广告。

而在中国，文字广告的出现可以追溯到战国时期。当时，一些手工业者开始在产品上标明制造者的姓名和地址，这种做法从考古发现的战国、秦汉时期的大量陶器铭文、漆器铭文中已得到充分印证。当时刻在陶器、漆器上的铭文比较程式化，大多是生产者的姓名、籍贯，监造官的姓名、司职地点与年份，或者再加上产品的名称。①

再往后，随着造纸术、印刷术的发明及推广，印刷广告逐渐得以普及。以文字为主或在文字基础上辅之以图画的传单、招贴、海报、包装纸等广告形式大量涌现，其中最早、最有名的代表作就是北宋时期济南刘家功夫针铺的广告。这则广告的雕刻铜版约 4 寸见方，图文配合，内容丰富：其文案部分首先凸显了店铺名称，将“济南刘家功夫针铺”几个大字置于版面正上方；在居中的商标图案“白兔抱杵捣药”的左右两旁，并置着一句温馨提示语“认门前白兔儿为记”；版面的下方，则是竖排的文案正文：“收买上等钢条，造功夫细针，不偷工，民便用。若被兴贩，别有加饶。请记白。”对信息的表述简洁、清晰。

距刘家功夫针铺广告面世三四百年之后，西方最早的印刷广告在英国出现。它是一则宗教书籍广告，由英国首位印刷商威廉·卡克斯顿于 1477 年左右印制，主要内容为：②

> 倘若任何人，不论是教内还是教外人士，愿意取得以哥特字体印刷的、字体优美、印刷无误、适用于桑伯莱教堂礼拜仪式的书籍，请至威斯敏斯特附近购买。价格低廉，出售处有盾形招牌，自上向下有一红条贯以辨识。请勿揭下这张招贴。

此后，这种以通俗、平实的文字简明扼要地传达产品名称、特点，产品的生产是谁，价格如何，以及在何处售卖等信息的文案写作手法一直被人沿用。即使在报纸、杂志等大众传播媒介出现之后，大量的报纸、杂志广告仍然恪守着这一文案传统。“直到 19 世纪末，西方社会对广告公认的一般定义仍是‘广告是有关

---

① 刘家林. 新编中外广告通史[M]. 广州：暨南大学出版社，2000：30-31，42-43.

② 杨海军. 中外广告史新编[M]. 上海：复旦大学出版社，2009：273.

商品或服务的新闻'，广告被看做一种起告知作用的、与新闻报道相类似的传播手段。"①这种对广告的认识与理解，以及创作广告文案的原则与方法，直到进入20世纪之后才有了改变。

二、印在纸上的推销术

18世纪中叶，英国率先进行工业革命，至19世纪中后期，欧美许多国家先后收获工业革命的硕果，经济与市场不断趋向繁荣。特别是美国，虽然它进行工业革命的时间远远晚于英法德等国家，但其工业革命的成效很快显现出来，到19世纪末，美国一举超越英法德等老牌资本主义国家，成为首屈一指的工业强国。进入20世纪之后，随着工业化的不断深入，美国社会逐渐完成了各种转型：从生产资料的生产转向消费商品的生产，从生产型社会转向消费型社会。

在新的社会背景之下，广告的职能自然也增加了新的内容：不再仅仅是简单的信息告知，而是"经过策划的广告战役的一个构成部分"，它"必须与适切的、安全的市场营销战略融为一体"。② 由此，人们对广告功能的认识便从先前的"有关商品或服务的新闻"提升、进化到"纸上推销术"。"纸上推销术"的提出者是约翰·肯尼迪，主要倡导者有阿尔伯特·拉斯克尔、克劳德·霍普金斯等。他们一致坚信："广告是印在纸上的推销术"，"广告是多元化的推销术。推销员与一个顾客打交道，而广告则诉求于成千上万的人"。③ 与之相应，广告文案在传达信息的基础上，必须更进一步，完成推销商品的任务。

那么，广告怎样做才能有效完成推销商品的任务呢？显然，仅仅只是发布新闻式地说什么时间、地点，以什么价格可以买到何种商品等信息肯定是不够的。因为随着市场的不断繁荣、竞争的日趋激烈，简单的信息告知根本不足以让消费者在面临选择的时候，有直接、充足的依据做出广告主所期待的行动，进而促进其商品的销售。于是，如何让消费者知道、记住并且主动去购买某一广告主生产的商品，成为广告人探索、努力的新方向。最终，被广告人发现并广泛应用于实

---

① 《广告学概论》编写组. 广告学概论[M]. 北京：高等教育出版社，2018：65.

② 朱利安·西沃卡. 肥皂剧、性和香烟——美国广告200年经典范例[M]. 周向民，田力男，译. 北京：光明日报出版社，1999：136.

③ 克劳德·霍普金斯. 我的广告生涯·科学的广告[M]. 邱凯生，译. 北京：新华出版社，1998：180.

践的方法主要有：

其一，通过广告赋予商品鲜明、独特的外在识别符号——名称及商标，以使众多的消费者能在接触广告时很便利地知晓、记住商品名称，并在实际消费时点名购买。这一做法从19世纪八九十年代开始兴起，其后被美国一些制造商重视并普遍采用。在朱利安·西沃卡看来，那一时期美国广告业最重要的变化与发展就是“批量生产的包装上有品牌名称的商品开始出现在全国性的广告上”，进而“其他制造商也很快认识到，采用一个便于记忆的商标名称和令人注意的包装，他们就可以把商品的价格定得更高一些；反过来，这些商品又促使消费者不再接受别的商品作为替代品”。①

其二，通过广告突出商品一个独特的卖点，以凸显其与同类商品的鲜明差异。在很大程度上，商品最好的推销者就是它自身。特别是在商品的种类与数量还不是特别丰富、还未过剩的时代，只要商品自身具有某种与众不同之处，其广告及市场推销活动就不会有太大问题。而让商品从众多同类商品中脱颖而出的主要方法，除了赋予它一个响亮、特别的名称与标识之外，约翰·肯尼迪、阿尔伯特·拉斯克尔、克劳德·霍普金斯等一致推崇并身体力行地付诸实践的做法是——找出并在广告中陈述商品值得消费者购买的原因、理由。约翰·肯尼迪认为“广告是报刊业的销售艺术”，“广告应该在报刊上阐述销售人要亲自对消费者说的话。就是说，应该提供一种合情合理的原因，说明这种产品值得购买的具体原因”。② 克劳德·霍普金斯当年为喜力滋啤酒创作的著名广告“用高压蒸汽清洗消毒”，就是独具匠心地找到了一个其他同类商品都具备，但却从未被人意识到并采用的特征，将之作为说服消费者购买喜力滋啤酒的主要原因，进而取得极大成功。后来，在“原因追究法派”强调以合情合理的原因与理由完成市场推销任务的基础上，罗瑟·瑞夫斯进一步发扬光大，提出了“独特的销售主张（USP）”。罗瑟·瑞夫斯认为，广告能否成功推动商品销售，直接取决于广告人是否能找到商品独特的销售主张。很快，USP理论便成为那个时代广告人的创作指南：要创作一则广告，首先，必须提出一个明确的主张——购买这个商品，消费者可以得

---

① 朱利安·西沃卡. 肥皂剧、性和香烟——美国广告200年经典范例[M]. 周向民，田力男，译. 北京：光明日报出版社，1999：68，73.

② 朱利安·西沃卡. 肥皂剧、性和香烟——美国广告200年经典范例[M]. 周向民，田力男，译. 北京：光明日报出版社，1999：150.

到何种好处与利益；其次，这个主张必须唯我独有，是其他竞争者无法提供或没有提供的；最后，这个主张必须能促进商品销售。

在20世纪前半叶，这种以产品为主导、以推销为目标的广告观念一直占据统治地位，较少受到其他思想与观念的冲击和挑战，这与当时全球的社会发展程度和经济状况密切相关。可以说，20世纪50年代以前，包括西方发达国家在内，整个国际市场仍然处于商品供应不足的阶段，只要商品自身有特点、适合人们的需求，再加上有效的广告及促销，就根本不愁销路。在这种背景下，广告文案撰写者只需将商品的名称及其独特的特点明白、准确地传达出来即可。

三、营销传播战略的符号表达

“二战”结束以后，许多国家与地区的经济得以迅速恢复、发展，特别是美国，更是“成长为全球性的世界大国”。① 随着科学技术的发展和生产力的提高，市场不断走向繁荣，竞争亦日趋激烈。在美国市场营销领域，传统的产品推销观念已让位于新的现代营销理念，企业的一切活动不再紧紧围绕着产品展开，对顾客(消费者)需求的把握与引导成为决定企业成败的基础和关键。对此，朱利安·西沃卡做了非常简明扼要的描述：“为迎合消费者对买得起的商品的强烈的购买欲，制造商们把生产重点从‘销售已生产产品’转移到‘生产所需产品’。”② 与之相适应，广告也完成了“一个显著的进展”，那就是由销售产品转向“销售生活方式”——“这一销售形式以不同群体的消费方式为依据，对市场进行分割。广告商开始注意不同的收入层，不同的消费方式及兴趣爱好，而不是象(像)过去那样只针对最广泛的大众群体”。③ 也就是说，无论是对企业、还是广告代理公司来说，一个“产品至上”的时代业已渐行渐远，企业如果还是单纯依赖一个自己能生产的、有特点的商品，将很难再掌控市场；广告也不能仅仅只是聚焦于商品，强调商品主张的独特销售，为促进产品的销售摇旗呐喊，而是要注重对目

① 朱利安·西沃卡. 肥皂剧、性和香烟——美国广告200年经典范例[M]. 周向民，田力男，译. 北京：光明日报出版社，1999：320.

② 朱利安·西沃卡. 肥皂剧、性和香烟——美国广告200年经典范例[M]. 周向民，田力男，译. 北京：光明日报出版社，1999：324.

③ 朱利安·西沃卡. 肥皂剧、性和香烟——美国广告200年经典范例[M]. 周向民，田力男，译. 北京：光明日报出版社，1999：353.

标消费者进行分析、研究，寻求有效吸引并打动目标消费者的方式方法。

以目标消费者的消费方式为依据，向其销售生活方式的最佳途径是什么呢？大卫·奥格威给出的答案是塑造独具个性的“品牌形象”。大卫·奥格威认为，很多时候，“人们不是因为产品本身的原因才去购买某种商品，而是因为他们把这一商品与某种特殊的形象联系起来了”，因此，广告人的任务就是“要给每个广告一种与之相称的风格，创造出其正常的个性特色，这才是最伟大的成功的奥秘所在”。① 所谓品牌形象，指的是“消费者对品牌具有的联想，或者说是一提到品牌名消费者便会想到的东西”。② 一般来说，消费者看到商品、听到品牌名称后联想到的“东西”往往是物质性的商品本身不具备的，而是广告人在了解、分析、把握目标消费者的心理需求、消费方式之后，有针对性地通过一系列广告及相关活动后天赋予商品的。由于这些东西都是有意识地从目标消费者的情感、观念以及文化的角度切入，因而能有效地激发、鼓动其对更新、更好的幸福生活以及生活方式的执著追求。当然，品牌形象不能脱离商品而独在，它必须以具体的、物质的商品为基础，但在品牌形象中，商品的物质特性、使用价值被放到了次要位置，而“商品作为社会能指的重要性”，即商品的交换价值、象征意义则被极力突出，成为支撑起品牌形象的重要因素。

相较于商品独特销售主张的寻找、挖掘及传播，品牌形象的创建、塑造及维护无疑是一项更加浩大的系统工程。它需要在全面了解并综合分析商品、消费者、竞争对手以及市场状况等诸多要素的基础上，制定系统、长远的营销传播战略与策略。作为品牌整体营销传播活动必不可少的有机组成部分，广告必须密切配合、有效执行企业及品牌的营销战略。具体到广告文案，则承担着用简单、通俗的语言文字将宏观的战略和抽象的主题形象、生动地表达出来的重任。也就是说，广告文案不能仅仅只是着眼于如何遣词造句、将商品信息传达到位，必须更进一步，站在有效实施品牌总体营销战略的高度，统筹思考语言符号的运用策略。

首先，要围绕建立、维护独特品牌形象的战略目标，对商品、企业、市场等

---

① 朱利安·西沃卡. 肥皂剧、性和香烟——美国广告200年经典范例[M]. 周向民，田力男，译. 北京：光明日报出版社，1999：372，374.

② 何佳讯. 现代广告案例——理论与评析[M]. 上海：复旦大学出版社，1998：206.

要素进行深入、细致的分析与研究，从目标消费者的心理需求出发，确立广告文案的主题，也就是广告文案究竟要说什么。而且文案的主题一定要在商品独有特点的基础上再往前深入一步，最终落在这些特点对于目标消费者而言到底有何价值与意义，能给他们带来何种好处与利益。就像日本电通公司颇有经验的文案人员所言，“文案一定要在明确了卖点的基础上去思考商品的‘意义’，策划广告的商品到底在生活中有怎样的意义。”①只有将商品、品牌与目标消费者的心理需求、希望、理想有机地关联在一起，品牌独有的形象才能真正落地。

其次，好的文案主题与内容一定要有极具创意的表现方式和手段的辅佐，才能生动、形象地呈现出来，并有效抓住目标消费者越来越分散的注意力，促进其对文案的接受与理解。如果说寻找、提炼商品独特的销售主张主要依靠的是广告人求真务实的科学精神，那么塑造、维护品牌在消费者心中的形象则更多地需要广告人的创造精神、创意能力。在高举“广告是艺术”大旗的威廉·伯恩巴克看来，广告文案的写作过程中，“怎么说”是远比“说什么”更为重要的事情，它直接决定着文案是否有人看。如果广告根本没有人看，其他的所有付出及努力都是白费工夫。而且，广告文案人员对“怎么说”的思考也必须上升到战略层面，即针对目标消费者接受信息的习惯、趣味、标准，选择恰当的手段、方法与技巧，因为“没有策划骨架和创意基础的语言只能是空洞的，就像不能依靠的小草”。②如果一味地玩文字游戏，舞文弄墨、炫耀才华，只会与广告的目的背道而驰。

最后，好的内容与好的表现手段、方法必须在总体的营销策略之下完满、和谐地融合在一起，才能最终完成广告文案的使命。一方面，广告文案“说什么”与“怎么说”都需建立在对诸多相关要素进行多层面思考的基础上，有研究者曾将优秀文案的思考体系总结为“把握策略、精研创意、熟悉人性、善用语言”③，四个层面彼此关联、循序渐进、缺一不可；另一方面，文案的内容与表现手段、方法绝对不能各行其是、彼此脱节，不讲究表现形式的内容根本无法传递，空无一物的辞藻堆砌也只能是花拳绣腿，二者只有相互协调、相互支撑，达成水乳交融的结合，才能真正有效地传达信息。就像人们经常说的，优秀的文案一定是策

① 原鸿一郎，石田胜寿. 广告文案[M]. 谭琦，译. 北京：中国电影出版社，1999：14.

② 原鸿一郎，石田胜寿. 广告文案[M]. 谭琦，译. 北京：中国电影出版社，1999：15.

③ 高志宏，徐智明. 广告文案写作(第二版)[M]. 北京：中国物价出版社，2002：17-18.

略思考与天才表达的完美结合。

总之，广告文案写作绝不是单纯的遣词造句、连句成段成篇的文字工作，而是围绕明确的战略目标进行的富有策略的符号表达。在这样的创作原则指导下，广告文案人员写作出来的文案就不仅仅是文章，而是有“方案”的文字，是带有“策划功夫”的文章。①

四、丰富内容的多元呈现

互联网的出现，给人类的生活方式与思维方式带来了诸多改变，广告营销活动的环境、背景及主导因素，也与以往有了很大不同。新媒体层出不穷，信息的传播渠道变得越来越丰富、多元。企业拥有了更多自主发声的阵地与渠道，能够以更灵活多变的方式与其消费者沟通、交流信息；受众也由信息的被动接受者转变为主动的信息搜索者、获取者，成为拥有极大自主权的用户。每一个互联网用户的信息获取行为都具有独特的个性，碎片化、随机性越来越明显；社交媒体、自媒体的出现，更是彻底模糊甚至消解了曾经泾渭分明的传播者与接受者之间的界限，受众可以随时转换身份，变成信息的传播者……在这样的时代环境及营销背景下，注意力日益成为紧俏、稀缺资源，要想有效吸引并抓住随时滑动屏幕、点击鼠标转换页面的用户，其难度越来越大；而且用户的媒介素养不断得以提升，对广告的识别力、免疫力越来越强，再加上新媒体给予用户主动回避、抵制广告的方式与方法也越来越多，只要用户拥有免看广告的权限，或者不主动点击、阅读相关广告及链接，再精彩的广告都会被直接屏蔽掉，成为完全无效的广告，白白浪费所有的广告投入。

面对此种困境，广告及其文案该何去何从？数字媒体时代广告人给出的答案是“去广告化”。传统广告与广告文案，其特质非常鲜明：商品、品牌信息永远是绝对的中心和重点，是最终的目标。广告人的一切努力都是为了突出商品与品牌，是为商品和品牌服务。久而久之，便形成了明显的“广告脸”“广告腔”——无论什么商品与品牌，不管广告的目的有何不同、内容与形式有何差别，最后做出来的广告、写出来的文案都大同小异，万变不离其宗，那就是站在传播者立场，以我为主、居高临下、单方面地进行强势灌输，期望最终达成将商品、品牌

① 原鸿一郎，石田胜寿. 广告文案[M]. 谭琦，译. 北京：中国电影出版社，1999：15.

信息输入接受者的大脑，进而引导、影响其消费行为的效果。这样的广告长时间在各种媒介上反复播出，很容易让受众产生审美疲劳，进而对所有广告抱有反感、排斥态度。营销传播文案的“去广告化”，就是要抛弃先前明显的“广告腔”，撕掉刻板的“广告脸”，勇敢地进行自我变革，实现对自我的突破与超越。

其一，主导文案写作活动成败的创作者队伍有了更多新鲜血液的加入。在这个多种媒介共存互融、人人都可以既是创作者又是传播者的时代，文案写作活动不再是一小部分专业广告人的专利，任何喜欢写作、渴望发声的人，都能加入写作者大军。如今，参与营销传播文案写作活动的人员构成非常丰富、多元：有广告营销行业的专业人士，撰写文案是其工作职责；有其他各个行业、各个领域的专家与行家；有扎根于各种媒体平台、求取自我生存与发展空间的意见领袖、个体写手与网红；还有热爱文字、喜欢表达的普通人……可以说，每一个人都有成为文案撰写者的可能与机会，如网易云音乐的用户听歌时随手写下的乐评，就曾作为文案走进广告、出现在地铁车厢，被成千上万的人看见，就是最好的体现与证明。文案撰写者们各自不同的来源、背景、经历、修养及个性，必然导致其在写作立场、态度、角度、风格等方面的鲜明差异——有的继续坚守为产品代言、为品牌背书的一贯立场，传递商品与品牌的相关信息；有的秉承为用户服务的理念，想用户之所想、急用户之所急，为其解决各种问题，提供多种参考及建议；有的则以极具创作者个人色彩及风格的观念、情感及其表达，吸引着广告主趋之若鹜与众多用户的点击转发……真正以“人上一百、形形色色”取代了先前的“千人一面、千人一腔”。

其二，在文案内容方面，“去广告化”的直接体现就是其选择范围得到极大的拓展，只要是与人的生活密切相关的，或者对人的生存、发展有益、有用的，不管是否与商品、品牌直接相关，都可以直接进入文案，成为广告的内容。一般来说，传统广告文案的内容主要聚焦商品、品牌信息，内容比较单一、单调，而且商业化色彩非常明显、浓厚；新媒体时代，单调的内容根本不能有效吸引用户，浓厚的商业色彩更是让人们避之唯恐不及，于是，营销传播文案的写作者们便倾尽全力，摆脱原有的惯例和套路的束缚，更多地从知识普及、情感慰藉、观念阐释的角度切入，选取对人有用、有益，或者是人们普遍感兴趣的内容，以吸引用户的主动关注，最后再将他们的注意力有效引导到广告与营销活动上来。例如：支付宝认真地分析画家凡·高为什么会自杀，金士顿用 7 分 34 秒的微电影讲述一段让人刻骨铭心的爱情故事，新百伦请来音乐人李宗盛通过自身经历道出平凡人生的真谛："人生很多事急不得，你得等它自己熟"，"人生没有白走的路，每一步都算数"……追溯广告文案的演进历程，我们可以发现一条非常直观、清晰的线索，那就是从"硬广"一路走向"软文"。这里所说的"硬"与"软"的区别，主要是基于文案与商品、品牌信息的直接相关程度，及其商业化、广告化痕迹的轻重程度。20 世纪二三十年代，美国广告市场占据主导地位的广告风格是原因追究法派的"硬推销"，主要挖掘、呈现来自商品本身的"干货"（原因、理由与主张），与之同时并存的还有另一种"软推销"风格的广告——以西奥多·麦克玛纳斯和雷蒙·罗必凯为代表的情感氛围派广告。情感氛围派广告以含蓄的暗示或联想的方式传达商品的完美、高质量和好声誉，与"硬推销"形成鲜明反差。① 后来，在品牌形象、定位理论的指导下，经由大卫·奥格威、李奥·贝纳、威廉·伯恩巴克等人的大力倡导，"软推销"式广告被发扬光大：广告人更多地致力于揣摩、洞察目标消费者的心理需求，进而巧妙地将品牌个性植入其记忆之中。进入数字营销时代，在一切内容皆可成为广告的基础上，广告主动"软化"也就是"去广告化"的趋势愈加明显、突出，吸引力、可看性、转化率兼具的"软文"成为文案撰写者的普遍追求。出现在很多新媒体上的广告推文，几乎看不到明显的广告痕迹，只是在文末巧妙地关联到商品及品牌内容上，被人们称为"神转折"文案。久而久之，许多网民在阅读营销传播文案时，常常对最后的"神转折"抱有强烈的心理期待，一旦期待落空，甚至会产生遗憾、失望之感。由此可见这种软化、柔性文案的普及与深入人心的程度。

其三，众多出身、背景、修养各异的创作者，从各自不同的立场、视角出发，以各自擅长的语言表达方式传递各种不同性质的信息内容，最后自然而然地就会形成百花齐放、百鸟争鸣、丰富多元的营销传播文案的现实格局。虽然语言符号本身只有有声语言和无声语言两种简单的表现形式，但应不同的内容之所需，并与各种不同特质的媒介、不同场景的氛围与格调相结合之后，却衍生出一个多姿多彩的文案世界：文案既可以一己之力独撑起整则广告，又乐于充当"配

---

① 朱利安·西沃卡. 肥皂剧、性和香烟——美国广告 200 年经典范例[M]. 周向民，田力男，译. 北京：光明日报出版社，1999：157-158.

角”，为画面、图像、视频服务；长文案可以洋洋洒洒成百上千字，短文案则惜字如金，十来个字言简义丰；有深思熟虑、反复琢磨修改才炼成的文案，也有临场发挥、脱口而出的即兴之作；有的文案稳重、严肃、典雅，有的文案风趣、幽默、活泼；有的逻辑严密、层层推进、鞭辟入里，有的如和煦春风般娓娓道来、抚慰人心……其创意的独特、形式的丰富常常让人击节叫好、过目不忘。

第三节　营销传播文案的特点

营销传播文案，是在传统广告文案基础上的进一步拓展与演进，因此，它一方面天然地继承了传统广告文案的基本特点，同时又在某些方面完成了对传统广告文案的超越，体现出更丰富、鲜明的时代特征。

一、实用性

从传统广告文案到网络时代的营销传播文案，实用性是文案一以贯之的特点。

就类别而言，营销传播文案可以划归到应用文系列，与执著追求艺术性和审美价值的文学作品有很大差别。作家、诗人们的创作目的主要是表达自己的想法与观念，抒发自己的感情，展现自己的文学才华，其作品带给人的往往也是心灵的震撼和精神的升华；而营销传播文案撰写者则是典型的“为他人作嫁衣裳”，其工作职责就是为商品和品牌服务，写作的文案要突出、烘托的是商品信息和品牌形象，而不是单纯抒发自己的感受，炫耀自己的才华。日本电通的文案们曾结合长期的文案写作经验，比较分析文案与诗和小说的异同。在他们看来，广告文案与诗和小说具有相同之处，都是“用语言来表现，捕捉人的心理，力图去打动人的”，但也有更多、更明显的不同：①

> 文学作品可以随着时间的推移变成经典，而广告文案则不能。广告文案中堪称名作的也有不少。但那不过是过去的东西。就算可以作为今后广告创作的参考，它们也绝不可能让现在发生任何变化。也就是说，不针对“现

① 原鸿一郎，石田胜寿. 广告文案[M]. 谭琦，译. 北京：中国电影出版社，1999：13.

在”进行创作，广告文案是毫无意义的。

假设在发表文学作品后没有收到好的效果，这时，艺术家可以安慰自己说，“某年某月我的时代就会来到”。但是，广告文案是不能依靠“未来”的，它只有现在。

再者，文学作品本身自成系统。用什么主题，添入怎样的内容等，一切都由纯粹进行表现的创作者决定。但是，广告是从接受广告客户的委托开始的，然后站在时代的舞台上，不和商品平起平坐是不行的。广告的主题和内容都要以明确的广告目的为方向进行思考和创作。如果时代和市场，以及企业和商品发生变化，广告的表现自然也要随之变化。

由此，他们进一步认为，文案必须在“今天”有活力，文案创作者不是“作家”，而应该是“文案家”。① 这一点，也得到了许多杰出文案撰写者的认可，如大卫·奥格威、李奥·贝纳等就一致反对“文学派”的文案，强调广告文案必须注重实效，为促进商品的销售提供实实在在的服务。

就营销传播文案而言，其最主要的目标与任务就是通过语言符号将相关商品与品牌的信息传达给目标消费者，使他们被商品或品牌所吸引，进而产生兴趣，萌发“我从来没有听说过这种产品。我一定要买它来试试”②的冲动和欲望。也就是说，文案肩负着明确、直接的市场营销重任，其产生的实际效果需要通过一系列客观、科学的数据与指标来衡量，如传统广告时期的收视(听)率、阅读率、精读率，网络时代的点击率、阅读量、点赞数、转化率，等等。为了完成这些任务和指标，使广告主的每一笔广告投入都能够收获预期的市场回报，营销传播文案写作者必须认真、踏实地做好每一个环节的工作，紧紧围绕着广告营销的总体策略进行思考与写作。如果一个文案撰写者抱着“炫技”“展示自己的文字技巧”的目的，冲着“获奖”或“文字华丽、辞藻优美”的赞誉而去，则是典型的舍本逐末，最终的结果只会南辕北辙。

---

① 原鸿一郎，石田胜寿. 广告文案[M]. 谭琦，译. 北京：中国电影出版社，1999：9，14.

② 大卫·奥格威. 一个广告人的自白[M]. 林桦，译. 北京：中国友谊出版公司，1991：79.

二、针对性

对于文学性比较强或是表达自我意识和主张的文章的写作，最精辟的总结就是“吾手写吾心”。但对营销传播文案来说却恰恰相反，绝对不能以写作者的“自我”为中心，过于自我的文案最终只能是“自说自话”“自娱自乐”，很难收获实际的市场效果。也就是说，文案写作不能天马行空，任由写作者自由挥洒，它必须瞄准特定的对象有的放矢。放眼天下，没有一款产品男女老少皆宜；同样，也没有一则文案能够有效地面对全体大众说话。广告定位理论强调的就是要针对目标消费者，认真地去研究目标消费者的心智，了解他们的心理需求、生活状态，以及审美趣味、媒介接触习惯等，然后针对他们的实际需求确立广告说什么，并以他们喜闻乐见的方式方法写作文案。日本电通公司的文案人员对此有深切的体会：①

> 一个值得信赖的文案必须思考如何将商品投放市场。首先，要认真了解广告客户希望什么，有怎样的烦恼。同时，把从客户那里听来的信息用消费者的心情和视点进行研究。要从消费者的感受和普通人的角度去发表意见。文案创作者只有用这种态度去工作才能产生体现商品活力的广告和有说服力的表现形式。
>
> 某位文案创作者如是说：“文案要看是否能够站在受众立场进行创作，这是创作者的自我判断标准。”另一位文案创作者说，“创作者有特殊意识是不行的，要注重普通人的视点”。
>
> ……
>
> 文案创作者不能只是企业的代言人，要在认真吸收企业发表的言论基础上，在广告中把企业的话翻译成能够唤起消费者共鸣的话。这才是文案。他们是站在广告客户与生活之间的。
>
> 不要依靠套话和修辞技巧，要在研究了人的本质和日常生活实感的基础上，尽量找到高质量的语言。要在满足广告客户需要的同时唤起消费者的共

① 原鸿一郎，石田胜寿. 广告文案[M]. 谭琦，译. 北京：中国电影出版社，1999：16-18.

鸣。文案工作的确不好做，但也是非常有魅力的工作。

一个优秀的文案撰写者，应该“站在受众立场进行创作”，“注重普通人的视点”，“在满足广告客户需要的同时唤起消费者的共鸣”。在文案撰写者身上，汇聚了多重角色：其一，作为专业人员，他拥有一定的专业素养与眼光，对市场、品牌、商品、消费者都有自己独到的认识与理解；其二，作为广告活动的代理者，他要为广告主谋利益，传达广告客户的声音，实现广告客户的目标；其三，作为生命个体，他也是普通消费者中的一员，有着自己独特的个性和“特殊意识”。但在具体的文案写作过程中，写作者不能仅仅简单地从其中某一个角色的立场出发，而应将三种角色综合起来进行思考，并在此基础上转换角度，最终以消费者的视角将综合思考的结果表达、呈现出来。

在“无互动，不营销”的今天，文案写作者不能再像传统广告时期那样，居高临下，以企业、品牌与商品为主；必须从根本上转换态度，站在用户立场、基于用户角度思考、创意、写作。因为数字广告的收费模式早已不再像传统广告那样，简单地按照版面的大小、时间的长短来计算，而是主要依据用户的实际点击、阅读、互动以及转化的数据来衡量。同时，广告素养不断提升的用户对广告的识别力也越来越强，其主动回避、抵制广告的方式与途径也越来越多，只要用户不点击、阅读相关内容及链接，再精彩的文案都只能归于无效。只有在精准洞悉目标用户心理、形成目标用户画像的基础上，富有针对性地写作出来的文案，才能吸引用户主动点击、阅读、观看内容，并在产生强烈共鸣之后积极参与进来，主动转发、评论、点赞，为广告营销活动推波助澜。

三、兼容性

互联网世界是“平”的，各种事物之间的界限与区隔逐渐趋向模糊，甚至趋于消弭，其带来的直接结果就是包容性、兼容性在很多领域越来越普及。具体到营销传播文案，无论是其内容、形式还是语言运用，都呈现出明显的兼容并蓄的特征。

传统的广告文案也非常注重内容，但其内容的性质偏重产品信息、品牌信息，风格较硬，而且广告的痕迹非常明显、直接。互联网特别是移动互联网普及之后兴盛的“内容营销”及“内容生产”，其中的“内容”很大程度上特指广告痕迹很淡、甚至是“去广告化”的内容。广告营销内容的这种改变，主要基于大多数用户信息需求的升级，赤裸裸的广告营销信息会被用户直接忽视、跳过、屏蔽，只有高度契合其内在需求并能一举击中其内心的痛点、痒点的信息，才有可能穿越信息的海洋，在用户快速浏览信息时有效地映入其眼帘并使之产生阅读(观看)的兴趣。数字营销时代，一切内容均皆可成为广告。文案如何使情感、观念等信息内容与商品、品牌之间达成天衣无缝、水到渠成的完美结合，成为制胜的关键因素。

配合着日益多元的内容，文案的表现形式也日益丰富。硬推销与软推销，理性诉求与感性诉求，长文案与短文案，直白的广告腔与含蓄的“鸡汤”“三观橄文”……都在营销传播文案的天地里齐聚、共存；各种语言表达方式，严谨的书面语，整齐划一、押韵合辙的诗语，通俗易懂、朗朗上口的口语，以及不断推陈出新、言简义丰的网络语，也常常联袂出现在各种类型的文案中，共同支撑起种类繁多、风格各异的文案世界。

同时，营销传播文案写作者队伍的构成也更加丰富、复杂。传统广告文案写作者的来源非常明确、单一：来自于广告公司的专业文案人员；随着社交媒体、自媒体的出现及广泛普及，任何机构、任何人，只要有热情、有兴趣、有需求，都可以成为文案写作者(更广义的说法是内容生产者)。由此，可以直接参与内容生产、文案写作活动的主体也就从单一走向多元，此举给内容生产、文案写作领域带来更多的活力与竞争，使得文案世界更加丰富多彩。

第四节 文案撰写者的职业素养

高志宏、徐智明合著的《广告文案写作(第二版)》曾以专章讨论“文案人员的素养与思维方式”，最后总结出文案人员必须具备的六大专业素质：良好的知识结构，对产品、市场有深入理解，对消费者有深入理解，熟悉广告表现的手段，善于敏锐把握创意概念，善于对语言文字做多样化的运用。① 一个合格的文案撰

① 高志宏，徐智明. 广告文案写作(第二版)[M]. 北京：中国物价出版社，2002：49-50.

写者，必须具有一定的专业意识、专业眼光，丰富的知识积累和经验积累，灵动的思维和开阔的视野，熟悉语言符号并对其有较好的驾驭能力。

一、宽广的知识面

无论古今，凡是成功的文案撰写者，大多是知识丰富、兴趣广泛的人。只读广告、营销类的书，只盯着服务的商品，根本不可能写出好的文案。作为一个学习广告与营销的大学生，特别是立志成为一个文案人员的大学生，必须好好利用大学四年的时间，根据专业特性，建构、完善自己的知识结构，拓展、丰富自己的知识面。因为广告学本来就是一个融合了诸多学科知识的交叉学科，学习者必须广泛涉猎各学科的书籍，尽可能多地积蓄多学科知识。通过对多个不同学科知识的了解，可以慢慢养成从多个不同角度出发去思考问题、解决问题的意识和习惯，而且广博的多学科知识可以为文案的写作提供坚实的基础和丰富的营养。

二、敏锐的发现力

包括营销传播文案在内的所有文章的写作，最忌讳的就是空洞无物。细腻的情感、深刻的思想、独到的洞见，都需要通过具体的事件、细节与场景才能得以自然地抒发、阐释、呈现。很多时候，写作者的生活经验、人生阅历，特别是对活生生的生活细节的积累，是使其文章和文案有质感、有深度的重要基础和条件。而这些不可多得的经验与细节的获取与汇聚，则需要写作者全身心地融入日常生活，仔细观察、用心体验、反复琢磨，一方面，发现生活中的美，动人的故事，有说服力、感染力的细节，以及人们的生活习惯……这些特别感性、生动的东西能够增强文案的吸引力和表现力；另一方面，发现生活的本质与真谛，探索各种事物、现象之间的内在联系，弄清楚人生的要义，以便更深刻、准确地触摸到用户和消费者不断变化的需求，构思、写作文案时能够有的放矢。

日本电通公司的文案人员在指导后辈时，就特别强调“感觉”——“你必须具备感受自己生活在其中的那个社会的氛围和时代气息的能力。不是用脑子去理解，而是用皮肤去感觉”。为了有自己的独特的“感觉”，在平时的工作、学习与生活中，就应该时刻保持对外界一切事物的好奇和敏感，“对任何小事都能够发

现其惊奇之处并有所触动”：①

> 在日常生活中，很多人不注意的事情往往要受到文案的注目。这些东西就像无意中眺望到的窗外风景。电车中老人的表情，雨过天晴时树的气味，还有也许是踏青时无意中听到的高中生的谈话。也就是说，耳朵听到的和眼睛看到的一切都是线索。心中的车挡总要挂到启动挡的位置。任何时候都要准备好对瞬间的刺激做出反应。创意的机会永远属于有接受准备的人。

华文广告圈知名文案人李欣频在其著作《李欣频的文案课》中反复强调，文案人应该拥有“多元、多维度、随时切换频道的思维与感官系统”，以不同于常人的方式多角度地观察、思考、积累，“如果能够用诗人的眼光或哲学家的思维看待日常生活，每天在身边找一件平凡的事物好好观察，用创意独特又有深度的方式描述它，甚至配上自己的插画或者摄影作品，就会体悟到很特别的诗意与哲思，自然而然就能够写出有风格、既吸睛又有底蕴深度且余韵缭绕的文案”。②前辈们的这些宝贵经验，值得我们好好消化、吸纳。

三、丰富的想象力

爱因斯坦曾说：“想象力比知识更重要，因为知识是有限的，而想象力概括了世界上的一切，推动着进步，并且是知识进化的源泉。”营销传播文案的写作，就是借由写作者的想象力，将商品、品牌与消费者的需求有机地关联在一起。李欣频曾以“用想象力写世界”来总结自己的文案写作经验，并告诫后来者：“在想一篇文案的时候，最好拿出一大张白纸，放射性地狂写相关的联想，比如当你决定要用‘春天’作为案子的主题，可以花点时间思考就‘春天’这个词你能够联想到哪些东西。就像是思维导图般地把这个主题天马行空地发散到无边的宇宙。”③

在美国著名广告人詹姆斯·韦伯·扬看来，广告中的创意，常是有着生活与事件一般知识“一般知识”的人士，对来自产品的“特定知识”加以重新组合的结

---

① 原鸿一郎，石田胜寿. 广告文案[M]. 谭琦，译. 北京：中国电影出版社，1999：19.

② 李欣频. 李欣频的文案课[M]. 杭州：浙江人民出版社，2020：19，59.

③ 李欣频. 李欣频的文案课[M]. 杭州：浙江人民出版社，2020：21.

果，即“旧元素、新组合”。由此，他进一步认为，创意的基础有二：其一，创意完全是利用原有的许多旧元素做新的组合，旧元素的积累非常重要；其二，创意人必须具有把旧元素以全新的方式重新组合在一起的能力，这个能力就是想象力。对于广告营销创意而言，旧元素与想象力都是必不可少的。如果没有大量旧元素的积累，文案创意人想象的翅膀根本打不开，更难以自由翱翔；如果文案创意人缺乏想象力，再多的旧元素也只是惰性资料的堆积，只是摆设，绝不可能自动产生全新的组合，进而成为好的文案创意。

四、熟练的语言掌控力

一个文案撰写者，要天天和语言文字打交道，必须对语言符号非常了解、熟悉，具有一定的驾驭语言符号的能力，并且这种能力绝非单纯玩文字游戏，也不是一味地追求语言的华美，而是能够用最恰当的语句“恰到好处”地吸引用户、突出商品与品牌信息，在“和风细雨”中完成营销传播文案的终极任务。

首先，能准确、流畅地运用语言符号传达信息，文从字顺，表意清晰。

其次，文笔干净，不说废话、套话，用最简单、质朴的语言直击人的内心。有人曾说过：“文案是用最少的话，说出最多内容的艺术。”①此言不虚。

再次，不盲目跟风，不随大流，寻找并坚持自己的风格。

最后，对语言文字始终抱有敬畏感。既相信语言文字神奇的威力，同时又要注意语言文字的杀伤力，不要让自己的文字成为“语言暴力”，就像日本电通公司文案人员所说的：“不要让语言牵着鼻子走，也不要做语言游戏。一定要相信语言的可能性，同时也要明确语言的局限性。能够斟酌使用语言了，你就成长为一个文案创作者了。”②

---

① 李欣频. 李欣频的文案课[M]. 杭州：浙江人民出版社，2020：22.

② 原鸿一郎，石田胜寿. 广告文案[M]. 谭琦，译. 北京：中国电影出版社，1999：22.

第二章　写作准备：知识、经验、创意元素的汇集

和所有文章一样，营销传播文案不是一拍脑门就能完成的空中楼阁，文案写作者在创作文案时也不能天马行空、率性而为。决定文案撰写者的写作活动是否顺利，以及其作品是否成功的主要因素，是他正式动笔之前是否做了充足的准备工作，其自身是否拥有广博的知识、开阔的眼界以及全面的素养。

营销传播文案撰写者必须完成的诸多准备工作，概括起来其实就是一句话：为文备物。这个"物"，也就是人们常说的"资料""物料""素材"，其内容与来源都很多元、丰富，如书本知识、人生经验、各种新闻与信息，还有现在人们经常谈及的各种数据，等等。美国著名广告人、广告教育家詹姆斯·韦伯·扬在其《产生创意的方法》一书中总结了一个完整的广告创意活动必须经历的五个阶段，最基础、首要的第一个阶段就是收集原始资料，由此可见资料收集的重要性，它是使整个文案写作活动建立在真实、可靠、科学的基础上，并沿着正确的方向前行的根本保证。

在詹姆斯·韦伯·扬看来，广告创作活动中必备的资料可分为两类：特定资料和一般资料。特定资料指的"是你眼前问题所需的特定知识的资料"，一般资料则"是你在平时连续不断累积储存的一般知识"。

具体到营销传播文案的写作，特定资料即与所要广告的企业、产品及其所在市场有关的资料。对于文案撰写者来说，特定资料的范畴和具体内容是随着服务对象的转换而不断改变的。有时，你所面对的企业或商品刚好是你熟悉的，收集特定资料的任务就会轻松一些；更多的时候，那个企业及品牌对你而言是非常陌生的，甚至是从来都没有听说过的，这时就要投入更多的时间和精力去收集、分析、研究相关信息与资料。

一般资料则是指在平时的生活、学习、工作中所经历、感悟、总结、提炼的点点滴滴所得的汇集，包括生活经验、各个学科领域内的各种知识、各个行业的状况与规则等，可以说是包罗万象、难以穷尽。这些资料对于文案写作者来说是多多益善，能开阔眼界、拓展思维，为创造性想象力的发挥提供基础与条件。

无论是一般资料还是特定资料，其收集工作既耗时耗力，又枯燥无味，而且会一直伴随着文案人，永无止境。面对此项工作，很容易让人产生畏难情绪，选择绕道避开、胡乱应付或半途而废，这都是非常不可取的做法。如果忽略这一环节，整个文案写作活动就会陷入捉襟见肘、无所依托的困境，想要创新、创造更是痴人说梦、无从谈起。

第一节　注重日常积累

在《怎样成为广告人》中，詹姆斯·韦伯·扬对富有创意的成功广告人做过如下描述："就我所知，每一位真正有好创意的广告人士，常具有两种显著的特性：第一，天底下任何话题都很难使他不感兴趣。第二，他广泛浏览各学科中的一切书籍。因为广告人和老牛一样，不放牧就没有奶呀！"①这段话非常形象、生动：老牛不放牧、不吃草就挤不出牛奶；文案创作者不注意观察生活、积累经验，不广泛阅读书籍、拓展知识面，脑子里空空如也，自然想不出好的创意，写不出优秀的营销传播文案。

一、读万卷书

人们经常说，无论哪个领域，那些有所创新、创造的成功人士都是站在巨人的肩膀上，因为只有站上巨人的肩膀，比他看得更高、更远，才能最终超越他。读书，就是所有后来者站上前人肩膀的主要途径与方式。

每一个人要想成长、成才、成功，都必须从识字、读书开始起步，通过学习使自己成为一个有知识、明事理、会做事的人。一个人 7 岁左右进入小学，22 岁大学毕业进入社会、进入职场，一心一意读书的时间有 16 年左右，如果再往

① 詹姆斯·韦伯·扬. 怎样成为广告人[M]//汤·狄龙. 怎样创作广告. 刘毅志，译. 北京：中国友谊出版公司，1991：157.

上读硕士、博士，则是20余年。在这一二十年的时间里，每个人最主要的任务与职责就是读书，读万卷书。个体的生命是短暂、有限的，通过读书，可以纵览人类几千年的沧桑巨变，了解世界各地不同国家不同民族的民情风俗，掌握各个学科领域的基本理论与常识，探究复杂多变的人情及人性……这些东西，都有可能是文案创意的润滑剂、催化剂，甚至就是最好的创意元素，正是它们，最终成就了一则则成功的文案作品。

大卫·奥格威在回顾、总结自己的广告生涯时，说过这样一段话："39岁的时候，我写了我的第一个广告。与大多数初入行的人不同，当时我对广告已经有很多了解。盖洛普博士把他所发现的影响广告成败的因素传授给了我。罗瑟·里夫斯(Rosser Reeves)把他从克劳德·霍普金斯(Claude Hopkins)的学生那儿学来的东西教给了我。我还吸收了约翰·凯伯斯(John Caples)、杰里·兰伯特(Jerry Lambert)，以及其他广告先驱的思想精华。我读过当时已出版的所有有关广告的书籍。只要我把这些知识付诸应用，再加上一点点想象力，我就能创造出一系列广告运动，它们使奥美一夜成名。"①在大卫·奥格威看来，只要有了丰富的知识，再动用一点点想象力，就能保证广告的成功，知识是他走向成功的重要基础之一。

大卫·奥格威通过自己的亲身经历强调了专业知识的重要性。进入大学，每个人都会进入自己选择的专业，四年所学内容主要是专业范畴内的课程与知识。那是不是意味着只要把专业知识学好就足以胜任文案撰写的任务了呢？答案是否定的。

2001年，《中国广告》杂志曾针对华文广告圈成功人士做过一个调查活动，调查问卷中有一个问题是关于读书的。时任上海灵狮广告有限公司创意总监的王放的回答是："广告人非要看狭义的广告书吗？我对广告书籍的理解，是延伸到一切对广告思维或广告人行为会发生影响的书籍。《六祖坛经》是一部佛学禅宗典籍，翻看了不下几十遍后，我仍时时为先哲灵光乍现的顿悟而痴迷。每个创意人其实都在体会顿悟的快感。而《六祖坛经》告诉我们，换个角度看问题，顿悟的快感会来得更快。"台湾地区太笈策略传播副总经理兼策略总监曲培芬女士的观

---

①　大卫·奥格威. 大卫·奥格威自传[M]. 麦慧芬，译. 海口：海南出版社，1998：136-137.

点更加开放："坦白地说我不喜欢看广告类的书。我在大学教授广告的时候，要我的学生去读朱光潜先生的《谈美》。学生初始都非常惊讶，甚至现在许多年轻学子连作者都没听说过。可是一个学期下来，他们都写文章告诉我这本书对他们极大的启发。我相信他们会成长成好的创意人。广告是一种表象，要有内涵才能创作。我喜欢看经济学、心理学、文学和社会舆论、科技报道，这些胜过广告书。这类的知识让我套用一句中国武学的说法，感觉'内力浑厚'。"①

两人的看法非常一致：仅仅只是读广告类的书籍是远远不够的。一方面，广告学本身就是一门交叉型的综合学科，汇集了诸多学科的理论及视角；另一方面，对于当时"以创意为核心"的广告而言，如若没有丰富的知识、广阔的视野作为坚实的基础，其创意根本无法实施。广告创意的精髓其实很简单，那就是"旧元素，新组合"。但"新组合"的获得是以"旧元素"的积累为前提的，也就是说，只有当"旧元素"的量和质达到一定高度，才有可能形成真正有效的"新组合"。詹姆斯·韦伯·扬曾形象地以万花筒为例，说明旧元素与新组合的关系："这种过程与万花筒中发生的组合相似。万花筒中放置的玻璃片数目越多，产生新组合的可能性越大。"即脑海中积累的知识(当然，不仅仅只是知识，还有人生经验)越多，广告创意中获得新组合的几率也就越高。正是基于此，詹姆斯·韦伯·扬才坚决地认定广告人一定要广泛浏览各学科的一切书籍，王放和曲培芬才异口同声地强调要冲破"狭义广告书"的限制，广泛阅读、博览群书，宗教、美学、经济学、心理学、文学、社会舆论、科技报道……这些表面上看与广告距离较远的知识，不仅能提升广告人的综合素养，积蓄"内力"，而且还能给广告创作者"极大的启发"，促成最佳创意的诞生，甚至可以直接走进广告，成为广告成功的关键因素。

每一个广告文案撰写者，在其职业生涯中会服务于多个广告主，为其生产的商品撰写各种类型的文案。有时候，他对服务的商品平时就接触很多，非常熟悉了解，写起文案来自然驾轻就熟；有时候，他碰到的可能是从未听说过、完全陌生甚至是根本不会去用的商品，作为一个广告人，就必须以最快的速度、在最短的时间内，从零开始去学习掌握相关领域的知识，从中寻找文案写作的突破口和创意点。在《我的广告生涯》一书中，克劳德·霍普金斯仔细描述了他当年为"百

① 中国广告杂志. 华文广告风云人物观点集萃[J]. 中国广告，2001(1)：11-21.

普素登”牙膏创作广告的情形：当广告主带着牙膏项目来找他时，霍普金斯认为这个项目的技术性较强，“我还不知道该怎么把这种技术性很强的牙膏理论教给那些外行人”，再加上当时一支牙膏的价格一般为 25 美分，而百普素登的定价为 50 美分，于是想给广告主泼冷水。被广告主说服、接受广告任务之后，霍普金斯便开始埋头苦读：“我读了一本又一本的书，全是牙医权威们写的理论著作，‘百普素登’的广告正是建立在这种理论上的。这种阅读非常枯燥无味，但有一本书读到一半时，我发现了一条关于特殊的齿面保护层的参考资料。我后来把这种保护层称作‘薄膜’，这使我有了诉求点。我决定把这种牙膏宣传为美丽的创造者，准备好好利用一下迷雾般的‘薄膜’。”①广告诉求点就来自于那些非常枯燥无味的专业理论书籍中，充分说明平时多读书、多积累的重要性，正如古人所言，磨刀不误砍柴工，厚积才能薄发。

在华人广告圈里，许舜英和李欣频是个性非常突出的成功文案人，两人都服务并成名于台湾地区意识形态广告公司，且有师徒传承关系。许舜英长期为台湾中心百货公司写作文案，李欣频则起步并成名于为台湾诚品书店写作文案，可以说，这两个品牌在相当程度上得益于这两个女性文案人。两个人的文案各有其可圈可点之处，但拥有一个共同点，那就是视野开阔、想象丰富，不管哪个领域的知识、人物、事件，都可以被她们信手拈来，非常巧妙地组合在一起，最后成为一篇篇独特而和谐的文案。如许舜英为中心百货春装上市所写的金奖文案《美好的生活就是最温柔的报复》：②

美好的生活就是最温柔的报复

你应该穿上最漂亮的衣服去散步遛狗，让街道上迫害视觉神经的建筑物丢脸。

你应该用最奢华的骨瓷餐盘吃荷包蛋，让使用保丽龙餐具的餐厅有经济危机。

① 克劳德·霍普金斯. 我的广告生涯·科学的广告[M]. 邱凯生，译. 北京：新华出版社，1998：128-129.

② 许舜英经典文案[EB/OL]. [2015-11-14]. http://wenku. baidu. com/view/9f5abla7cc17552706220842.html.

你应该以鹦鹉螺音响听小奏鸣曲，让制造装潢噪音的坏邻居变得魔音穿脑。

你应该学会做普罗旺斯香草料理，让背叛的情人只能以泡面当宵夜。

你应该在晚餐之后朗诵现代诗帮助消化，让八点档 Call In 节目收视率大幅滑落。

你应该隔周换戴不同设计师的墨镜，让对立的意识形态显得盲目。

你应该花三个钟头泡东方药草浴，让城市中的二氧化碳指数下降。

你应该阅读楚辞九歌中的巫仪，让以为看哈利波特就不会变成麻瓜的人变成麻瓜。

你应该到五星级饭店叫江浙外烩，让不懂餐桌礼仪的服务生没有小费可拿。

你应该用法文录电话答录机，让假日找你加班的主管当场哑口无言。

你应该把写满报复拥核人士和前男友的日记本资源回收，让亚马逊雨林继续茂盛蓊郁。

尽管用美学将生活经营成全面性的温柔报复工具，打击那些曾经逼迫你内在的外在的丑恶。

将表面上看丝毫不相关联的元素：狗、建筑物、骨瓷餐盘、小奏鸣曲、香草料理、现代诗、墨镜、东方药草浴、九歌、巫仪、哈利·波特、五星级酒店、法文、亚马逊雨林……有序地组合进一则广告，强有力地支撑起文案传达的观念“美好的生活就是最温柔的报复”。

以下是李欣频为台湾第三届科技艺术节撰写的文案《1999·科技打造艺术部落》：①

1999·科技打造艺术部落

米开朗琪罗利用动画技术，

把大卫变成比莱昂纳多还红的男主角。

---

① 李欣频．李欣频的文案课[M]．杭州：浙江人民出版社，2020：326-328.

莫奈被迪士尼延揽为艺术总监，
他的光影技术动辄百万美金，以秒计费。

凡·高学会了电脑绘图后，
他的作品因荷兰信用卡的超大广告牌而身价暴涨。

达利做的超现实交互式网站，虚拟实景特效十足，
广告收益还超过了雅虎。

约翰·列侬运用了电子和音技术，
唱片销量超过了小室哲哉。

毕加索因杯垫、领带、月历、记事本等周边收益不断，
他的名字比巴菲特还值钱。

艺术因科技的无远弗届而身价百倍，
科技因艺术的经典价值深入人心。

第三届科技艺术节，
让左脑的理性技术，
画出右脑的感性版图，
以电脑来实践创意的无限。
科技与艺术的联姻，
让我们的未来更有趣。

科技艺术节，顾名思义，追求的就是科技与艺术的联姻，这既是文案要表达的主题，同时也是广告创意的核心概念。在具体的文案创作中，李欣频以其良好的艺术修养和知识积淀为基础，使人类艺术长廊中古往今来杰出的艺术家汇聚一

堂，分别与最前沿的科学技术手段相互结合，渲染出一幅幅超出一般人想象的神奇画卷，恰到好处地诠释了“艺术因科技的无远弗届而身价百倍，科技因艺术的经典价值而深入人心”，极具效果。可以说，她们之所以能成为“文案天后”，与她们平时喜欢阅读、注重知识积累密不可分。李欣频当年在接受《北京晚报》记者专访时曾透露，她非常喜欢读书，一天读四五本书是很正常的事。成为一个文案写作者之后，读书的欲望更加强烈。在她看来，快速阅读就是她的生产力和最大的资产，许多好的文案创意其实都是日常阅读积累的果实。每一个热爱文案、立志成为文案撰写者的人，都应该从大卫·奥格威、克劳德·霍普金斯、许舜英、李欣频的成功中获得启示：个人的修养、积累、学习是走向成功的坚实基础，不可忽视。

二、行万里路

读万卷书可以帮助我们打开眼界、拓宽知识面、提升文化素养，但对一个文案创作者来说，光有书本知识是远远不够的。须知，营销传播文案都要直接针对人心进行诉说，并期望直接引发诉说对象心理及行动上的积极反应，它必须具有浓厚的生活气息，不能脱离生活，一味地高高在上、不食人间烟火。因此，在注重读书的同时，文案创作者还要带着用广博知识武装的头脑和智慧的眼睛，主动融入社会，在日常生活、工作、学习、娱乐、旅行中去发现、挖掘生活中的真善美，去体验、感悟复杂的人生百态。常言道，生活是最好的老师，它既是所有知识的来源，同时又蕴藏着许多书本无法教给我们的道理和养分。在平凡的生活中做一个有心人，时时留心身边的人、事、物，必将获得生活给予的丰厚馈赠。

大卫·奥格威在被评为纽约文案俱乐部第一批杰出撰文员之后，接受记者丹·海金司采访时说过一段话：“我第一次写广告是在我 39 岁的时候，我真的是立刻就能写得很好。我如不是先做了许多别的事，是不可能做的。我曾做过沿门推销厨房炉的推销员，我在调查研究的行业做过事。我有了经验，而我坐下来写我的第一个广告的时候，经验是非常重要的。”①基于此，大卫·奥格威总结道：“我有一个理论就是‘最好的广告是从亲身经验得来的’。有些我所作的好的广

① 丹·海金司. 广告写作艺术[M]. 刘毅志，译. 北京：中国友谊出版公司，1991：88.

告，确从我自己真实的生活经验中得来。不知它怎样发生的，而它却是真实、有确实的依据、并有说服力。"①我们看《大卫·奥格威自传》，确实如他所言，在注册成立奥美广告公司、成为一个文案新人之前，他有很丰富的生活经历，在多个领域做过事；而且每做一件事时，都想尽一切办法，力争做到最好：在巴黎皇家饭店做厨师期间，深刻领会到什么是专业之道，那就是自己做出的承诺一定要兑现；推销厨房炉具时基于自己的销售经验编写而成的销售手册，30年后仍被《财富》杂志的编辑们认为是有史以来写得最好的销售手册；"二战"期间在英国大使馆担任二等秘书，曾四个星期内拟出42封顺利通过严苛上司审核并认可的电报，由此提升了"按照要求严谨行文，并且把握那些问题的复杂内涵的能力"……正是靠着这些丰富的经历和经验，当时既没有文凭，又没有客户，银行账户里也只有6000美元的大卫·奥格威，带领奥美广告公司初出茅庐便一炮而红，在广告史上留下许多经典文案作品，直到今天仍在启迪、滋养着无数后来者。

"最好的广告是从亲身经验得来的"，大卫·奥格威的这一总结在很多优秀文案作品中得到印证。大卫·奥格威自己曾给奥斯汀汽车(Austin Cars)写过一则广告，其标题"用我驾驶'奥斯汀'所省下的钱送我儿子到'葛劳屯'(Groton供膳宿的学校)去"就直接来源于一位无名的外交官所说的话，这个无名的外交官就是大卫·奥格威。"那时我正驾驶着一辆'奥斯汀'，因为我有一个要送到学校上学的小孩子。我那时很穷，我就计算着，假如我有一辆非常经济的'奥斯汀'汽车，我就能剩下足够的钱把我儿子送到供膳宿的学校去。那是非常真实而有确实根据的。"②

无独有偶，与大卫·奥格威同时获得杰出撰文员称号的乔治·葛里宾，自认为他写过的最好的广告是那则美国旅行者保险公司没有标题的广告，文案中的那个失去深爱丈夫的"我"，其实就是以乔治·葛里宾太太为原型："那全是由我自己的经验做出来的。当我太太28岁时，她不认为她将来还会结婚。她认为她太高大而笨拙，将来极可能没有人会向她求婚。而这个广告所发生的事实是她被求婚了……结婚了……生活在快乐的生活中，而她的丈夫死了，给她留下了保险

① 丹·海金司. 广告写作艺术[M]. 刘毅志，译. 北京：中国友谊出版公司，1991：81.

② 丹·海金司. 广告写作艺术[M]. 刘毅志，译. 北京：中国友谊出版公司，1991：81-82.

金额。”①

当我28岁时，我认为今生今世我很可能不会结婚了。我的个子太高，双手及两条腿的不对头常常妨碍了我。衣服穿在我身上，也从来没有像穿在别的女人身上那样好看。似乎绝不可能有一位护花使者会骑着他的白马来把我带走。

可是终于有一个男人陪伴我了。爱维莱特并不是你在16岁时所梦想的那种练达世故的情人，而是一位羞怯并拙笨的人，也会手足无措。

他看上了我不自知的优点。我才开始感觉到不虚此生。事实上我俩当时都是如此。很快地，我们互相融洽物间，我们如不在一起就有爽(怅)然若失的感觉。所以我认为这可能就是小说上所写的那类爱情故事，以后我们就结婚了。

那是在4月中的一天，苹果树的花盛开着，大地一片芬芳。那是近30年前的事了，自从那一天之后，几乎每天都如此不变。

我不能相信已经过了这许多岁月，岁月载着爱维和我安静地度过，就像驾着独木舟行驶在平静的河中，你感觉不到小船在移动。我们从来未曾去过欧洲，我们甚至还没去过加州。我认为我们并不需要去，因为家对我们已经是够大了。

我希望我们能生几个孩子，但是我们未能达成愿望。我很像圣经中的撒拉(Sarah)，只是上帝并未赏赐我以奇迹。也许上帝想我有了爱维莱特已经够了。

唉！爱维在两年前的4月故去，安静地，含着微笑，就和他生前一样。苹果树的花仍在盛开，大地仍然充满了甜蜜的气息。而我则怅然若失，欲哭无泪。当我弟弟来帮我料理爱维的后事时，我发觉他是那么体贴关心我，就和他往常的所作所为一样。在银行中并没有给我存了很多钱，但有一张照顾我余生全部生活费用的保险单。

就一个女人所诚心相爱的男人过世之后而论，我实在是和别的女人一样

① 丹·海金司. 广告写作艺术[M]. 刘毅志，译. 北京：中国友谊出版公司，1991：66.

的心满意足了。

寓意：到旅行者公司投保，旅行者保险公司，旅行者理偿保险公司，旅行者火险公司。

哈特福特·康乃狄格州

另一位广告先驱大卫·阿波特(David Abbott)也写过一则没有标题的文案，当时芝华士酒准备利用父亲节这个契机做促销广告，大卫·阿波特在思考、写作文案时，自然而然地想起了自己的父亲，从小到大与父亲一起生活的点点滴滴在脑海中一幕一幕浮现，最后，这一切美好的回忆经由一个“因为……”的固定句式，用真诚、质朴的语言娓娓道来。前面23句“因为……”都只是在单纯地诉说着“我”记忆中的父亲的言行举止，最后两句“因为今天是父亲节。因为如果你配不上芝华士酒的话，还有谁配得上呢?”则简单、有力地完成了文案应该完成的任务——打造、烘托品牌的形象：①

因为我一生下来就认识你。

因为一辆“路”牌自行车曾使我变成了街上最高兴的男孩。

因为你允许我在草地上玩蟋蟀。

因为你总是手腕上围一条餐巾在厨房跳舞。

因为你的支票簿由于我而忙个不停。

因为我们家里充满了书香和笑声。

因为无数个星期六的早晨，你抛开一切去观看一个小男孩的橄榄球比赛。

因为你从不过分苛求，而我犯了错则轻松过关。

因为所有的夜晚，我在床上酣睡时你却总在伏案辛勤地工作。

因为你从不用谈及那些“过家家”的事让我不好意思。

因为我知道你的钱包里有一张褪了色关于我获奖学金的剪报。

因为你总是让我把鞋后跟擦的和鞋前头一样亮。

因为我38次生日你38次都记得。

① 沈虹. 让生命的感动蔓延[J]. 现代广告，2004(1)：82.

因为我们每次相见时你依旧紧紧地抱住我。

因为你一如既往地为妈妈买花。

因为白发悄悄地爬上了你的发梢，而我清楚是谁让白发不断地增加。

因为你是个无与伦比的爷爷。

因为你让我的妻子感觉她是家庭的一员。

因为最近一次我请你午餐，你选择的餐厅是麦当劳。

因为每当我需要你时你总出现在我的身边。

因为你总是让我自己尝试，就算错了你也从不说"我早就跟你说过"。

因为你还在佯装自己可以看报读书，只是需要一副眼镜而已。

因为我应该经常对你说谢谢，而我并没有做到。

因为今天是父亲节。

因为如果你配不上芝华士酒的话，还有谁配得上呢？

任何一个人，只要静下心来认真地阅读这则文案，一定会被它感染、感动，并由此联想到自己的父亲。当然，也会记住芝华士酒，并会对之抱有深深的好感。也正是基于自己的创作感悟，大卫·阿波特真诚地告诫后来者：把自己放在作品里，用你的生活去活化你的创意。如果有什么感动了你，有很大机会，也感动了别人。①

只有自己感动了，才有可能通过广告将这些感动传播开来、延续下去，进而去感动他人。每一个文案创作者，都应该秉承行万里路的精神，像詹姆斯·韦伯·扬强调的那样，对生活的方方面面保持浓厚的兴趣，用心去观察、感受、体验生活中的点点滴滴，留心每一个特别的细节，记录每一个精彩的瞬间，珍惜每一次难忘的感动，丰富多彩的生活就是文案创意取之不尽、用之不竭的源泉。对此，日本电通公司的文案们总结得非常到位："在你经历过的人生中，有哭，有笑，有高兴，有悲伤，有愤怒的瞬间，有每一时刻的思想。这一切产生了你的文案。"②

① 沈虹. 让生命的感动蔓延[J]. 现代广告，2004(1)：82.

② 原鸿一郎，石田胜寿. 广告文案[M]. 谭琦，译. 北京：中国电影出版社，1999：22.

三、眼观六路、耳听八方

在读万卷书、行万里路的过程中，我们不能如匆匆过客般蜻蜓点水、囫囵吞枣、走马观花，那样只能得到一些外在的皮毛，毫无价值。要想有丰厚的收获，必须调动身体的每一个器官，全身心地融入其中，眼观六路、耳听八方，认真地去感知、思考、琢磨，最后方能抓住要害、把握精髓。

首先，要带着强烈的好奇心和求知欲去阅读、观察、感受。既不能流于形式，也不能带着先入为主的刻板成见，而应像电通公司文案们所说的那样："不是用大人习惯了的蒙着一层东西的眼睛去看，要带着大人的心和知识，用孩子般清澈的眼睛去看。"他们对文案人员应该有的感知世界的方式做了非常具体、生动的描绘：①

> 你必须具备感受自己生活在其中的那个社会的氛围和时代气息的能力。不是用脑子去理解，而是用皮肤去感觉。如果被人问起你现在生活在怎样的时代，有人就按书本上看到或从他人那里听来的东西去回答，这种人就不具备作为文案所必须具备的感受能力。并且，文案还要很敏锐，对任何小事都能够发现其惊奇之处并有所触动。
>
> 在日常生活中，很多人不注意的事情往往要受到文案的注目。这些东西就像无意中眺望到的窗外风景。电车中老人的表情，雨过天晴时树的气味，还有也许是踏青时无意中听到的高中生的谈话。也就是说，耳朵听到的和眼睛看到的一切都是线索。
>
> 心中的车挡总要挂到启动挡的位置。任何时候都要准备好对瞬间的刺激做出反应。创意的机会永远属于有接受准备的人。

其次，对任何事物与现象，不能浮光掠影、仅仅止步于表面，凡事都要往深处想，多问几个为什么，如此才能把握规律、举一反三。在这方面，克劳德·霍普金斯为我们做出了表率。在《我的广告生涯》中，克劳德·霍普金斯回忆了几件小时候的往事，可以给我们很多启迪：帮广告主给城里每个家庭派送海报，别

---

① 原鸿一郎，石田胜寿. 广告文案[M]. 谭琦，译. 北京：中国电影出版社，1999：19.

的小伙伴开价 1.5 美元一份，但会把几张海报放在同一家；霍普金斯开价 2 美元一份，绝对保证每家只送一份，不久他就垄断了这份生意。事后，他自己总结："那是我第一次有实际收获的生意经历。它使我认识到，做事要有目标，而且要比较不同的投入产出。从那以后我一直保持着这些习惯。不这么做，是无法看出生意的实际好坏的，盲目做事是很愚蠢的。" ①霍普金斯 10 岁时，父亲去世，他便帮着妈妈养家。妈妈在家制作擦银器的油膏，霍普金斯负责把它们制作成形并用漂亮的纸包装起来，然后就挨家挨户地去推销。据霍普金斯自己所言，他后来写作文案的很多策略都与童年时期的经历和经验积累密切相关。某种程度上可以说，正是坎坷的童年经历和从小养成的勤于思考、善于思考的习惯与能力，最终成就了霍普金斯的辉煌。

最后，要密切关注社会，及时了解每天的各种新闻事件、人物，以及人们热议的话题，这些要素往往会成为激发广告人创意的重要元素，甚至直接走进广告。如今，借助于便利、快捷的新媒体，及时抓住社会生活中的热点事件、热点人物，因势利导，将之作为广告及文案的生发点，早已成为业界常态。一个好的文案创作者，面对各种错综复杂的现象，一定要有敏锐的鉴别力和判断力，时刻准备快速做出正确的反应。在数字时代，借势营销、话题营销追求的就是短、平、快。在借势营销方面，杜蕾斯一直以快且准而闻名，2015 年 1 月 20 日上午 11 点 52 分，影视演员吴奇隆在微博晒出他与刘诗诗的结婚证与结婚戒指；当日 12 点 14 分，杜蕾斯官方微博迅速推出以此为创意点的广告：

也就是说，从吴奇隆发布微博到杜蕾斯广告正式推出，前后只有 22 分钟的时间。事情发生的第二天，就有人非常快速地披露了这则微博广告"出笼"的整个过程：

12 点 10 分，微博上方搜索栏提示吴奇隆领结婚证的热点；

12 点 11 分，负责杜蕾斯微博运营的环时互动创意团队开会，决定抓住这个热点做内容；

12 点 12 分，客户总监和创意文案找到类似结婚证形状的杜蕾斯礼品；

12 点 13 分，进入会议室拍摄，客户总监摆好形状，和吴奇隆发的图片相符，

---

① 克劳德·霍普金斯. 我的广告生涯·科学的广告[M]. 邱凯生译. 北京：新华出版社，1998：23.

恰好，会议室会议桌也是木质的；

12 点 13 分，开始讨论文案，有人提出建议用“两个人在一起的时光更长久一些”，创意总监说太啰唆，最后决定和吴奇隆的微博“珍惜 幸福”保持高度一致，仅仅改了一个字：“珍惜 性福”，并也在后面加了个心的符号；

12 点 14 分，手机拍照，发布微博。①

从事件发生，到决定抓住这一事件借势做广告，再到创意、拍照、写文案，最后发布广告，这一切在短短的 22 分钟时间内一气呵成，几乎就是条件反射似的“神操作”。如果没有平时的积累，没有长期的训练，没有时刻的关注，如此快速、精准的反应是难以实现的。

第二节　善于思考发现

在广告营销领域，“洞察”是使用频率很高的一个关键词，与之很接近的还有“观察”一词。观察与洞察，虽只有一字之差，但在词义上却有本质差别。观察，主要指的是用我们的感官去接触、感知外在事物，特别是用眼睛去看，去

① 吴奇隆领结婚证：杜蕾斯官方微博运营者告诉你一个日常热点创意是如何产生的？[EB/OL]．[2015-01-20]．http://www.4aquan.com/15751.html.

察言观色；而洞察，则是在看的基础上更进一步，用心去感悟、琢磨，用头脑去分析、思考，透过事物的外表发现其本质，也就是看穿事物。对于文案创作者而言，仅仅只是用眼睛去看、用耳朵去听是不够的，还必须在看、听的基础上再进一步，对看到、听到的东西进行甄别、分析与研究，当年毛泽东在《实践论》中谈到要对丰富的感觉材料进行加工制作时提出的 16 字方针“去粗取精，去伪存真，由此及彼，由表及里”，对我们分析、挖掘资料与数据有直接的借鉴意义。只有通过“由表及里”“由此及彼”两个层面的思考，我们才能真正洞悉、把握各种事物与现象的本质特征，寻求、发现各种事物与现象之间的内在联系。

在《产生创意的方法》这本书中，詹姆斯·韦伯·扬更是教给我们非常具体的方法：①

> 假如你对收集资料已做出技术精湛的成果，也就是你确已做到创意的第一步。那么，在你心智上必须做的下一步骤又该当是什么呢？那就是对这些资料加以咀嚼的过程，正如同你要对食物加以消化一样。
>
> 这部分的过程比较难以用具体的术语描述，因其完全在你的头脑内部进行。
>
> 现在你要做的是把已收集到的资料，就好像用你的心智的触角到处加以触试。你先把一件事实反复用不同的方式看，再用不同的看法见解来观察，以探索其意义。你再把两件事实放在一起，看它们如何配合。
>
> 你现在所要寻求的是相互的关系，以使每件事物都能像是拼图玩具那样，汇聚综合后成为一适切的组合。

如同人吃进去的食物要用嘴咀嚼、用胃消化，才能为人提供营养一样，收集积累的资料也要用我们的头脑来思考，用我们的心智去“触试”，才能成为有价值的素材为文案所用。

---

① 詹姆斯·韦伯·扬. 产生创意的方法[M]//汤·狄龙. 怎样创作广告. 刘毅志，译. 北京：中国友谊出版公司，1991：239-240.

一、透过现象发现本质

在日复一日的生活、学习、工作过程中，只要我们认真、尽心、投入，就会获得大量的信息，这些信息既可能是感性的、新鲜的、特别的，同时也可能是繁杂的、零乱的、无序的。特别是在信息爆炸、传播主体与传播渠道都异常丰富多元的今天，很多时候虚假信息满天飞，稍有不慎就会被误导、欺骗，最终陷入被动的不利局面。因此，面对纷繁复杂的信息、资料，首先要进行的就是由表及里的思考，层层剥去蒙在事物表面的面纱与伪装，还原事实的真相，获取内在的本质。

第一，对各种信息、资料、数据进行初步处理，主要是“去伪存真”和“去粗取精”，通俗地说，前者是打假，后者是保质。也就是不能被信息、数据的外表所迷惑、欺骗，要冷静、客观、理性地进行判断及推理，通过多种渠道、手段与方法，甚至借助一些技术工具，把那些虚假的、粗糙的、不完整的、相互之间矛盾冲突的、毫无价值的信息与数据剔除掉，留下真实、完整、有价值、有效用的信息与数据。

大数据时代的数字营销，“数据清洗”是非常基础而又重要的一个环节。所谓数据清洗，就是针对从各种渠道采集而来的数据真假、良莠并存，错误数据、互有冲突的数据在所难免的现实状况，对进入数据库的数据进行的预先处理，将数据库中的“脏数据”清洗掉。“脏数据”指的是不符合要求与标准的数据，主要有残缺数据、错误数据和重复数据三种类型。残缺数据，指的是信息有所缺失、遗漏的不完整的数据，需要通过人工输入补齐；错误数据则是由于系统的不健全造成的输入方面的错误，如数值数据输成全角数字字符、字符串数据后面有一个回车操作、日期格式不正确、日期越界等，需要通过相应方式加以修正；重复数据出现的主要原因是数据库的数据来自于不同的渠道，属性值相同的数据被反复记录在所难免，须将之合并为一条记录。① 对信息与数据本身的真实性、完整性、可靠性的鉴别与核实是使分析结果科学的根本保证。

第二，要对信息与数据进行多角度的反复思考，像詹姆斯·韦伯·扬强调的

---

① 杨桃. 数据清洗基本概念[EB/OL]. [2013-10-16]. https://www.cnblogs.com/tomcattd/p/3372341.html.

那样："把一件事实反复用不同的方式看，再用不同的看法见解来观察，以探索其意义"，"用不同的方式看"，"用不同的看法见解来观察"，说的就是对待同一事物、同一现象，不能囿于同一个角度、用同一种眼光及同一种方法，只有不断转换角度，变换眼光，尝试多种方法，最后形成的对事物的认识与理解才会是全面的、准确的、科学的。

广告营销界流传的两个小故事，充分说明了多角度分析、思考的重要性：

美国新墨西哥州高原地区有一个苹果园的园主杨格，其产品每年都以邮购直销的方式销往各地，经营状况一直很好。有一年，正值苹果收获季节，一场特大冰雹突袭，致使满园又大又红的苹果个个布满疤痕。杨格既伤心又无奈：一方面，一年的辛勤劳作眼看就要随冰雹化为乌有；另一方面，当时已收到的苹果订单已达9000多吨。这满是疤痕的苹果，到底发不发货？9000多吨的订单如何处理？苦思冥想、一筹莫展之际，他随手摘下一个苹果咬了一口，分外清香可口。于是，计上心头：将苹果采摘装箱，按照订单发往各地，并在箱子里放入一张说明："这批货个个带伤，但请看好，这是冰雹打出的疤痕，是高原地区出产苹果的特有标记。这种苹果果紧肉实，具有真正果糖味道。"最后，这批有疤痕的苹果都卖出去了，没有一个买主提出退款的要求。① 对于这批苹果而言，"疤痕"是其最突出的外在表象。依照人们的习惯思路，会直接得出这批苹果有问题的结论——或许是放置时间太久溃烂了，或许是运输过程中挤压磕碰了，或许被虫子叮咬了，因此，这批苹果只能烂在地里，没有任何希望。杨格关键时刻换一个角度、变化一下思路，迎来了"柳暗花明"，还是这些"疤痕"，其指向却有了根本性的转变——是高原地区出产的具有真正果糖味道苹果的特有标记！

再来看第二个故事：南太平洋上某岛屿，世代在此生活的土著人一直沿袭着不穿鞋的习惯。一天，岛上来了一个美国人、一个英国人，两人都是皮鞋推销员，期望在此拓展市场。在该岛考察了一天之后，各自给自己的公司发回一封电报，英国人的电文是；"该岛无人穿鞋，我于明天回国。"美国人的电文是："此岛无人穿鞋，是个好市场，我将驻留此地。"第二天，英国人打道回府，美国人则发布了自己制作的广告：画面上一个土著老汉，脚蹬新潮皮鞋，肩扛猎物，耀武扬威，派头十足。广告吸引了大批土著人，围着美国推销员七嘴八舌地打听去哪

① 饶德江. 广告创意与表现[M]. 北京：中国广播电视大学出版社，2001：102-103.

儿能弄到画中老汉脚上穿的那“玩意儿”。最后的结果是，岛上的土著人都改掉了不穿鞋的习惯。① 面对该岛“无人穿鞋”这一现象，两个人得出的结论完全相反，行动自然也截然不同。其根本原因就是两个人文化观念的差异，也就是看待问题、分析问题的“看法见解”不同。

这两个故事告诉我们：每个人的思维都会受自身立场、观念以及习惯的影响和制约，最后思考得出的结论与解决问题的方法当然也会打上鲜明的个人烙印，甚至带有个人的成见或偏见。当个人的思考与应对策略契合了事物的本来面目，问题可以得到圆满解决；一旦个人的思考与应对方法偏离事物的本质，就可能导致方向性的错误。因此，文案撰写者面对各种现象，都应该多变换不同角度去思考，探索各种可能性，寻求不同的解决问题的方法，以优中选优；同时还要勇于跳出自我，进行换位思考，将个人的偏好与主观倾向性降低到最低，以保证思考结果的客观与科学。

第三，在多角度思考的基础上，对发现的问题、得出的结论要分清轻重、主次与缓急，以抓住、突出重点，解决主要矛盾。如果不分轻重主次、眉毛胡子一把抓，最后只能乱成一锅粥，根本不能完成任务。

美国宝洁公司早在一百多年前曾推出一款香皂，由于生产过程中出现的一次纰漏，搅拌时间过长，过多的空气进入配料之中，致使最后生产出来的产品能够漂浮在水面上。宝洁当时的管理者非常敏锐地抓住这一点，一方面受《圣经》的启示，为之取名“象牙”，使之具有浓厚的宗教色彩和浪漫气息；另一方面在广告中反复强调“它浮在水上”这一卖点，以和别的香皂区别开来，取得了极大成功。按照生活常识，对于香皂而言，人们在意、追求的主要是去除污垢、滋养皮肤等，绝对不会在意它能不能浮在水面上；但对象牙香皂来说，浮在水上却是其最独特之处，而且对于养育小孩的父母来说，能像充气玩具一样浮在水面吸引孩子的象牙香皂，无疑是他们最需要的。

二、把握事物之间的内在联系

世界上所有的事物都不是，而且也不可能是各自孤立地存在的，事物与事物之间往往存在着千丝万缕的联系，它们相互影响、相互促进。因此，分析、认识

① 侯玉璞. 话说广告[N]. 北京晚报，1993-02-15.

事物，不能孤零零地只盯着单个事物本身，而应拓展视野，“由此及彼”，用联系的、发展的眼光去了解、发现事物之间的内在关系，即按詹姆斯·韦伯·扬的要求去开始第二步行动：“你再把两件事实放在一起，看它们如何配合。”这一点，对营销传播文案创作来讲尤其重要，因为文案写作过程中核心创意点的获得就是建立在将相关因素“组合”“关联”在一起的基础之上。

庄臣公司曾是美国最大的地板蜡、打光蜡生产商，有一年它推出一款新型打光蜡，不再是糊状，而是直接使用喷雾器喷洒，免去了很多麻烦。如何把这款更新换代、名为“碧丽珠”的打光蜡很好地推销出去呢？广告代理商经过收集、梳理资料后发现了两个现象：其一，打光蜡的整体销售量正在下降，市场日渐萎缩。因为家庭主妇们觉得给家具打蜡是一件既繁重又令人厌烦的家务，一般每月只给家具打一两次，而且希望越少越好；其二，爱清洁的家庭主妇们几乎每天都要做清洁，给家具“拂拭灰尘”。经过一番深入思考，广告营销人员从中发现了希望和出路：把打光蜡和拂拭灰尘的抹布连接、组合在一起，在广告文案中承诺：使用碧丽珠打光蜡，当你拂拭灰尘时家具立刻变得光亮美丽！很快，碧丽珠打光蜡的市场份额扩大了两倍。

虽然就最终目的而言，广告与营销都是为商品服务的，但营销传播文案绝不是简单的产品说明书。文案如果只是仅就商品而言商品，肯定不会有丝毫的吸引力，更难以达成广告的实际效益。文案创意，就是要把商品的突出特质与目标消费者的需求恰到好处地关联在一起，彼此呼应，进而让消费者对商品、品牌产生好感及信任，萌发消费冲动并付诸实际行动。而顺利获得文案创意的前提，就是准确地发现、把握存在于商品与消费者之间的内在联系。正如詹姆斯·韦伯·扬所言：“在每种产品与某些消费者之间都有其各自相关联的特质，这种相关联的特性就可能导致创意。”①每一个文案创作者，都要高度重视各种事物与现象之间“相关联的特质”，看不见、找不到它，文案的写作活动将会障碍重重，甚至寸步难行。

我们来看一则阿迪达斯篮球鞋的文案：②

---

① 詹姆斯·韦伯·扬. 产生创意的方法[M]//汤·狄龙. 怎样创作广告. 刘毅志，译. 北京：中国友谊出版公司，1991：237.

② 陈海洋. 广告写作手册[M]. 南昌：江西教育出版社，1995：326.

捉老鼠与投篮

两色底皮面超级篮球鞋

猫在捉老鼠的时候，奔跑、急行、回转、跃扑，直到捉到老鼠的整个过程，竟是如此灵活敏捷，这与它的内垫脚掌有密切的关系。

同样地，一位杰出的篮球运动员，能够美妙地演出冲刺、切入、急停、转身、跳投、到进篮的连续动作，这除了个人的体力和训练外，一双理想的篮球鞋，是功不可没的。

新推出的阿迪达斯两色皮面超级篮球鞋，即刻就获得喜爱篮球运动的人士的赞美。

因为，它有独创交叉缝式鞋底沟纹，冲刺、急停时不会滑倒。

因为，它有七层不同材料砌成的鞋底，弹性好，能缓解与地面的撞击。

因为，它有特殊功能的圆形吸盘，可密切配合急停、转身跳投。

因为，它有弯曲自如的鞋头和穿孔透气的鞋面，能避免脚趾摩擦挤压，维护鞋内脚部湿度，穿久不会疲劳。

看到这则文案，人人都会瞬间被文案的标题吸引——“捉老鼠与投篮”。相隔甚远、风马牛不相及的猫捉老鼠与篮球运动员投篮有什么关系呢？在强大的好奇心驱使下，肯定会继续往下探究谜底。对于大多数篮球爱好者而言，他们最大的心愿就是能像一个职业篮球运动员那样展示出具有一定专业水准的球技，如漂亮地上篮、准确地扣球……文案创作者准确地抓住了目标消费者的这一心理需求，有的放矢，将打篮球的人与捉老鼠的猫并列在一起，因为二者在行动的迅捷、精准上高度接近，更重要的是二者之所以能演绎出如此令人眼花缭乱、击节叫好的动作的原因也是相似的——准确捉到老鼠的猫拥有构造特殊的“内垫脚掌”，篮球打得好的人必须拥有一双“理想的篮球鞋”。二者“联袂”出现在文案中，相互映衬，相得益彰，既充满趣味，又很直观、形象地传达了信息。当然，这一切的基础是写作者在日常生活中非常注意观察，对猫捉老鼠和篮球运动员投篮的动作几乎是烂熟于心，并且通过自己的琢磨，发现了其内在的相似、相通之处。

人们常说，广告创意的精髓可以用简单的六个字概括：“旧元素，新组合。”但并非随意地将两个旧元素拉到一起就能组合出一个好的广告创意。不讲逻辑、不考虑是否有关联就武断地进行组合，最后的结果只能是各不相干，难以相互融合、支撑，好的广告营销效果只能是奢谈。当年，速溶咖啡和一次性尿片刚进入市场时，就曾因为广告关联点选择上的偏差，最后导致市场销售效果难如人意：一次性尿片用后即可丢弃，免去了年轻妈妈们的很多麻烦，市场前景应该非常乐观，但面市 20 多年后，市场占有量仍然少得可怜。原因就在于早期广告将一次性尿片打造成一种“恩赐物”——给母亲们带来方便，这样的关联反而让年轻妈妈们感觉这是“一种不可靠的东西”，甚至会在使用它时产生一种犯罪的感觉——自己是一个只为自己方便的懒惰、浪费、放纵的母亲。基于这种心理，其在行动上肯定会有明显的排斥，只是偶尔外出时才会使用。弄清这种心理症结之后，广告及时改进，转而强调选用一次性尿片对婴儿更好，更干燥、舒适、安全，市场由此而打开。同样，速溶咖啡早期的广告重点强调方便、简单，客人来了，速溶咖啡用开水一冲就能款待客人，能免去传统咖啡须研磨、煮好后才能端给客人的麻烦，但这样的广告却让家庭主妇们产生不好的心理感受，即自己只图工序的简单，有怠慢、敷衍客人的嫌疑。后来，将广告重点改换成速溶咖啡和传统研磨的咖啡一样醇香，才有效扭转了由先前广告引发的不良心理暗示而导致的市场疲软状况。

美国广告界备受尊敬的知名人士、广告教育家威廉·阿伦斯在其畅销全球的经典著作《当代广告学》中，总结了杰出广告具有的两个共同特性——受众共鸣和战略关联性。威廉·阿伦斯认为：“共鸣指回响、回荡或振动，也指回音、呼应或和谐。其实，这就是杰出广告和受众之间关系的写照。广告拨动他们的心弦，在他们的耳中回响，在他们的脑海里回荡，引起他们的共鸣。”①杰出广告及文案之所以能引起受众的共鸣，是因为它在商品与受众之间建立了直接的关系，将商品的特点与受众的消费心理与动机有机地结合在一起，准确地击中了受众心中最柔软的地方。但仅有心理的共鸣还不够，还需继续延伸、发展另一层关联：“完成后的广告必须与广告主的战略相关联，否则注定会失败——即使它能引起

① 威廉·阿伦斯，迈克尔·威戈尔德，克里斯蒂安·阿伦斯. 广告：创意与文案(第 11 版)[M]. 丁俊杰，程坪，陈志娟，等译. 北京：人民邮电出版社，2012：9.

受众的共鸣。换句话说，它也许是了不起的娱乐作品，但绝不是杰出的广告。杰出的广告必然要完成某个战略任务。事实上，战略是产生杰出创意作品的根基。"①也就是说，广告与文案必须既能激发受众强烈共鸣，同时又能有力支撑整体广告战略、强化商品信息与形象，才会产生实际的营销效果。

总之，文案创意就是在商品、品牌和受众、用户之间建立各种巧妙的关联。要想有好的文案创意，文案创作者必须积累大量的信息，深入了解各种信息、资料之间存在的内在联系。舍此，别无他途。

第三节　及时记录存档

在读万卷书、行万里路的过程中，我们充分调动自己的五官，用心去观察、感受、体验，用头脑去甄别、判断、分析、总结，最终会得到很多的启发、感悟以及经验。但这些东西常常是突如其来、转瞬即逝，光凭人的记忆力是难以长久记住的。常言道，好记性不如烂笔头。必须借助一些工具，采用多种方法，及时将它们记录、保存下来，以方便日后随时调用。

一、资料索引与剪贴

在《产生创意的方法》中，詹姆斯·韦伯·扬在谈及如何处理收集的资料时，曾给后来者提出了两个具体建议：针对特定资料的收集，采用"卡片索引方法"非常便利；使用类似剪贴簿或文件夹等方式，则对一般资料的收集有很大帮助。

关于卡片索引法，詹姆斯·韦伯·扬的描述很具体："你只要自己准备些'三乘五寸'有横格的白卡片，把你收集到的特定资讯写在上面。你在做的时候，每张卡片只记一项事件，事后你可开始以题目之不同分项归类。最后，你可适切地整个分类建档。"其实，卡片索引法不仅仅局限于特定资料的收集，在平时的学习、工作、生活、旅行过程中，随时、随处都可以发挥作用。每天随身带着空白卡片纸，但凡看到、听到觉得有趣的人、事、物以及观点、句子，还有自己的感受、思考与体验，都可随手在卡片纸上记录下来。做卡片时，最好一张卡片只

---

① 威廉·阿伦斯，迈克尔·威戈尔德，克里斯蒂安·阿伦斯. 广告：创意与文案(第11版)[M]. 丁俊杰，程坪，陈志娟，等译. 北京：人民邮电出版社，2012：12.

记一件事、一个观点、一句话，简明扼要。卡片积累多了之后，就要分门别类地加以整理，即按照詹姆斯·韦伯·扬教给我们的进行“分项归类”，按照自己的日常需求列出几个大项，然后进行同类项合并，将属于同一个主题的卡片全部集中在一起。这样，在同一个类别中，就有很多内容、观点、说法各异的卡片，翻阅这些卡片，可以获得很多参考、启发。这种卡片的分类积累与收藏非常类似于中药铺里的中药柜，每一个格子里只放一种药材，既不会混淆，取用也非常方便。

詹姆斯·韦伯·扬认为这种方法的优点很多，第一，可使收集资料的工作非常有序地展开，并且可以明确提示还欠缺哪些方面的资料，便于查漏补缺；第二，可以规范、促进资料收集行为，甚至包含有让人不得逃避这项工作的意味；第三，可以通过书写来激发、“强迫”人的心智和大脑高速运转，从而产生很多积极的有益于创意的想法。

李奥·贝纳也曾现身说法：①

> 我有一个大夹子——它永远是越来越大——在我书桌的左下角，我记得自从我开始经营这个广告公司时我就有了它，我称它为“不足称道的语言”。无论什么时候当我在谈话中，或者在任何地方听到一个使我感动的片语，特别是适合表现一个构想，或者能使此构想神灵活现，或者使此构想增色生香等等——或者表示任何种类的构想——我就潦草地书写下来，同时把它粘在那里。
>
> 以后每年三四次我把它们整个看一遍，把许多材料捡出去，挑出来似乎能对我公司中现在进行的工作用得上的，我就把它写成备忘录。

在科技高度发展的当下，几乎人人出门都必带手机。除了通话、娱乐、浏览各类信息之外，手机还是很好的记录工具，随时随地都可以将自己看到、听到、想到的各种东西记载、留存下来，既可以用文字形式，又可以录音，还可以拍照、摄像，非常方便，而且形式丰富多样。

在谈到用剪贴簿或文件夹的方式积累资料时，詹姆斯·韦伯·扬力荐大侦探

① 丹·海金司. 广告写作艺术[M]. 刘毅志，译. 北京：中国友谊出版公司，1991：37.

福尔摩斯的那个著名剪贴簿，认为正是因为这位大侦探把大量闲暇时间都用于收集零碎资料并做成参照索引，才能屡破奇案。“我们偶然寻获之大量遗漏的资料，也是生产创意者可利用的资产——包括如简报、出版物上的专题文章，以及原始的评论意见等。在这类资料中，可以建立有用的创意资料簿。”詹姆斯·韦伯·扬自己曾在一个资料簿上写下“为什么每个人都希望第一个孩子是男孩？”这个问题，后来它就成为其所写文案的标题，而且还是他最成功的文案之一。

资料剪贴是一种非常简便的汇集资料与信息的方法。平日里读书、看报、上网、玩手机的时候，读到好的文章，看到好的广告，以及一些有趣的话题，就可以随时把它们剪贴、下载到专门的资料簿、文件夹里。与卡片索引法一样，剪贴、下载的资料也要分门别类，最好形成一个个专题，这样整理和使用的时候都非常方便。

台湾地区作家李敖曾将自己的读书方法形容为“大卸八块读书法”，读书时发现写得好的，或对自己有用的，当即用剪刀剪下来，再把它粘贴到相应的资料簿中。常常是一本书读完，也就被五马分尸了。由于书都有正反两面，为方便剪贴，他往往预先复印一份，或者干脆直接买两本。李敖认为这种读书方法能够把一本书读透彻，而且使用起来非常方便。

在谈及自己的职业经历时，李奥·贝纳还曾说道：①

> 我另有一个档案，鼓鼓胀胀一大包——值得保留的广告——我已经拥有它达 25 年了。我每个星期都查阅杂志。我每天早上看《纽约时报》以及芝加哥的报纸《华尔街日报》——我把各种吸引我的广告撕下来。因为它们都作了有效的传播，或是在表现的态度上，或是在标题上，或是其他的原因。
>
> 大约每年有两次，我很快地将那个档案翻一遍，并不是有意要在上面抄任何东西，而是想激发出某种能够适用到我们现在做的工作上的东西来。

有一点必须强调，做资料剪贴，一定是在自己购买、拥有主权的书籍和报纸杂志上进行，切不可在公共资料室、图书馆乱剪一通，起码的社会公德意识每个人都应该具备。

---

① 丹·海金司. 广告写作艺术[M]. 刘毅志，译. 北京：中国友谊出版公司，1991：37.

二、读书笔记

作为在校学生，每天有大量的时间可以用于读书。读书既是增长知识、开阔眼界的主要方式，同时也是积累资料的有效途径。不同的书，可以有不同的读法，有的书可以快读、略读，了解主要内容与大致框架即可；有的书需要慢慢读，边读边琢磨边消化。同样，不同的人其读书的方式方法也会明显不同。但要更有效率地读书，在读书的时候坚持做读书笔记是非常值得倡导、推广的一种方法。

读书笔记，简单地说就是在读书的时候，根据自己的需要随手记录下来的收获及心得。读书笔记的内容丰富多样，形式也很灵活，最简单、直接的方式就是对书中精彩的句子和段落的实录、摘抄，平时可以细细琢磨，需要的时候可以直接引用；对一些很重要或比较晦涩的理论、原理，可以在理解的基础上用自己的语言进行描述与总结，这样特别有益于对理论的掌握与运用；还可以用梳理提纲的方式将整本书的内容、框架及逻辑清晰、直观地呈现出来，一本厚书的精华就全部浓缩在这个提纲之中；在理解、记录他人观点与理论的同时，还可以表达自己的质疑、思考与理解，以此为基础，积少成多，日后就可慢慢形成自己对诸多问题独到的观点；在读完一本书之后，如果有很多感触，则可通过一篇读书心得进行全面的总结……总之，只要觉得有趣、有用，或者对自己有启发的，都可以在笔记本上记录下来。无论日后你是进入行业做广告营销实务，还是从事学术研究，这些笔记都会是非常重要、宝贵的资源，会让你终身受益无穷。

很多优秀的广告文案创作者在回忆自己的成长、奋斗经历时，都不约而同地提及过他们初入行时下过一个“笨功夫”，那就是拿着笔记本抄录优秀文案。但凡是经典、优秀的文案，都一笔一画、逐字逐句地抄录在专门的笔记本上，只要有空闲时间，就把这些笔记本拿出来，细细研究文案，从中汲取营养；当自己的思考与创作陷入困境之时，亦能从这些笔记中获得启发、找到灵感；甚至还有人系统收集、整理某个品牌的文案作品，最后作为著作出版，为后来人提供学习的便利。可以说，坚持做读书笔记，对于每一个学习者、创作者而言，都是有百利而无一害的事情。

三、日记

通过读书笔记，我们可以把每天读书时从中获得的各种资料、启发以及自己的理解与思考记录、留存下来。而在每天的日常生活中，我们还会看到、听到很多有趣的事，遇到很多特别的人，经历很多难忘的瞬间，这些东西虽然琐粹、细小，但却非常形象、生动，特别有质感，它们是使文案远离枯燥、呆板，并显得丰满、接地气的重要支撑因素。而且很多时候这些事件、情景、细节都是稍纵即逝，可遇而不可求，因此，我们必须做一个有心人，时刻准备着，迎接它们的到来，并及时地将之记录下来。

对此，日记就是值得借鉴、推广的方式：每天随身带个小本子，或者充分利用时刻不离身的智能手机，随时随地将那些鲜活的人、事、物，或者小细节、小场景，以及自己在经历这一切时心中的感受、脑中的想法，尽可能完整地用手机拍下来、用笔写下来。如果时间有限，可以寥寥数笔记下关键信息；待到空闲下来，就及时将细节以及事件的来龙去脉等信息补充齐全，以免遗忘。

写日记，可以一事一记，每经历一事，就完整地将之记录下来；也可以一日一记，将每天的所见所闻、所思所想都集中纳入到一则日记之中。前者适用于时间较为宽松、自由的人，后者则多被工作任务重、节奏快、时间紧的人采用。每个人都可以根据自己的实际情况灵活把握。

写日记，贵在坚持。顾名思义，日记就是每天都要记。同一件事，坚持做几天不是难事，但要做到每一天都不间断地去做，却是非常不容易的。而且日记不能每天重复一样的内容，那样做就完全失去了记日记的意义。因此，记日记不仅可以锻炼一个人每天坚持做一件事情的毅力，而且还可以倒逼记录者养成求变与创新的意识和能力，每天都要努力地去观察、发现、思考新鲜的、不一样的东西。久而久之，不仅能为记录者所用的创意素材、生活细节越来越丰富，而且其创新、创造的能力也会不断提升。

第三章　明确目标：文案对谁说

人类所从事的一切创造性活动，都有明确的目的，那就是为了人类社会的发展，为了每个人都生活得更好，广告营销活动亦是如此。无论是信息的传播，还是商品的推销，品牌的推广都是针对人进行的，并期望对人的情感、观念与行为产生影响。可以说，人是一切工作的中心与最终落脚点。

人，又是复杂多变的。常言道，人上一百，形形色色。不同的人，其观念、心理、行为以及需求都存在明显差异。如今的社会，每个人的个性化需求与追求都能得到尊重，都能获得极大的释放与满足。因此，广告营销活动再也不能像大众传播时代那样，一味地执著于影响范围最广、传播声量最大，而要更加注重“精准”。所谓精准，就是要准确找到品牌最应该找的人，然后将他最需要的信息与商品准确地送达到他面前。在这样的营销传播背景下，文案写作的首要任务就是找准目标对象，明确文案究竟要对谁说，并弄清楚这个“谁”的整体状况，最后形成一幅具有高度概括性，同时又非常具体的用户画像。

第一节　用户中心地位的确立

数字营销时代，用户至上的观念早已普及，用户的中心地位也已在诸多方面得到体现。但从历史发展的角度，用户至上观念的形成也经历了一个较为漫长的过程。顺应着不同时期市场状况的不同，以及传播、营销理论的改变，广告营销活动的立场从最初的以产品为主，过渡到注重消费者的心理需求，最终转向以用户为中心。

一、产品立场

商业广告，本就是应商品交换的需要而产生的。在相当长时期内，广告都是为商品代言，为商品销售摇旗呐喊的。也就是说，从商业广告诞生的那一刻开始，产品立场就已非常直接、明显地体现出来。在漫长的农业社会、古代广告时期，商品生产者大多是自产自销，并在销售过程中自行利用生活中能够找到的一些工具和载体为其产品“广而告之”。工业革命之后，大众媒介出现，作为中间代理商的现代广告公司应运而生，分别为媒体机构和广告主提供媒介代理、广告代理服务。广告公司受广告主委托，全权为之代理广告传播活动，主要目的与目标就是为广告主排忧解难，通过广告，让广大消费者都知道、了解、记住并购买其生产的产品，打开市场、促进销售。

在 19 世纪中后期，欧美一些国家如英国、法国、德国、美国等通过工业革命，率先成为工业强国。进入 20 世纪后，经济更是得到快速发展，市场范围不断拓展，商品的种类与数量都有了很大的增长。但从整体而言，当时全球市场仍处于供不应求的状况。对于广告主来说，其经营的中心、重点是能开发、生产出好的产品。只要有了好的产品，就不愁没有市场；如果再加上对路的广告配合，则肯定会“振臂一呼，应者云集”，根本没有后顾之忧。在这种社会背景下，无论是人们的广告观念、意识，还是具体的广告运作，都自然而然地聚焦产品，从产品出发，突出产品。如在美国 20 世纪二三十年代广告行业并行的原因追究法派和情感氛围派，虽然两派的广告表现手段与风格截然不同、差异鲜明，但究其本质，他们都是站在产品本位的立场，从生产者的角度出发，来思考和运作广告的。只不过原因追究法派的风格对便宜的、经常购买的、便于邮购的小商品作用甚佳，而情感氛围派的风格较适宜于贵重的、不经常购买的汽车、钢琴等大件商品。

这种以产品为主导的广告观念在 20 世纪前 50 年一直居于统治地位，较少受到其他思想和观念的挑战。究其原因，主要是受当时社会发展程度及经济环境的影响。50 年代以前，包括西方发达国家在内的全球社会均处于商品供不应求的市场状况，即使是美国经济大萧条时期的产品积压，也并非真正的产品过剩，而是社会购买力严重下降所致。在这样的市场环境下，广告人无需煞费苦心，只要将有关商品的信息明白、准确地传达出来即可，产品本位的广告自然大行其道。另外，当时的传播观念也是典型的传者本位，人们坚信大众传播具有无穷的威力，这种威力在两次世界大战中得到鲜明印证。而受众则完全被视为被动的、脆弱的，在大众传媒如“魔弹”般的信息攻击之下，他们毫无抵御能力，就像一个个应声倒下的“靶子”。面对这些一击即倒的受众，传播者自然不会质疑信息传播的效果，因而也就很少有意识地去研究受众的接受心理和接受方式，探寻更加有效的传播方式和技巧，这也在某种程度上支持、强化了产品本位的广告传播观念，这种局面一直到60年代才得以打破。

在美国，20世纪60年代被称为变革的时代。当时美国政治、经济、文化和科技的发展促成了广告事业的繁荣与发展，其变革也引发了美国广告业的创新革命。一些新型的广告公司为满足客户的要求，更多地把工作重点放到创新意识上，崇尚灵感、直觉和创意，带动、促进了整个广告行业的变化，一个绚丽多姿的时代由此开启：广告的侧重点逐渐从产品性能转入产品形象与个性，广告人的目光逐渐从专注于产品转向分析、研究消费者心理，广告诉求的中心从突出产品特征转变为注重受众的心理期待和接受效果。也正是基于这些转变，人们把这十年称为美国广告的过渡期。其间，三个鼎鼎大名的广告人——大卫·奥格威、李奥·贝纳、威廉·伯恩巴克起着引领与主导的作用。大卫·奥格威强调品牌形象的重要性，李奥·贝纳崇尚在广告中挖掘产品“与生俱来的戏剧性”，威廉·伯恩巴克则高举广告是艺术的大旗，视科学精确的调查研究为广告艺术创新的绊脚石。他们都不约而同地在深入分析、研究商品的基础上，将工作的重心放到了注重消费者接受心理与消费心理上，力图在广告中树立产品独特的品牌形象以吸引心仪者，或通过广告激发受众强烈的好奇心、同情心以及购买、使用的欲望。这与前半个世纪长盛不衰的产品本位的广告已有较大差别，受众的接受和反应开始成为广告人关注的重点，广告人纷纷为创作新颖、独特、具有非凡吸引力的广告探索各种创意方法和表现技巧。于是，传统的产品至上的广告观逐渐转向从消费者的角度出发，重新审视广告、运作广告。

这些转变的发生有着坚实的理论基础。20世纪60年代，传播学的研究开始摆脱以往视受众为被动的、脆弱的、中弹即倒的“靶子”的陈旧观念，从传者中心向受众中心转移。诸多研究、探讨受众的传播学理论给广告传播理论和实务的发展以极大的推动，如固执的受众理论、使用与满足理论等。这些理论强调了受众在传播活动中的主动性和决定性，认为受众并非如魔弹论所言，被动地接受信息的影响，而是依据自己的需要，主动地去寻找、选择信息。同时，50年代以后的营销领域，传统的产品推销观念已让位于市场营销观念，企业的一切活动不再是紧密围绕着产品研发与生产进行，而是把满足消费者的需求作为自身经营的前提和基础。市场的变化与需求决定着企业的生产和经营，企业要想立于不败之地，就必须不断研究市场的变化，研究消费者不断变化的需求。可以说，60 年代注重广告的创意和表现的广告传播理论的出现，正是顺应传播理论、营销理论重心的转变，接受传播理论、营销理论的指导而及时做出的理论回应。

二、消费者立场

虽然 60 年代的广告传播理论与实务提高了消费者在广告传播活动中的地位，但其仍以推销产品为主要任务，出发点和落脚点依旧是产品。可以说，20 世纪前 60 余年广告运作的传统都是将产品直接推向最广大的大众消费者。到了 70 年代，大众的概念开始被“分众”的概念所代替，一些广告创意人员主张“所有好的广告，起始于对‘受众’的基本了解”。杰出的市场调查专家乔治·盖洛普也一针见血地指出，第二次世界大战以后广告进步不大的原因就是“因为广告只针对产品本身，完全忽视可能购买的消费者”。于是，广告开始针对特定的消费群体有的放矢地信息传播，至此，广告传播领域从产品立场向消费者立场的彻底转变才真正得以实现。

完成这种实质性转变的是艾·里斯和杰·特劳特。二人在 70 年代提出了定位理论，并于 1981 年合作出版了著作《广告攻心战略———品牌定位》。此书对广告定位理论进行了深入细致的阐发：定位是对未来的潜在顾客心智所下的工夫，也就是把产品定位在未来潜在顾客的心中。在这里，潜在顾客的心理需求决定着广告的策略与方向，无论多么优质的产品，只有当它真正契合目标消费者的心理预期和实际需要时，才能成为畅销的好产品。否则，就会沦落为仓库里的积压品，无人问津。因此，广告传播首先必须为产品寻求有实际需求的目标消费者，然后再根据目标消费者的具体情况确定对应的方式方法。在产品同质化现象非常普遍、传播日益过剩的社会大背景下，只有采取像定位这样抓住要害、针对性强的广告策略，方能做到无往不胜。

80 年代开始，越来越多的公司开始注意树立自身良好的企业形象，以增加其商品的销售量。人们普遍认为，良好的企业形象能唤起消费者对企业的信任，强有力的品牌形象亦能唤起消费者对品牌的喜爱。于是，企业形象设计、品牌个性塑造成为这一时期广告人的工作重心。从 19 世纪末对商标名称的关注，到 20 世纪 60 年代大卫·奥格威的品牌形象理论，再到此时的品牌个性理论，品牌的观念逐渐深入人心。其后，“品牌经营”“品牌领导”更是成为人们的普遍共识。纵观品牌概念的历史发展，我们可以发现，品牌不仅仅是广告运作中关注的问题，它已与企业的整个生产、销售活动密切相关。同时，创建、运营品牌也不只是单纯地赋予它一个名称和商标，使消费者记住这个商品，而是要塑造品牌独特的形象与个性魅力，并使之与特定的文化氛围、特定的消费需求和消费心理紧密相连。

90 年代，整合营销传播理论（IMC）成为广告界的主流，是营销界的热门话题，成为“21 世纪企业决胜的关键”。整合营销传播理论由美国西北大学教授舒尔兹等人共同提出，它把消费者提到至关重要的位置，将广告传播的重点从“消费者请注意”转移到“请注意消费者”，主张根据消费者的实际情况确立统一的传播目标，并综合运用各种传播手段，发挥不同传播工具的作用，以达到整体传播效果。由此，在企业制定整体营销战略时，传统的以制造商为控制核心的 4P（product、price、place、promotion）逐步转向劳特朋倡导的 4C（consumer、cost、convenience、communication），也就是产品完全让位给了消费者。企业广告营销活动的所有焦点问题最后都归结为一点，那就是消费者。产品能否畅销、赢利，完全依赖于消费者，消费者的心理及行为成为决定企业成败的关键。无论是新产品的开发与生产，还是营销、广告策略的确定，都必须与消费者的状况、需求相吻合。换句话说，消费者的需求决定着企业的经营方向与营销策略，决定着广告传播的内容与形式。

至此，以消费者为中心的广告营销观基本确立并逐渐趋于成熟。广告信息的传播者和接受者的关系进入一个相互依赖、相互影响的新境界。这种以人为本、为人服务的广告观带给广告业全新的风貌和极大的促进，并将继续引领全球广告业在 21 世纪向新的巅峰迈进。

三、用户立场

互联网特别是移动互联网普及之后，各种新媒体如社交媒体、自媒体的出现与兴盛，使一直处于被动地位的受众与消费者开始“反客为主”，逐渐成为广告与营销活动的决定性力量，一个全新的概念——“用户”也随之取代了受众的概念。用户这一概念，既可指媒介用户，又可以是品牌用户，将先前的受众与消费者两个概念统领在一起，很快便流行开来。

20 世纪 90 年代，整合营销传播理论将广告营销活动关注的焦点从“消费者请注意”转向“请注意消费者”，强调消费者数据库的建立以及对消费者的分析、洞察，以期通过对数据库积累数据的科学分析准确把握消费者的心理需求，然后以此为基础实现与消费者的有效交流与沟通。但由于时代及相关技术条件的限制，数据库收集、积累的数据非常有限，由此得出的对消费者的整体把握最终只能是一个大致合理的猜测，还存在很多的缺失与不确定；而且当时的广告营销活动重视数据收集与分析的目的仍然停留在加强广告信息传播的针对性和有效性上，大部分广告营销人还不具备与信息接受者进行互动的意识，当时的技术条件也根本无法有效地达成传者与受众之间直接的交流与互动。正是这些因素的影响，使得消费者的地位与受重视程度虽然有很大提升，但其主体性并没有真正得到发挥，大多数时候他们依然只能被动地接受信息，难以真正融入广告传播与营销过程之中，更谈不上直接参与。这种状况只有到社交媒体与自媒体兴起、数字营销兴盛之后才得以彻底扭转。

互联网的普及以及互联网技术的不断升级，特别是社交媒体与自媒体的出现，彻底改变了受众与消费者的地位，使之从被动转为主动，成为主导并决定广告营销活动成败的重要力量。由此，广告营销活动的重心便由传播商品、品牌信息转向激发用户主动参与互动并使之从中获得愉悦的体验，广告营销各个环节的工作都必须围绕用户展开：首先，要汇聚各方数据为用户画像，为其贴上清晰的标签；一旦有与标签对应、一致的用户在网上出现，系统立即启动实时竞价程序，中标的广告主或代理商快速依据用户标签进行程序化创意，为之量身定制的广告作品很快便出现在这个用户面前……有了这些环节的保障与支撑，最后送达到用户面前的广告信息大多能让他们主动点击、关注，在阅读、观看之后如果喜欢，还可以进一步采取行动：点赞、转发并留下自己的评论。至此，广告营销活动还没有到达终点，后续的环节还需衔接到位：对于用户的主动参与行为，广告主与代理商要及时做出反馈，使信息传播的双方真正互动起来。这样，用户不仅能从中感觉到自己被尊重、被重视，而且还会将这种良好的感受与体验带入对品牌的记忆，进而形成积极的品牌印象；同时，广告主以及数字营销代理商也能从中了解商品与品牌存在的问题，聆听到来自用户的真实声音，对品牌未来的发展也能起到参考、借鉴以及促进的作用。

可以说，对用户互动与体验的重视与实现的程度，是区别传统广告营销与数字广告营销最主要、最明显的特征。对于数字广告与营销而言，不能与用户进行有效的互动，就根本不能叫做营销；不能带给用户好的体验，广告主期待的 ROI(投资回报率)就根本无从谈起。只有真正站在用户的立场，根据其需求与喜好有针对性地为之量身定制个性化的广告，才是数字时代广告营销人最正确的选择。

第二节　用户画像的形成

无论是广告信息传播，还是市场营销活动，都是以消费者为目标，期望借助于广告、营销活动，使之有所触动，进而产生共鸣，直至发出消费行为。要有效地引导消费者按照广告主期望的步骤走完上述流程，广告人、营销者必须深入、全面地了解、研究消费者。从 20 世纪 70 年代定位理论产生以来，“消费者洞察”一直是广告营销活动的重中之重。只有对目标消费者有非常清晰、准确的认知，广告营销活动才能有的放矢。进入数字时代以后，借助于网络技术、电脑技术以及大数据技术，通过对海量数据的分析与挖掘，已能比较精准地形成“用户画像”。但消费者洞察和用户画像的完成都离不开对消费者相关信息的全面占有。关于消费者的信息主要集中在以下几个层面：

其一，人口统计层面的信息。主要包括性别、年龄、职业、受教育程度、收入状况、婚姻及家庭状况等。

其二，心理层面的信息。主要包括个人兴趣与爱好、审美趣味、价值取向、消费动机以及品牌喜好等。

其三，行为层面的信息。传统广告时期，对行为层面信息的关注主要集中在线下的消费决策行为、媒介接触行为等方面。网络普及之后，消费者行为层面信息的范围有了极大的拓展，不仅有传统的线下行为，还有网络上的线上行为；相比于线下行为，消费者的线上行为更加丰富、多元，既有消费，又有浏览行为、搜索行为，还有主动参与如留言、评论甚至创作行为；另外，线上行为的记录、获取、储存也更方便、容易、简单。

只有尽可能全面、详尽地收集各类信息，才能为准确地洞悉消费者奠定坚实、科学的基础。作为文案创作者，虽然很少直接参与具体数据的收集、分析与挖掘工作，但对其流程也应了解，更要有效利用数据分析的结果，以使文案写作更有针对性。

一、数据汇集

信息的获取与收集是一项非常辛苦、繁琐的活动，特别是以人力为主的传统市场调查与广告调查，主要采用的方法是以简单抽样为基础的问卷调查、小组访谈、个人面对面访问等，规模很小，获取的信息也非常有限，但需要投入的时间、人力、物力和财力却很大，如问卷的设计、访谈活动的组织以及信息的整理、归类、输入与分析，大多依靠人工完成，既耗时又费力，而且所得的信息与数据无论是在数量上还是质量方面都存在明显的不足和缺失，投入与产出不成比例。进入互联网时代之后，在网络技术、计算机技术的支撑下，人们只要点击鼠标或滑动屏幕，其在网上的各种行为均可实时、便利地被一一记录在案，如此积少成多，如今在互联网上已然形成了海量的大数据。如果这些海量大数据的价值被有效地予以挖掘、利用，将确保广告营销活动的精准、到位和有效。由此，现今获取、收集信息与数据的渠道更加丰富多元，除了沿用传统的调查方式之外，更多、更普遍采用的方法是网上信息与数据的汇集。

互联网上海量的信息与数据，依据其获取渠道的不同，通常被划分为三类：第一方数据、第二方数据和第三方数据。第一方数据指的是广告主自有的数据，最真实、私密，可信度与营销价值也最高，但大多停留在已有的实际消费者层面，比较单一；第二方数据指的是广告主的合作方、服务方拥有的数据，主要来源于与广告主有合作关系的上下游企业、广告主的广告营销代理商、为广告主提供广告位的媒体机构，大多集中在消费者接触点与消费行为数据、受众及媒体用户数据等方面；第三方数据则是指与广告主没有直接合作关系的第三方机构拥有的数据，即独立、专业的数据公司采集的数据，如百度的用户搜索行为数据、阿里巴巴的用户消费行为数据以及腾讯的用户社交行为数据。在具体实践中，三类数据之间并不是泾渭分明的，若站在不同的角度，同一个数据的身份可能就会发生改变。因此，最重要的事情不是明确区分三种不同类型数据之间的差别，而是要尽可能从各种不同渠道汇集不同的信息与数据，即三种不同类型的数据都要拥有。只有将三类数据融汇在一起，相互补充、启发、印证，才能支撑起精准、高效的广告与营销。

无论多么海量的数据，其本身并不能直接说明、解决任何问题。只有将众多零乱、分散的信息与数据放在一起，进行一番整理、甄别，然后再深入地进行分析、挖掘，发现海量信息和数据之间的内在联系，提炼出其内在价值，并将之应用于各种实践之中，数据的意义才能真正得以显现。数字营销公司从各种渠道获取、汇集了信息和数据之后，接下来的工作就是对信息及数据进行初步的甄别、整理，去伪存真，去粗取精，然后运用各种软件及技术对信息与数据进行深入的分析和挖掘，探究各种信息及数据之间的各种关系，最终在对消费者有深刻洞察的基础上形成用户画像，为后续的广告营销活动明确目标、指引方向。

二、数据分析与挖掘

数据分析与挖掘是一个相当耗时耗力的过程，一般细分为三个环节：数据清洗、数据挖掘、后期处理。

从各种渠道采集来的复杂数据汇聚到一起，可以说是真假、良莠并存，错误的数据、互有冲突的数据在所难免，必须首先对数据库中的数据进行预处理，将错误、重复的信息与数据剔除，补充缺失的数据，这一环节在行业内被称为“数据清洗”。

数据清洗，更通俗、形象的说法就是将数据库中的“脏数据”清洗掉。所谓脏数据，指的是不符合要求与标准的数据，主要有残缺数据、错误数据和重复数据三种类型。残缺数据，指的是信息有所缺失、遗漏的不完整的数据，需要通过人工输入补齐；错误数据则是由于系统的不健全造成的输入方面的错误，如数值数据输成全角数字字符、字符串数据后面有一个回车操作、日期格式不正确、日期越界等，需要通过相应方式加以修正；重复数据出现的主要原因是数据库的数据来自不同的渠道，属性值相同的数据被反复记录，须将之合并为一条记录。①

① 杨桃. 数据清洗基本概念[EB/OL]. [2013-10-16]. https://www.cnblogs.com/tomcattd/p/3372341.html.

数据清洗是数据分析与运用过程中非常重要的一个环节，只有把一些错误、重复、相互之间矛盾冲突的数据删掉或加以修正，使所有的数据都符合真实、准确、完整、一致的标准，才能确保最终数据分析与挖掘的结论的准确、可靠。

数据经过清洗之后，接下来的工作就是对之进行分析、挖掘。数据挖掘，就是运用各种分析方法，对数量庞大、分散而又零乱的数据进行梳理、归类，透过数据复杂的表象发现内在的本质与规律；探究众多数据之间的关系，寻找彼此潜在的关联性，最后将数据的价值最大限度地发掘出来用以指导实践。如今，数据分析与挖掘广泛应用于数字营销活动，通过预测建模、聚类分析、关联分析、概率分析，将大量的业务数据、用户数据的价值挖掘出来，使零散的数据成为有用的、结构性的数据，并将之付诸应用，指导品牌的数字营销活动。

在广告与营销行业，人们一直都非常重视对数据以及各种资料、信息进行分析与挖掘，因为它是精准、高效运作广告与营销活动的基础和前提。只不过传统广告时期的数据分析工作主要通过人的大脑进行。相对而言，人的大脑在一定时间内有效处理信息的数量非常有限；而且传统的以人脑为主的数据分析方法主要是一种“假设-验证”的模式，即人们常说的“大胆假设，小心求证”——先基于已有的知识和经验提出一个假设，然后再通过多种渠道(如实验)获取、收集数据来论证、支持、验证这个假设。到了数字时代，数据挖掘的工作更多地交由计算机承担、完成。计算机的储存空间、运算能力与速度都远远地超出于人脑，特别是人工智能技术的普遍运用，独特的算法再加上机器学习，使得现在的数据挖掘无论是在数量还是质量以及速度和效率上，都非传统的数据分析方法所能企及。

常见的数据挖掘主要有描述性数据挖掘、预测性数据挖掘。描述性数据挖掘的目标是把握数据的本质特征与属性，发现数据之间的各种联系模式，进而将具有强关联的数据聚合在一起，形成组群，同时通过异常检测将离群太远的淘汰、剔除，这样，一个个不同的类别、组群便建立起来。描述性数据挖掘中的聚类分析结果能非常直接地用于指导企业的STP战略决策。预测性数据挖掘的重点则是从已知的数据中发现未知的知识，或者预测未来的趋势，主要方式是基于对现有数据的分析建立数据模型，计算机自动运用模型及算法完成预测任务。

三、用户画像

用户画像(persona)概念的最早提出者是交互设计之父 Alan Cooper。在 Alan Cooper 看来："用户画像是真实用户的虚拟代表，是建立在一系列真实数据之上的目标用户模型。"按照艾瑞咨询的解释，"用户画像可以简单理解成是海量数据的标签，根据用户的目标、行为和观点的差异，将他们区分为不同的类型，然后每种类型中抽取出典型特征，赋予名字、照片、一些人口统计学要素、场景等描述，形成了一个人物原型(persona)"。① 即通过对用户线上与线下多方面信息和数据的采集、分析与挖掘，提炼、概括出目标用户独特的个性特征与整体气质，由此形成关于此类用户的标签式的描述。有研究者亦将用户画像理解成"将数据形象化的过程"，其结果是在标签化的基础上建立用户画像统一的指标体系，并通过指标体系筛选用户，最终形成用户全景视图，进而用于指导个性化、差异化数字营销策略与方案的制订和实施。②

用户画像将数据形象化的过程大致可分为 5 个步骤：准确识别用户、动态跟踪用户行为轨迹、结合静态数据评估用户价值、用户标签定义与权重、不同人群优先级排列。③ 基本遵循着明确目标用户、全方位采集数据、分析挖掘数据、最后形成用户画像的流程。

首先，明确用户画像的目的、类型以及具体目标，如给谁画像、画什么像、为什么画这个像，等等。这些问题弄清楚之后，再对需要调查、跟踪的用户进行初步的身份识别。因为在互联网这个虚拟世界，每个人的身份都可能是复杂多变的：同一个用户可以手持多种不同的终端设备，通过不同的渠道在多个平台注册不同的账号，以不同的身份出现，在做数据分析之前，必须确认其身份的唯一性，即究竟是同一个用户还是多个不同的用户。可以用来识别身份的数据主要有三类：人口统计身份识别数据、设备身份识别数据和数字身份识别数据。如果身

---

① 艾瑞咨询. 干货：搞定用户画像只需 5 个步骤[EB/OL]. [2016-10-08]. http://www.sohu.com/a/115611583_445326.

② 王苗苗. 基于数据挖掘的互联网企业用户画像分析[J]. 现代经济信息，2018(10)：33-34.

③ 艾瑞咨询. 干货：搞定用户画像只需 5 个步骤[EB/OL]. [2016-10-08]. http://www.sohu.com/a/115611583_445326.

份识别的结果显示是同一个用户，就可以将多个不同的身份进行“归户”，即归之于同一个用户名下。①

接下来即可启动数据的跟踪与采集活动。数字时代的数据跟踪与采集已能做到线上与线下相结合，最后采集到的数据也是静态数据与动态数据齐备，可以为数据挖掘提供丰富的物料、奠定坚实的基础。静态数据主要包括：人口统计层面的信息(如性别、年龄、婚姻状况、家庭结构、所处地域等)、个人兴趣与爱好、从事的职业及收入状况、消费倾向与偏好、价值观念与生活方式以及企业掌握的CRM数据；动态数据则主要是有关用户在不同的时间、地点发出的各方面行为的数据，如浏览行为、搜索行为、消费行为、互动行为(点赞、转发、评论)等，以及行为的活跃度、忠诚度。

第三步就是在对静态数据与动态数据进行全面、深入挖掘的基础上，为用户建立标签定义与权重体系，比较形象的说法就是为用户“贴标签”。这里的标签指的是在对用户各方面本质特征进行提炼、概括的基础上用简短的关键词或词组加以描绘，如时尚达人、网络红人、IT精英、发烧友、购物狂等。人是复杂的，同一个用户往往会被贴上多个标签。再依据权重体系，对多个标签按重要程度来加以梳理、排序，最后以可视化的方式呈现出来。下图是由艾瑞咨询提供的某图片分享类媒体的整体媒介用户画像——很多个标签汇集在一起，直观地勾勒出这个图片分享类媒体的典型男/女用户形象，众多标签按照权重体系依次按字体大小呈现出来，权重、特征值越高的标签，字体最大，这样就能非常直接、清晰地了解其用户的主要特征。

以此为基础，进一步运用聚类分析、关联分析、逻辑回归等方法，挖掘数据之间的相关性，便可形成一整套用户标签体系，构建出相应的数据模型。数据模型再经过验证，剔除一些“偶然的相关性发现或不能准确反映现实的数据模型”之后，剩下的数据模型便可组成用户画像。②

当然，通过对海量数据进行逻辑分析、归纳得出的由一个个标签建构而成的用户画像，仍旧是一个高度概括、抽象的集合体。对于文案创作者来说，面对一个抽象的概念、标签写作，始终会感觉隔着一层，远不如直接面对一个活生生的

---

① 曹虎，王赛，等. 数字时代的营销战略[M]. 北京：机械工业出版社，2017：138.
② 曹虎，王赛，等. 数字时代的营销战略[M]. 北京：机械工业出版社，2017：141.

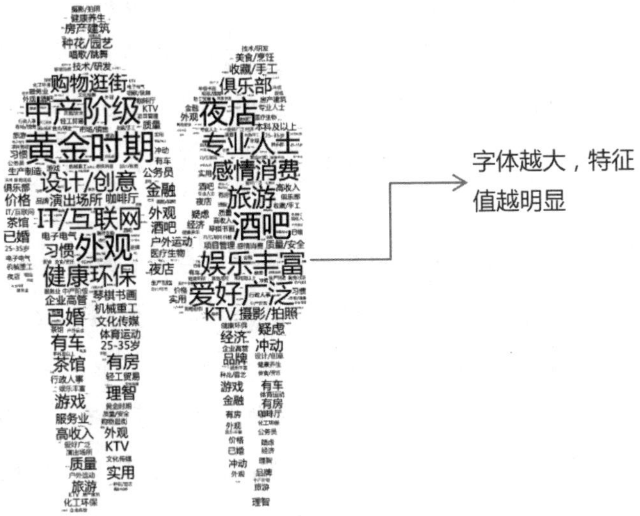

图片来源：艾瑞咨询《干货：搞定用户画像只需 5 个步骤》

人，与之在同一个语境下进行沟通。因此，在得出了目标用户画像的基础上，文案创作者还需再将一个个标签组合在一起，活化出一个具体的目标用户形象，然后针对这一个具体的形象创作文案。这一方法得到很多文案创作者的认可与推崇，美国学者乔治·费尔顿在《广告创意与文案》这本书中，通过一条服饰广告，介绍了怎样基于用户主要性格标签"想象出"一个具体的人的方法：女性服饰品牌利米特德·埃克斯普雷斯主要瞄准职业和社交领域，目标对象定位于 18 岁到 34 岁的高消费阶层妇女，她们的标签符号主要有：成功女性、自信、高消费、体面的职业、频繁的社交……根据这些标签，创作人员最后虚构出一个叫戴比的女性：①

追求时髦的现代女性戴比，27 岁，家住俄亥俄州哥伦布市老郊区，那里有她的第二套公寓房，她还在攒钱，想在新郊区再买一套配有公共庭院等公用场所的公寓房。她有俄亥俄州立大学美术学士学位，专业是平面造型设计，她以自己的学识技巧在市里一家大设计公司当初级艺术指导，年收入

① 乔治·费尔顿. 广告创意与文案[M]. 陈安全，译. 北京：中国人民大学出版社，2005：35-36.

40000 美元(这在中西部算是很不错的收入)。她努力工作，自以为是事业蒸蒸日上的女性；她不只是付出时间，同时还在创造自我。每天上班都穿戴整齐，服饰是她向他人表现自我的一个组成部分。她的日常工作是领导小团队做设计，因此服饰变成一种职业资产，能表现她自己的设计意识。她花在干洗上的钱很多，衣物买得也多。

每逢星期五或星期六，她和朋友们一起去新潮的夜总会玩。她养了两只猫，看有线电视直播节目和 HBO，是《塞恩菲尔德》和《北方曝光》的狂热爱好者。她边看电视边在爬梯式健身器上健身。她订阅《名利场》《生活》周刊和《传播艺术》等刊物，在上下班途中收听另类摇滚台，她不订日报，但是星期日的报纸每期必看。她的工作必须到国外出差，因此她自认为是四海为家者。她的近期事业目标是晋升为设计组创意总监。她想结婚，希望有一天能当母亲，但是目前工作是首要的。她认为自己颇有实验精神，是个边缘人，愿意尝试新的东西，喜欢冒险。

试想一下，一个文案创作者在写作文案时，面对着上面那几个标签写与面对着戴比写，哪种写作状态与感觉更好呢？答案应该是不言自明的。

第三节 用户决定文案写作的方向

文案写作活动是由文案撰写者主导、把控的，这一点不容置疑。但在具体的写作活动中，文案撰写者的身份具有多重性：其一，作为一个生命个体，他是普通消费者中的一员，有着自己独特的个性、观念、喜好与追求；其二，作为专门从事文案写作的人员，他拥有一定的专业素养与眼光，对市场、品牌、商品、消费者都有自己独到的认识与理解；其三，作为代广告主、商品及品牌发声的人，他要为广告主谋利益，为商品、品牌的营销传播服务。在这多重角色中，孰轻孰重，应如何协调？这个问题对文案写作活动来说尤其重要，因为它直接决定着文案写作的方向。对此，日本电通公司文案人员的回答非常明确：

文案创作者不能只是企业的代言人，要在认真吸收企业发表的言论基础上，在广告中把企业的话翻译成能够唤起消费者共鸣的话。这才是文案。他们是站在广告客户与生活之间的。①

也就是说，在具体的文案写作过程中，文案撰写者不能仅仅只是简单地从某一个角色的立场与视角出发，应摆脱单一角色的限制和束缚，将三种角色综合起来，进行多方位的思考，最终以用户的立场与视角将综合思考的结果表达、呈现出来。一个文案撰写者如果只是单纯地听从广告主的安排与命令，那他只会成为广告主的传声筒，这是典型的不思进取的懒汉做法；如果一味凭一己的理解、好恶和趣味行文，则无异于自恋式地自说自话，肯定难以引发用户的共鸣；而端着广告专业人士的架子写作文案，不仅会落入"八股文"的俗套，与广告的目的更是背道而驰。总之，营销传播文案的写作，应该是基于用户的心理需求与行为方式，以用户思维来确定方向、统领全局。

一、激发用户参与

在如今用户主导的时代，每个人都能自主决定自己在什么时间、什么地点、以什么方式接受什么样的信息，同时，对自己完全不感兴趣的信息也可以很方便地直接予以忽视或是让它根本不会出现。传统的广告与营销活动以传播者和广告主为主导，比较武断、生硬地以统一的格式将广告作品和营销活动单向推送给受众的做法明显已经过时、落伍，必须转换立场、改变措施，针对用户的需求与趣味构想、设置好的广告作品和营销活动流程，引导他们积极参与到企业的营销活动中，主动奉献自己的热情与才智，与品牌进行有效的互动，并在互动中收获良好的体验。须知，在体验经济时代，有效的互动与良好的体验弥足珍贵。

早在2011年，中国互联网数据中心(DCCI)在其发布的社会化营销蓝皮书中就提出了数字时代新的消费行为模式SICAS。所谓SICAS模式，是在传统广告时代的AIDMA模式、网络时代初期的AISAS模式基础上的更新换代，其主要内容是：品牌与用户互相感知(sense)，产生兴趣、形成互动(interest & interactive)，用户与品牌及商家建立连接、交互沟通(connect & communication)，行动、购买(action)，体验、分享(share)。

① 原鸿一郎，石田胜寿．广告文案[M]．谭琦，译，北京：中国电影出版社，1999：18.

传统广告时代的 AIDMA 模式基本遵循的是单向的刺激-反应模式，广告文案聚焦的核心是怎样以好的内容和表达吸引人们的注意(attention)，并尽快将短暂的注意转化为真正的兴趣(interesting)，以激发人们内在的欲望(desire)，使之在形成记忆(memory)的基础上采取消费行为(action)。换句话说，广告人的工作只是专注于怎么单方面地去击中消费者的内心，并且坚信只要广告击中了消费者的内心欲望，他们就一定会采取行为。在这个模式里，消费者完全是被动的，除了对广告信息做出广告主与广告人所期待的反应，似乎别无他用。这一点在互联网时代得到极大改变，随着搜索引擎的出现，消费者能够非常便利地主动搜索信息、分享信息。日本电通公司研究人员敏感地捕捉到消费者的这一行为特征，将 AIDMA 升级为 AISAS(attention-interest-search-action-share)。

AISAS 模式下的广告创意与表现，开始重点思考如何吸引、激励消费者主动搜索信息，并向他人分享信息，这在一定程度上已经具有了“互动”的意味。但此时的互动还仅仅只是停留在对已有的编辑好的信息的搜索与自己的感受的分享上，范围还很狭窄，内容也较为简单。对互动的全方位的重视则是在 SICAS 模式形成与提出之后。在 SICAS 模式中，互动自始至终体现、贯穿在消费行为的每一个阶段、每一个环节——从最初通过全网触点达成品牌与用户之间的相互感知，到彼此产生兴趣尝试互动，到用户与品牌、商家建立连接，并就各种问题在各个层面保持沟通甚至协商，再到用户信任品牌发出消费行为，直至用户消费商品后将自己的所有体验分享给他人。可以说，无互动，就不能称为数字广告与营销，就根本无法达成广告营销的目的。

文案创作者怎样做才能激发、实现与用户的有效互动呢？

首先，一定要站在用户立场，从用户视角出发，以用户思维去思考、行文、说话。不仅要知道文案面对的是怎样的一个人，还要了解这个人心里时常想些什么，平时喜欢什么，会被哪些问题困扰……越全面、越细致、越深入越好。只有在全面了解、准确把握用户的基础上，文案写作才会有明确的方向，才能找到最恰当的突破口，才能说出用户最想听、最想看的句子。在此，对消费者、用户的心理及行为进行深入的洞察至关重要。西奥多·莱维特曾说：“人们购买产品……是为了解决问题。产品是解决问题的工具。”①在他看来，人们不是为买汽

① 乔治·费尔顿. 广告创意与文案[M]. 陈安全，译. 北京：中国人民大学出版社，2005：22.

油而买汽油，“他们看不到它，尝不到，摸不到，觉察不到，也无法真正进行试验。他们买的是让他们的轿车继续运行的权力”。① 广告要想真正影响用户的消费行为，就必须弄清楚他们究竟有什么样的问题需要解决，以及其问题处于哪个层面、是什么性质的问题，然后方能对症下药。

谈及人类的需求层次，人们会不约而同地想到美国心理学家亚伯拉罕·马斯洛，他的需求层次理论在广告传播与市场营销中得到广泛运用。但正如乔治·费尔顿指出的，“马斯洛的需求层次划分过于简单”，需要进一步具体化。在《广告创意与文案》这本书里，乔治·费尔顿给我们介绍了罗伯特·塞特尔和帕梅拉·阿尔里克在《他们为何购买：美国消费者透析》一书中，对美国消费者需求进行的更细致、更有针对性的划分，这份需求清单总共分为15小项：②

1. 成就感：运用自己的技能完成困难人物的需要。

2. 独立性：独立自主的需要，有多种选择，有个性。

3. 表现欲：吸引公众注意力的需要，炫耀，得到他人关注。

4. 得到承认：受他人正面关注，被尊为典范的需要。

5. 支配欲：有权对他人进行支配、指导和监督的需要。

6. 归属感：与他人建立亲密联系、建立感情关系的需要。

7. 抚育：照顾他人的需要，拥有并加以保护的需要。

8. 求助心态：接受他人帮助、得到安慰的需要。

9. 性别魅力：确定并发挥自己的性别身份的需要，有充分的性吸引力。

10. 刺激：刺激感官的需要，参加激烈活动，身心投入，出汗，刺激味觉，保持活跃。

11. 消遣娱乐：放松的需要，玩耍，逗乐，接受娱乐。

12. 新鲜感：改变日常生活惯例的需要，改变经历，实现多样性，学习新技能，取得新经验。

13. 理解力：学习和理解的需要，运用智力把它们联系起来。

---

① 乔治·费尔顿. 广告创意与文案[M]. 陈安全，译. 北京：中国人民大学出版社，2005：12.

② 乔治·费尔顿. 广告创意与文案[M]. 陈安全，译. 北京：中国人民大学出版社，2005：24-25.

14. 协调性：保持井然有序和清洁卫生的需要，控制不稳定因素，避免含混不清的状况。

15. 安全感：消除恐惧的需要，获得资产，避免事故。

美国广告文案研究者罗伯特·布莱在《文案完全创作手册》这本书中，更是全面总结了消费者购买商品的22个理由：①

1. 为了被喜欢	2. 为了被感谢	3. 为了做正确的事
4. 为了感觉到自己的重要	5. 为了赚钱	6. 为了省钱
7. 为了省时间	8. 为了让工作更轻松	9. 为了得到保障
10. 为了变得更吸引人	11. 为了变得更性感	12. 为了舒适
13. 为了与众不同	14. 为了得到快乐	15. 为了得到乐趣
16. 为了得到知识	17. 为了健康	18. 为了满足好奇心
19. 为了方便	20. 出于恐惧	21. 出于贪心
22. 出于罪恶感		

无论是15个需求清单，还是22个购买理由，直接对应的都是消费者的心理需求。只有对用户的心理需求了如指掌，文案写作才能做到有的放矢。

其次，找准用户的问题与心理需求之后，要有针对性地生产对的、好的内容。所谓对的、好的内容，指的就是用户特别需要、最感兴趣、最想看的内容，是与用户的三观相契合，能够使之产生共鸣和认同的内容。传统广告时期人们习以为常的一些内容，如产品信息的简单罗列，消费观念的强行灌输，促销措施的反复强调，早已过时、落伍。如今惯常采用的方法多是关注社会与时事，巧妙地借助人们广为关注的事件，制造与品牌相关的话题；或是围绕品牌个性与价值取向，讲述品牌故事；甚至直接针对某种观念进行阐发或批驳……总之，广告味越淡越好。原生广告就是在这样的时空背景、现实需求之下出现并得以广泛普及的。自2012年由凤凰网最先倡导、产生以来，原生广告以其对用户需求的深度

① 罗伯特·布莱. 文案完全创作手册[M]. 刘怡女，袁婧，译. 北京：北京联合出版公司，2013：79-81.

挖掘，对用户体验的高度重视，迅速成长为实现品牌与用户亲密接触、零距离拥抱的制胜法宝，获得了很多消费者的首肯与喜爱。据相关数据显示，“从 2016 年起原生广告就在展示广告中占比过半，预计到 2021 年占比将高达 74%”。①

再次，由于互联网、新媒体上的文案都须用户主动点击才能进入阅读、接受环节，所以一定要高度重视文案标题与开头，特别是标题，因为它是吸引用户的首要因素。大卫·奥格威曾将标题比作“商品的价码标签”，是用来向潜在买主打招呼的。就像人与人之间见面的第一声招呼要亲切、随和一样，文案标题也要让用户在随意滑动屏幕的瞬间被吸引、被击中，心甘情愿、迫不及待地点击标题了解详细内容。正文的写作也要直接针对用户的好奇心，有意识地设置一些“钩子”，牵引着用户一直往下读，欲罢不能。

最后，文案还可以在一定程度上赋权于用户，为用户的参与和再创作预留空间、提供条件。数字营销时代的创意，往往是广告主、广告营销公司和品牌用户多方参与的“共同创意”“协同创意”②，品牌的创建与维护也早已不是品牌拥有者或广告代理商单方面决定、完成的。有人曾将大众传播时代的品牌比作“一尊雕像”——经由广告公司、广告创意人精心打磨、雕琢和塑造的雕像；而数字营销时代的品牌，则“不再是呈现在消费者面前完整的雕塑，而是一幅没有成为(成品)的画卷”。这幅未完成的画卷，还需消费者参与，“需要品牌与消费者不断修缮，共同面对他(它)的变化。”在此，“消费者不再只是信息的接收者，他们越来越多地参与品牌传播，在分享品牌信息的同时，消费者正在成为品牌建构的生力军，消费者处于协助广告主和广告公司共同完成品牌建构的重要角色。”③既然消费者业已成为品牌建构的重要角色，就要尊重他们，使他们的作用得到充分发挥。无论是创作广告作品，还是设计营销活动，广告营销人都不要大包大揽，要给消费者留有空间、余地，甚至要巧妙地创造条件、提供契机引导消费者积极主动地投入其中，自觉自愿地去分享信息，将自己的感受和想法表达出来，甚至为品牌的广告营销活动出谋划策。“为消费者预留创意空间”，“广告营销人只需要做一半，另外一半留给消费者”，“品牌在新互动平台下是一个活体”，这都是

① 中国广告杂志微信号推文：传漾走出自己的原生广告之路.

② 沈虹. 缘起“协同”——论“协同创意”的理论渊源[J]. 广告大观理论版，2013(8)：74-81.

③ 沈虹. 互动网络营销传播的创意研究[J]. 广告大观理论版，2011(10)：38-47.

数字营销传播从业者的切身感悟与经验总结，值得效仿、提倡。①

二、给用户好的体验

进入21世纪之后，体验经济逐渐成为一个热门词汇，其理念、精神已逐渐渗透到各个领域。从产品经济、商品经济到服务经济再到体验经济，用户的心理需求、心理感受日益受到重视。在体验经济的宏观背景下，体验营销自然成为一种重要的营销方式。无论是广告主，还是营销传播者，其面临的最重要的事情不是简单、直接地提供一款优质好用的商品，而是要让用户在了解信息、接受服务、使用商品时能够拥有轻松、愉悦、美好的感受与享受。数字时代人们经常说用户决定一切，其实在很大程度上是用户的心理感受与体验决定一切。正如WPP集团旗下的VML公司执行创意总监李浪所言："消费者不关心你做什么广告，他们会屏蔽很多信息，但他在意好的体验。你不能硬塞给他一些广告，你要设计一个好的使用流程，让用户能够潜移默化地跟着你完成它，那就比较好。""要么创造舒适的体验，要么死，就这么简单。消费者讨厌销售信息，但绝不拒绝美好的体验。"②

具体到营销传播文案的写作，应注重、把握好哪些环节和要素才能让用户产生美好的体验呢？

第一，美好的感官体验，主要包括视觉和听觉。所谓感官体验，就是人们通过五官接触、接受外界信息时引发的感受与共鸣。科学研究证明，人们对外界信息的接受，83%通过视觉，11%借助听觉，3.5%依赖触觉，剩下的2.5%来源于味觉和嗅觉，视觉与听觉占据绝对优势。因此，要营建美好的感官体验，视听享受最为重要，在描绘获得了好的感官体验与享受时，人们常常用"视听盛宴"来形容，即充分印证了这一点。站在文案的角度，美好的感官享受则是不仅能吸引用户看见、听见，而且还能让他看着顺眼、听着悦耳。

在互联网平台上，用户拥有完全的自主选择权，他想看什么、想听什么，全凭自己的喜好。而且其选择是在非常短的时间内快速完成，就像人们经常说的，

---

① 沈虹. 互动网络营销传播的创意研究[J]. 广告大观理论版，2011(10)：38-47.

② 万木春，胡振宇. 数字营销再造："互联网+"与"+互联网"浪潮中的企业营销新思维[M]. 北京：机械工业出版社，2016：238-239.

在1秒钟内决定是否看、是否听。因此，文案必须在用户看到的瞬间在视觉上征服他，使之有好的视觉感受并促使他做出点击的反应。在新媒体文案领域，早已出现了一些新词汇，如“界面文案”“体验文案编写师”“体验设计师”等。所谓界面文案，主要就是用户打开网页、App时出现在页面上的提示性、引导性文字，一般都比较简短，因此又被称为“微文案”。界面文案一般由标题加简短的摘要组成，要求直接、简洁、明快；同时也要在形式设计上下工夫，要有新颖别致的视觉呈现，比如适当的背景图片，颜色、字体、字号等细节都需精心处理，要让用户在看到的瞬间就明白、喜欢，主动跟着界面文案的提示一步步发出行动。界面文案撰写者又被称为体验设计师，充分说明界面文案的写作除了考虑如何将信息传达到位之外，还需有设计意识，要特别注重、提升用户的视觉感受。只有当用户打开界面并对某一则界面文案有美好的感官体验，继而产生想看的冲动，他才会主动点击，主动参与信息接收活动。

第二，在用户点击界面文案、进入阅读状态之后，注重一些细节的处理，进行贴心服务，使之在阅读过程中收获愉悦感。如在开头设置温馨提示，全文字数多少，读完需要多长时间，以便用户根据自己当时的状况做出取舍；在文末设置用户参与选项，一般为分享、点赞、在看等，同时开放、展示用户留言；如果是带货类、转化类的文案，则将商品以及电商的链接放在醒目位置，等等。通过这些细小环节的合理设置，有效引导用户积极、主动地参与，并为其参与行为的发出提供便利。

第三，尊重用户的接受习惯，满足用户的审美需求，说话、行文力求通俗易懂、轻松幽默，扫清一切阅读障碍，让用户在有限的碎片化时间里能饶有兴趣地读完整篇文案，能准确、清晰地理解并接受信息，在情感上产生共鸣，在理念上产生认同，激发其参与到二次传播活动中去。

第四，对用户的参与行为及时做出妥当的反馈。传统广告文案的写作活动是一次性的，只要写作的文案获得广告主认可、通过媒介刊播之后，文案撰写者的任务便告完成。但在互联网、新媒体上，文案撰写者却需时刻处于待命状态，跟进用户的接受行为，并对用户的各种行为及时作出反应。如对线上广告进行A/B测试非常快捷、便利，试错成本也比较低，但需随时跟踪用户的行为，发现问题之后需及时调整、改进文案；用户留言区的评论，特别是负面的言论，或是批评的声音，必须快速予以回应，不回避、不推诿，要本着实事求是的态度积极、努力地化解矛盾、解决问题。

总之，在技术日新月异并被广泛运用于人类生活的今天，每个人都能以自己熟悉、喜欢的方式参与到很多活动之中，其个性化的喜好与选择得到极大的尊重；而且每个人都是复杂的多面体，感性与理性、情感与理智相互交织。要对之进行有效的营销传播活动，就必须以用户为中心，从用户的立场和角度出发，以激发用户积极主动地参与其中为目标，在深入洞察其内心世界的基础上，因势利导，顺应其行为过程安排、设置文案的各个要素与环节。

第四章　内容创意：文案说什么

每当人们谈及现在的时代特征，“消费者主权”“碎片化”“内容为王”都是提及率非常高的几个关键词。“消费者主权”强调的是当前社会消费者的地位彻底扭转，从先前的被动接受转向主动选择；“碎片化”是对各种新媒体导致的整个社会信息接触方式发生革命性变革的形象概括；而“内容为王”则主要是基于上述转向与变革，信息传播、市场营销行业普遍采用的应对之策。在这样的时代背景下，对于广告营销活动来说，好的内容是制胜的关键。

传统广告时期，广告创意主要聚焦在广告的表现形式方面。进入数字营销时代之后，创意的覆盖范围得到极大扩充与拓展，可以说覆盖了广告营销的全过程、各环节。在每个用户都能自主回避、屏蔽广告的现实状况下，作为承载、传递内容的主要载体，文案对内容创意的重视程度更是前所未有。

内容创意，指的是针对营销传播文案“说什么”这一问题进行思考与创新。随着社会的进步、时代的发展与市场的变化，再加上商品不同生命周期、不同战略目标的具体需求，营销传播文案的内容不断进化、拓展、丰富。概括而言，现今营销传播文案内容的最终落点主要聚集在四个方面：商品信息、品牌内涵、情感鸡汤和价值观念。

第一节　商品信息

商业广告主要是为了促进商品的销售而诞生的，因此，在相当长的历史时期里，广告主要聚焦于商品，广告文案的内容则比较直接、单纯，那就是突出强调有关商品的重要信息。

按照信息的性质与着眼点的不同，文案传达的商品信息可以划分为两大类：功能性信息和利益性信息。

一、功能性信息

在市场营销学的视域下，一个完整的产品概念应该包含三个层面的内容：核心产品、形式产品、扩大产品。

核心产品，是某个产品之所以被生产出来、之所以值得被消费的最核心、最本质的理由，常常体现为产品的功用，即它能发挥什么作用、解决什么问题。在产品的研发阶段，核心产品大多还只是一个概念，或是一个想法，是抽象的、看不见摸不着的；但它又是一个产品最基本、最主要的内核，没有它，也就不会有具体的产品。

形式产品，即抽象的核心产品借以实现、存在的物质形式，也就是人们看得见的、实实在在的、各种样式的物品。当然，一些服务性的产品是难以直接看到外在形式的。

扩大产品，指的是在产品走入市场的过程中附加进去的一些内容，如售后服务(免费送货、安装调试、维修)、品牌形象与个性等，因此又被称为附加产品、延伸产品。

商品的功能性信息，主要聚焦于核心产品和形式产品，突出其在功能、用途、生产原理、生产材料、生产工艺等方面的特点、长处及优势，可以说是就商品而言商品，偏重于商品的物质属性、使用功能。

我们来看中粮集团华夏长城葡萄酒有限公司为其生产的长城葡萄酒所做的系列广告文案：①

三毫米的旅程，一颗好葡萄要走十年

三毫米，
瓶壁外面到里面的距离，
一颗葡萄到一瓶好酒之间的距离，
不是每颗葡萄都有资格踏上这三毫米的旅程。
它必是葡园中的贵族；
占据区区几平方公里的沙砾土地，

---

① 根据网络资料综合、整理。

坡地的方位像为它精心计量过，
刚好能迎上远道而来的季风。
它小时候，没遇到一场霜冻和冷雨；
旺盛的青春期，碰上十几年最好的太阳；
临近成熟，没有雨水冲淡它酝酿已久的糖份，
甚至山雀也从未打它的主意。
摘了三十五年葡萄的老工人，
耐心地等到糖份和酸度完全平衡的一刻
才把它摘下，
酒庄里最德高望重的酿酒师，
每个环节都要亲手控制，小心翼翼。
而现在一切光环都被隔绝在外，
黑暗、潮湿的地窖里，
葡萄要完成最后三毫米的推进。
天堂并非遥不可及，再走
十年而已。
地道好酒　天赋灵犀

太阳有两个，一个是给别处的，一个是我们的

上帝一定也爱葡萄酒
给了我们与别处不同的阳光与土壤
在堪与波尔多比肩的葡萄产地
阳光善解人意，气温恰到好处
675ml 的平均降水不多不少
仿佛上天用量杯悉心量过
当然还有排水优良的砂质土壤
在输送充足养料的同时
亦不会影响葡萄的甜度
如此的天赋条件
才长出颜色与味道俱佳的葡萄
并摇身化作了独具灵性的葡萄美酒
长城葡萄酒
不但源自享誉世界的黄金产地
更出自有时间为证的酿造经验
和独具一格的储藏工艺
让好酒之间没有距离
只有共同的酒香
和可遇不可求的天赐品味
地道好酒　天赋灵犀

创造时间，神用指尖，我们用舌尖

临近采摘的每一天
酿酒工头都施展着传奇的智慧与魔力
他们用舌头舔尝葡萄的成熟情况
用经验捕捉恰到好处的采摘时间
这一刻
是影响葡萄酒质量与口味的神奇时刻
这一刻的决断
要十几年甚至几十年后美酒入口时
才见答案
长城葡萄酒
不但出自有时间为证的酿造经验
更源自享誉世界的黄金产地
和独具一格的储藏工艺
让好酒之间没有距离
只有共同的酒香
和经得起时间考验的完美答案
地道好酒　天赋灵犀

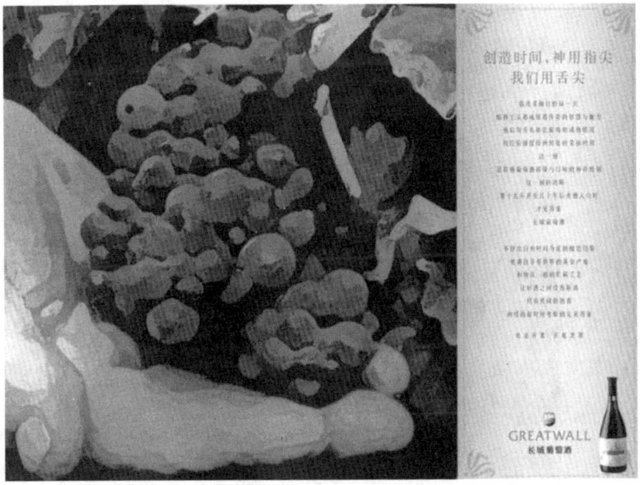

在地下，也有天堂

不用怀疑
在地下 10 公尺的恒温地窖
就是爱酒人的天堂
无数饱满多汁的葡萄
经过榨汁，去梗，提纯，过滤的多重工序后
才有资格在古朴而昂贵的橡木桶里
脱胎，换骨，发酵，酝酿
在这漫长的等待中
他们都坚信地窖的入口镌刻的格言
没经过地窖
就上不了天堂
长城葡萄酒
不但源自享誉世界的黄金产地
更出自有时间为证的酿造经验
和独具一格的储藏工艺
让好酒之间没有距离
只有共同的酒香
和天道酬勤的欣慰与喜悦
地道好酒　天赋灵犀

十年间，世界上发生了什么？

65 种语言消失

科学家发现了 12866 颗小行星

地球上出生了 3 亿人

热带雨林减少了 6070000 平方公里

元首们签署了 6035 项外交备忘录

互联网用户增长了 270 倍

5670003 只流浪狗找到了家

乔丹 3 次复出

96354426 对男女结婚

25457998 对男女离婚

人们喝掉 7000000000000 罐碳酸饮料

平均体重增加 15%

我们养育了一瓶好酒

地道好酒 天赋灵犀

这一组广告刊发于2004年，曾在行业内得到广泛好评。作为葡萄酒的广告，五则文案都没有直接说葡萄酒本身，而是把重点放在葡萄酒的生产原料、生产流程、生产工艺上。第一则文案《三毫米的旅程，一颗好葡萄要走十年》说的是那些有幸被长城葡萄酒选中的葡萄的十年生长历程：根植于北纬40°4′~40°35′、东经115°16′~115°58′的河北沙城怀涿盆地，与盛产葡萄酒的法国波尔多同处于北纬40°葡萄种植的“黄金地带”。那里有适宜葡萄生长的砂砾土地，坡地的方位也最适合季风的吹拂，一颗颗葡萄在这里经历童年、青年再走向成熟，其间一切要素都被处理得恰到好处、小心翼翼，最后这些葡萄园中的贵族花十年时间才走完三毫米的旅程，从瓶外来到瓶里，从一颗颗葡萄变成了一瓶好酒。第二则文案《太阳有两个，一个是给别处的，一个是我们的》说的是葡萄园的天赋条件，阳光、气温、雨水、砂土，一切都是自然天赐、不多不少，使得长出的葡萄颜色与味道俱佳，酿出的美酒灵性独具。第三则文案《创造时间，神用指尖，我们用舌尖》则由物转向人，说人对时间的绝妙把握，也就是酿酒工头如何依据经验、施展智慧和魔力，捕捉最恰当的采摘时刻，以保证葡萄酒的质量与口味。第四则文案《在地下，也有天堂》内容很直接、明确，就是三毫米旅程的最后一步——地下10公尺的恒温地窖，只有在这里，葡萄才能真正脱胎换骨，完成自己生命旅程的最后一步，走进天堂。这四则文案循序渐进，让读者非常直观、清晰地了解到“三毫米的旅程，一颗好葡萄要走十年”究竟意味着什么。它不是一句句宏大、夸张的口号，而是有实实在在的事实和细节的支撑。在此基础上，第五则文案《十年间，世界上发生了什么?》又抓住“十年”这一关键词，列举了一连串有大有小的数字，最小的是3，最大的是7000亿。这些大大小小的数字来自于各个不同的领域，但它们有一个共同点，都是在十年间发生完成的。在这诸多数字的映衬下，烘托出长城葡萄酒公司只是专心致志地“养育了一瓶好酒”，其间的意味令人咀嚼、深思，进而产生由衷的感叹，最后对其广告语“地道好酒，天赋灵犀”留下深刻的印象。

一般来说，更新换代的产品、处于市场引入期的新产品比较多地聚焦于功能性信息，因为在此阶段，市场、消费者对其知之甚少，甚至是一无所知。此时广告的主要任务就是要让消费者尽可能快地、详细地了解、熟悉商品，只有在全面了解商品的基础上，才会对之产生兴趣，进而想购买、使用商品。

二、利益性信息

营销传播文案的最终目的是要对用户和消费者的消费心理与行为进行说服、引导与激发，简单地说，就是要让消费者购买、消费商品。因此，仅仅只是围绕商品的物质功能与属性做文章是远远不够的，还必须将商品的物质功能与属性进一步延伸至消费者的实际需求，使二者发生密切的关联，才能真正达成目的。

乔治·费尔顿在其著作《广告创意与文案》中强调，对于文案写作而言，商品的各种功能性信息，如制造过程、构成成分、活动零件、创始人等，都只是惰性资料，简单、直接地将之呈现出来效果肯定不佳。必须把这些来自商品的"惰性"信息转化为"对消费者有意义的东西"，也就是"不能光靠说明产品特点，而必须许诺某些好处"，才能实现文案的目标。① 每一个文案写作者，面对商品的事实与特点，都需继续追问以下问题："谁会在乎它？这对消费者能有什么用或者真有什么用吗？用户能得到什么回报？"只有"把好处与特点联系起来"，文案的内容才更完整、更具说服力。乔治·费尔顿还通过新秀丽旅行箱的一则文案总结出优秀文案写作的精髓——"它有这个特点，因此你能得到这个好处"。②

我们的每一个好想法，最后都变成了现实

新秀丽超级贴身仆人式衣箱像是衣橱和衣框的合二为一。你可以把它拎上飞机，有了它，你在旅馆房间可以过得很舒适。

超级仆人式衣箱内部分为 12 格，每一件东西都有存放的地方，一切井然有序。

分格的另一个优点是使用网孔材料作为分隔物，你已经装进去什么东西一目了然。比较大的格子从内部或外部都可以进入。

甚至还有一个特别的格子是用来存放领带的，以防皱折。

超级仆人式衣箱和其他多数行李箱不同，可以像书本一样打开，无论是

① 乔治·费尔顿. 广告创意与文案[M]. 陈安全，译. 北京：中国人民大学出版社，2005：11.

② 乔治·费尔顿. 广告创意与文案[M]. 陈安全，译. 北京：中国人民大学出版社，2005：12-13.

把衣物收进去还是取出来都不必把它翻过来倒过去。

由于经过缜密的思考，超级仆人衣箱成了最容易取放衣物的衣箱，我们造过的其他衣箱都无法与之比拟。

它有特殊的钩，你可以把它打开，挂在一个衣橱里或者门上，靠它过日子。

你还会欣赏我们设计的独特叠缩杆，拉出来就能让你取下衣服而不打乱挂在前面的衣服。

装鞋的袋子又大又牢固，除了放鞋子以外，还可以放许多别的东西。

箱内有各种钩子，你可以把衣橱里面的任何东西放进去。

超级仆人衣箱向后折叠，不像别的箱袋朝前折叠，这样有助于保持西服翻领、衣袖和口袋挺括好看。

还有一个袋子可以摘下来，是用于装潮湿衣物的，它可以把潮湿和肮脏的衣物与干的衣物隔离开来。

最后一点，但未必不重要，我们的箱子是加长的，有助于保持较长的衣服下端不起皱。

快到行李箱店去看看超级仆人衣箱，你很快就会明白，这个创意为什么会流行得那么快。

新秀丽——我们的优势带有传奇色彩。

新秀丽的这则文案由 15 段文字组成，每一段文字无论长短，句式都高度一致：从新秀丽的某一个特点入手，最后落脚到它带给使用者的便利和好处。从写作技巧的角度衡量，这种毫无变化的句式结构可能会显得有些生硬、呆板，在阅读的趣味性上会打折扣，但在广告文案所追求的实际效果上，却有充分的保证。通过这则文案，消费者不仅能够了解新秀丽行李箱在设计、功能及使用上的一些特点，更重要的是还知晓了这些特点究竟意味着什么，这些特点对他的旅行生活会产生什么样的影响，从而让他的心真正有所触动并产生共鸣。有了触动和共鸣，接下来购买行为、消费行为的发出便是顺理成章、自然而然的事了。

对于碎片化时代的用户、读者来说，如此大段大段密密麻麻的文字，而且比较多的篇幅还是在细数行李箱的特点，虽然最后都落脚、归结到使用者获得的便利上，在一看到的瞬间就会产生畏难、抵触情绪，继续读下去可能更会觉得枯燥，很快便会丢弃，因而需要精简、改良。最简单、有效的做法就是绕过、省略商品的功能性信息，转而从用户、消费者的角度切入，直接展示、强调商品能给予他们的利益和好处。如李欣频为华硕笔记本电脑写作的一则文案：①

华硕与我的全世界

麦克卢汉说，只要将人的身体或感官加以延伸，
都是媒体，从衣服到电脑都是。

我手上这台不到一公斤的华硕笔记本电脑，
是陪着我一起延伸感官、冒险体验世界的好旅伴。

我带着她到印度恒河、泰姬玛哈陵，写下了思念的情书，
连同我穿印度纱丽的自拍照片，传给我的男友。

我带着她去威尼斯看嘉年华会，整个圣马可广场上千张美丽的面容，
在她怀里摆成了一列数字的华丽展览馆。

我带着她到希腊圣特里尼岛，把爱琴海上的蓝色海风和金色夕阳，
都移进了我看电脑的视线中。

我带着她去挪威峡湾的日不落景，把在芬兰拍到的圣诞老公公与麋鹿，
做成了圣诞节的电子贺卡，寄给了我在巴黎的好友。

我带着她到西藏拉萨，陪我爬到了海拔四千多的布达拉宫，
当我高山症住进西藏拉萨人民医院时，她也彻夜陪我在急诊室里解闷。

① 李欣频. 广告拜物教[M]. 北京：电子工业出版社，2008：274-275.

我带着她到东非马赛马拉草原看动物大迁徙，
把数码相机里的狮群、斑马、猎豹、河马、长颈鹿、大象……
一一请上来，她瞬间变成了一艘，承载万兽的诺亚方舟。

她很轻，完全不会让我的旅行增加太重的负担。她很博学，无论我在生活上想知道什么，她总是第一时间帮我解惑。她很善于交际，无论我在挪威的北极圈，或是肯尼亚的赤道，都可以上网与朋友分享我的兴奋。她很善解人意，当我低潮沮丧，找不到人诉苦时，我总会把心事告诉她，她很有耐心地收着我一篇篇的电子日记，而且还帮我保密。

我完全无法想象没有她的日子。

在这则文案里，李欣频对乔治·费尔顿的修辞方式进行了精简与浓缩，文案基本没有关注、展示商品的物质功能与属性，而是直接聚焦于华硕笔记本电脑带给“我”的好处与利益。文案围绕着“我手上这台不到一公斤的华硕笔记本电脑，是陪着我一起延伸感官、冒险体验世界的好旅伴”这一主旨展开，以“我”在世界各地游览、冒险的诸多小细节来具体体现华硕笔记本电脑是现代人生活中离不开的“好旅伴”——方便、快捷地传递书信，汇集、存储异域风景和美丽容颜，解闷，分享，记录个人心情……真的是每个现代人都“无法想象没有她的日子”。相信很多人读完这则文案后，都会心有所动。

应该说，消费者获得的利益与好处离不开商品，是从对商品的占有和使用中获得的。因此，从商品的生命周期角度看，利益性信息的传播是以功能性利益已经被消费者知晓、了解为基础和前提的。

第二节　品牌内涵

从应对日益激烈的市场竞争的角度看，商品要永葆旺盛的生命力，除了商品本身质量好，能够满足消费者不断变化、增长的需求之外，是否拥有一个响当当、顶呱呱的品牌名称，是否有良好的口碑、积极正面的形象与一呼百应的市场号召力，是更为必要、更加重要、更具有决定性意义的要素。换句话说，一个好的品牌形象，是使商品能在激烈的市场竞争中立于不败之地的重要因素，同时也是广告营销活动的主要内容与任务。

好的品牌形象从何而来？当然离不开内容，离不开营销传播文案。品牌形象最外在、最直接的识别要素就是一个简单的名称和商标，但仅有一个名称和商标，品牌形象根本无从谈起，还必须通过广告营销活动，将很多情感性、观念性的信息内容，注入、渗透到商品名称及商标里去，品牌形象才能真正树立起来，成为一个丰满的、能给消费者很多联想和想象的符号。

品牌形象的塑造与维护，品牌内涵的挖掘与呈现，营销传播文案在其中承担着重要任务，发挥着关键作用。进入视觉传播时代之后，无论图片、图像的力量如何得以突出、彰显，文案的地位依旧无法撼动，特别是在表达、传递比较深层的情绪、情感、观念、精神等内涵性信息方面，语言符号仍是须臾难离的。纵观品牌形象广告文案的内容选择，品牌的历史沿革、品牌创始人的独特魅力、品牌独有的价值取向往往是最集中、最普遍的方向和落点。

一、品牌历史

和人一样，每个品牌都有自己的生命历程，从呱呱坠地，经过一天天的成长，慢慢走向成熟。当然，各个品牌的生命历程有长有短；有的顺畅，有的历经坎坷；有的平平淡淡，有的波澜壮阔。但无论具体境遇如何，对于品牌而言，这些一路经历的所有成败得失都将汇聚在一起，成为支撑品牌的重要内容。

固本肥皂，曾是中国人生活中重要的日用品牌。改革开放之后，固本肥皂曾做过一则平面广告，文案标题为“固本皂展颜话身世”，从固本肥皂于1908年诞生说起，一直说到20世纪90年代借改革开放东风走向世界。①

固本皂展颜话身世

我的名字叫“固本肥皂”，几乎所有的百货店、烟杂店里都有我的身影。但是，你们谁知道我还有着一段酸甜苦辣皆备的身世呢？

① 阮卫. 现代广告文案写作［M］. 合肥：安徽人民出版社，1997：221-222.

生于上海

1908年，我出生于德国商人开办的上海固本肥皂厂。17年后，我被民族工业资本家项松茂带到了五洲药房固本肥皂厂生产。

那时候，我的命运很坎坷。英商中国肥皂公司在上海投资，生产祥茂牌洗衣皂和“利华日光”皂、力士香皂等。我与他们展开了激烈竞争。几万个小贩联合经销国货“固本肥皂”，有的还推着小车上街叫卖，到英商中国肥皂公司门口“游行示威”呢。

抗战开始后，日本帝国主义查封了生产我的工厂，逮捕了11名提倡“国货”的店员、工人，并杀害了项松茂；在金圆券飞涨的年代，国民党政府又巧取豪夺，用“限价”名目掠走我4万箱肥皂，使工厂濒于破产。

好事多磨

怀着久处黑暗见黎明的喜悦心情，我望见工厂旗杆上升起了五星红旗。工人们加班增产把我送到市场，保证了市场供应的稳定……50年代，我焕发了美好的青春，我们肥皂业被列为轻工八大行业之一。

可是随着人民生活的提高，供不应求的矛盾出现了，于是，我变成了凭证、凭券供应的紧张商品。

直到党的十一届三中全会后，生产肥皂所必需的动植物脂肪油产量大增，才为我输送了用不完的“血液”。我可以敞开供应了。

“家庭”繁荣

令人兴奋的是，我的兄弟姐妹——洗涤剂家庭的其他成员日益兴旺繁荣。看！适应洗衣机洗涤用的低泡高效洗衣粉已经问世。加白洗衣粉使白色织物越洗越白。正在研制中的彩漂洗衣粉能奇妙地使有色织物的色彩愈加鲜艳。过去人们习惯于用我这样一种肥皂洗东西，现在上海日用化学行业已试制生产了专洗瓜果蔬菜和餐具的厨房用清洁剂，专洗地板、家具、玻璃、厕所卫生设备的各类硬表面清洁剂，以及专洗血迹和专除臭味的洗涤剂……

无限欢乐

我作为肥皂本身，正在向香皂类积极发展。在上海制皂厂，一个新的香皂大楼即将建起，液体香皂新品种正源源而出。上海制皂厂目前是全国规模最大的制皂厂之一。1949年，我的总生产量是6747吨，今年产量已突破10

万吨。工厂有11条生产流水线，生产洗衣皂、香皂、工业皂等73个品种，蜂花檀香皂、美加净三色香皂已进入美国、瑞士、香港的超级市场。

正文通过四个小标题，串联起固本肥皂走过的数十年风雨历程，高度凝练，但又有具体的细节支撑，使人读完几百字的文案之后，对品牌的历史有一个全面、清晰、直观的印象。

用一则文案完整、全面地介绍品牌的发展历程，一般需要较大的篇幅，这与现今用户的需求和趣味有些相悖，最终的传播效果可能难以保证。因此，需要在具体内容的选择和提炼上有不一样的构想，做一些改革与变通。例如：不再面面俱到，而是抓住一点重点突破；或是不再按时间顺序梳理、记录，而是截取品牌成长过程中最重要、最关键的某一时刻、某一事件深入挖掘……只要选的点精准、挖的内容有深度，一样能增进、强化用户对品牌的理解和认识。

2018年，上海家化联合股份有限公司在迎来公司成立120周年纪念日之际，推出了一支形象广告片《只为你生命中的“美”一天》。广告片没有像上面的固本肥皂那样，将120年的企业发展历程、关键节点、重大事件一一道来，而是以120年来历史的风云变幻和社会的发展变革为背景，通过一家三代三位女性的故事，展现不同时代人们对美的理解、对美的追求。①

只为你生命中的“美”一天

听奶奶说，她的妈妈第一次烫了卷发，学跳第一支西洋舞。那一天，美是勇敢。

爷爷跟奶奶求婚，虽然那只是一根普普通通的发簪，却成为奶奶记忆中最珍贵的礼物。那一天，美是浪漫。

全民奋进的年代，妈妈脱下裙装，和大家一起上山下乡、挥洒汗水。那一天，美是纯朴。

我四岁那年，看见姐姐穿上喇叭裤，就像电视里的明星一样。那一天，美是青春。

① 根据网络视频整理。

改革开放后，我家买了第一台彩色电视机，我和小伙伴们被它深深吸引。那一天，美是新奇。

妈妈下岗了，但她没有放弃，自己创业又开始了新的工作。那一天，美是坚韧。

北京奥运会开幕，在法国和同学一起看电视直播，我成了他们眼中的太

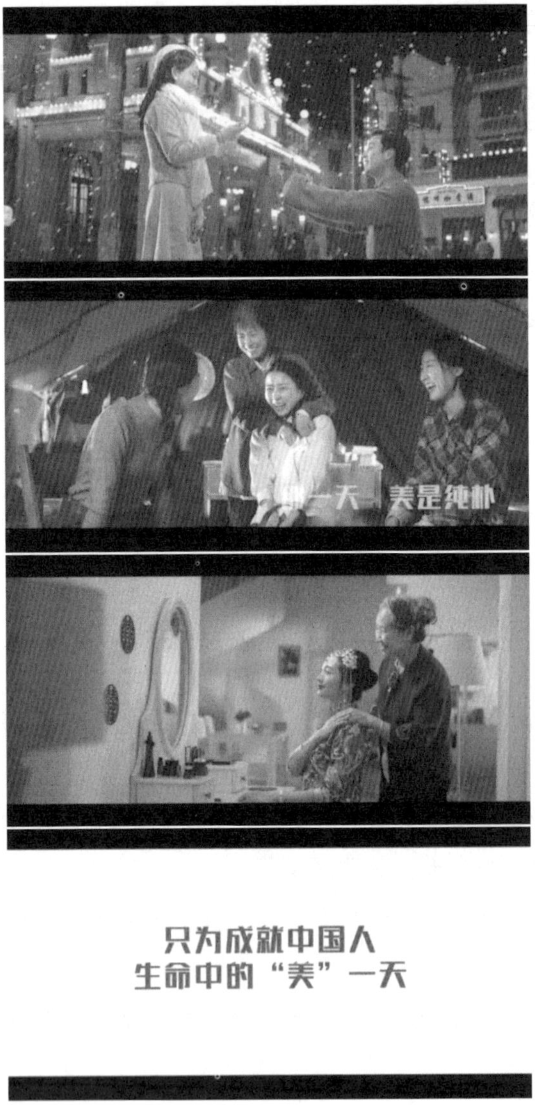

图片源自网络

极高手。那一天，美是自豪。

出嫁前，奶奶亲手帮我盘头发，将她戴了一辈子的发簪别在我头上。那一天，美是传承。

先生的工作越来越忙，但无论多累都不会忘记对我们每个人的关心。那一天，美是担当。

今年，我们家又迎来了一个小生命，我的人生开启了新的篇章。今天，美是新生。

千千万万中国人，在时代的变迁和发展中，追求更美好的生活。从1898年起，上海家化，120年，既是跨越，更是开始。不断创新与专注的每一天，只为成就中国人生命中的“美”一天。

华美与共，上海家化。

上海家化联合股份有限公司的产品主要集中在美容护肤、个人护理、家居护理三个方面，基于旗下产品的共同追求，文案将重点确定在“美”这个关键字上，具体展示120年来“美”的内涵与具体表现形式随着社会的发展而不断更新、丰富的过程，最后归结为：无论世事如何改变，人们对更美好生活的追求不会停止；上海家化，也会一如既往地把握好“不断创新与专注的每一天”，目的只有一个，那就是——只为成就中国人生命中的“美”一天。站位颇高，为其品牌形象增色不少。

下面这则文案来自于兰丽绵羊油当年在台湾地区所做的平面广告，内容很简单，就是围绕品牌的诞生讲述了一个有点曲折的小故事。①

很久以前，一双手展开一个美丽的传奇故事

在很久很久以前，一个很遥远的地方，有一位很讲究美食的国王。在皇家的御厨房中，有一位烹饪技术高超的厨师。他所做的大餐小点极受国王的喜欢。有一天，国王发现餐点差了，将厨师叫来一问，原来厨师那双巧手忽然变得又红又肿，当然做不出好的餐点来。国王立即让御医替厨师医治，可

① 雪琴. 广告经典100[M]. 广州：广州出版社，1998：66-67.

惜无效。逼得厨师不得不离去。

厨师流浪到森林中的一个小村落，给一位老人放羊。他常常用手摸羊身上的毛，渐渐发觉手不疼了。后来，他又帮老人剪羊毛，手上的红肿亦渐渐消失了。他欣喜地发现自己的手居然痊愈了。他离开老人再返回京城，正遇上皇家贴出告示征求厨师。

于是他蓄须前往应征。所做的大餐小点，极获国王欣赏。他知道自己的手已恢复了过去的灵巧。当他被录用后，剃了胡须，大家才发现他就是过去的大厨师。

国王召见他，问他的手是如何治好的。他想了想说，大概是用手不断整理羊毛，获得无意中的治疗。

根据这点线索，国王让科学家们详加研究。结果发现，羊毛中含有一种自然的油脂，提炼出来，有治疗皮肤病的功能。油脂提炼出来后，由国王命名为兰丽。

故事虽小，但其中蕴含的信息颇丰：其一，品牌名兰丽的由来，那可是国王亲自封的；其二，原材料来自于羊毛，天然油脂，蕴含环保理念；其三，功效显著，御厨的亲身经历是最好的证明。

二、创始人魅力

很多时候，品牌与其创始人密不可分，二者相互影响、彼此成就。

其一，没有创始人，就不可能有品牌。例如：史蒂夫·乔布斯之于苹果，马云之于阿里巴巴，马化腾之于腾讯，李彦宏之于百度……这样的名单还可以列出很多。

其二，创始人的眼光、格局很大程度上决定着品牌的走向及命运。如苹果的起起伏伏与乔布斯的离开与回归密切相关；诸多短命的品牌在快速兴盛之后以更快的速度走向消亡，也直接与创始人(领导者)的短视与错判分不开。

其三，创始人的个人风格、魅力往往直接决定着品牌的个性，很多品牌的形象深深地打上了创始人的烙印，最典型的例子还是苹果。

因此，品牌广告的内容自然会聚焦创始人。我们来看中国最早的化妆品限时

特卖网上商城——聚美优品早期的系列广告文案：①

2011 年文案：

我是陈欧，聚美优品创始人。
蜗居，裸婚，都让我们撞上了。
别担心，奋斗才刚刚开始，80 后的我们一直在路上。
不管压力有多大，也要活出自己的色彩，做最漂亮的自己。
相信我们，相信聚美。
我是陈欧，我为自己代言。

2012 年文案：

你只闻到我的香水，却没看到我的汗水；
你有你的规则，我有我的选择；
你否定我的现在，我决定我的未来；
你嘲笑我一无所有不配去爱，我可怜你总是等待；
你可以轻视我们的年轻，我们会证明这是谁的时代。
梦想，是注定孤独的旅行，
路上少不了质疑和嘲笑。
但，那又怎样？
哪怕遍体鳞伤，也要活得漂亮。
我是陈欧，我为自己代言。
聚美优品

2013 年文案：

从未年轻过的人，一定无法体会这个世界的偏见。
我们被世俗拆散，也要为爱情勇往直前；

---

① 根据网络视频整理。

我们被房价羞辱，也要让简陋的现实变得温暖；
我们被权威漠视，也要为自己的天份保持骄傲；
我们被平庸折磨，也要开始说走就走的冒险。
所谓的光辉岁月，并不是后来闪耀的日子；
而是无人问津时，你对梦想的偏执；
你是否有勇气，对自己忠诚到底。
我是陈欧，我为自己代言。
聚美优品

三则视频广告都是由聚美优品的 CEO 及联合创始人陈欧亲自参与创作、亲自出镜担任代言人。据相关报道，陈欧 16 岁留学新加坡，就读南洋理工大学，大学期间曾成功创办在线游戏平台 Garena，并曾在 Google 等公司任职，26 岁获得美国斯坦福大学 MBA 学位，2010 年 3 月与戴雨森、刘辉一起创立聚美优品，其后便牵手韩庚推出聚美优品地铁广告，开创了新颖的“双代言”模式，并亲自出镜为公司拍摄“我为自己代言”的视频广告。2011 年的视频文案第一句话就开宗明义、亮出自己的身份：“我是陈欧，聚美优品创始人。”接着直接针对聚美优品的主要消费群体——80 后，代他们言心声。这则广告播出后，市场反响不温不火。2012 年、2013 年连续两年，在“双十一”前夜，聚美优品继续推出陈欧携手因出演电影《青春期》而走红的赵奕欢、歌手魏晨代言的视频广告，引发了社会各界的广泛关注及参与。两则文案非常犀利，可谓锋芒毕露，将年轻一代不安于现状，不屈服于权威，即使遍体鳞伤也要孤独前行的英雄主义气概展现得淋漓尽致。连续三年的三则广告，可以说是一年一个升级版。而且，这三支系列视频广告并非出自专业广告公司之手，而是由陈欧带着聚美优品市场部的几名员工自主完成的。作为品牌联合创始人及 CEO，陈欧自然对品牌认识深刻、影响深刻，有他亲自参与创作、拍摄，在一定程度上达成了人与品牌的合一。

2012 年 11 月，产自云南哀牢山的一款水果品牌——褚橙，与未来生活网携手，搭乘网络快车进军北京市场，在很短的时间内迅速引爆市场，两个月的销售量就达 200 吨。其快速成功的主导因素，应该是褚橙背后的主人——褚时健。褚时健的人生历程，真可谓大起大落：51 岁担任云南玉溪卷烟厂厂长，将红塔山做成中国香烟第一品牌，自己也无数荣誉加身，获得“中国烟草大王”称号；但在71岁时却因贪污罪被判刑入狱，74岁因病保外就医，与妻子在哀牢山承包2000多亩荒山种植甜橙；橙子挂果要6年时间，但6年后的第一批橙子味道偏酸，并不好吃，褚时健又四处求救、问道，改善种植方法；又经过4年的钻研，褚橙终于达到了符合中国人口味的24∶1黄金甜酸比，84岁高龄的老人又走上了进军全国市场的营销路……如此丰富、跌宕的人生经历，无疑是成就品牌的最佳突破点。于是，“褚橙，褚时健种的冰糖橙”“人生总有起落，精神终可传承”成为褚橙的核心广告语。

图片源自网络

简洁的文字，干净利落地将蕴含在褚时健身上的内在精神与人格力量成功转移到品牌之上，由此，褚橙一举成为励志橙，横扫各年龄段消费者，受到市场的热捧。褚时健也由“烟王”转变为“橙王”。

三、品牌理念

一个品牌能够傲然屹立于竞争激烈的市场而不倒，与同类品牌相比具有鲜明的辨识度，具有长久的生命力，很大程度上得益于其内在核心理念的支撑。由此，品牌内在的核心价值、经营理念亦成为文案的主要内容。

创立于 1976 年 4 月 1 日的苹果公司，已走过四十多年的生命历程。其间，无论是其研发、生产的产品，塑造的品牌，还是推出的广告，一直都在全球范围内别具一格、独领风骚，就和其创始人乔布斯一样。

1984 年 1 月 22 日，为推出全球第一款拥有交互式图形界面、使用鼠标的个人电脑 Macintosh，名为《1984》的广告在第 18 届美国超级杯橄榄球大赛的间隙播出。这则 60 秒的电视广告，自始至终没有出现苹果电脑的身影。屏幕上一个“老大哥”级的人物正对着一群着装整齐、步调一致的人发表演说，一个身穿白衣红裤的女子手持一把铁锤，快步跑进会场，使劲地将铁锤砸向屏幕，最后，电视屏幕上出现字幕：

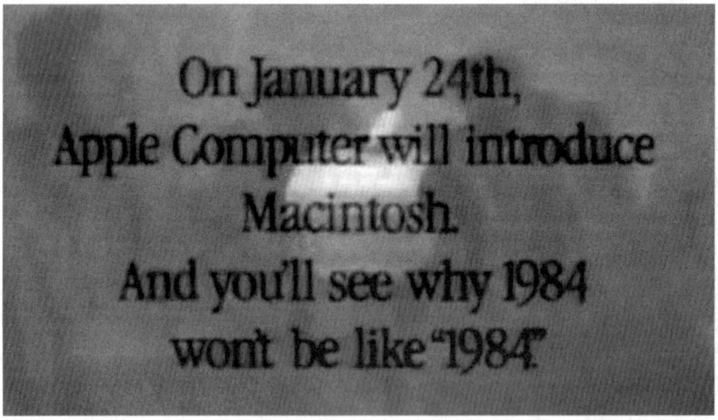

网络视频截图

“1 月 24 日，苹果电脑将推出 Macintosh。你会发现为什么 1984 不会像‘1984’。”简单的一句话，实则饱含寓意：两个 1984，前一个自然指的是苹果电脑 Macintosh 上市的时间，后一个打引号的则是指英国作家乔治·奥威尔反映极权统治的小说《1984》，这正是苹果广告创意的来源；广告片中正在演讲的“老大哥”寓指当时美国电脑市场如日中天、占统治地位的 IBM 公司，而那个用铁锤砸碎屏幕的姑娘无疑就是苹果公司的象征。代理这个广告的 Chiat/Day 广告公司的创意总监李·克劳曾明确揭示这则广告传达的主旨：“1984 表达了苹果的理念和目标：让人民而非政府或大公司掌握操纵技术，让计算机变得普通人可及而非控制人的生活。”①这则广告播出后，引起了整个社会的大讨论，美国三大电视网和数十家地方电视台反复重播，数百家纸媒进行跟踪报道，使得苹果的理念与追求得到广泛传播，几乎家喻户晓。

1985 年 9 月，乔布斯离开苹果公司，创办了皮克斯动画工作室。而苹果公司在 1996 年陷入困境，市场份额大跌。危难之际，乔布斯于 1997 年回归苹果公司，对公司的方方面面进行大革新，随后推出了由一则电视广告和系列印刷广告组成，主题为“Think Different”（非同凡想，不同凡想，与众不同）的广告运动。“Think Different”的广告口号仍然直接针对其最大竞争对手 IBM。IBM 早期的简短广告语就是“THINK”，苹果便针锋相对地以“Think Different”回击。在名为《To The Crazy Ones》的电视广告中，20 世纪全球各个不同领域里极具创造力与创新性，并产生极大影响的杰出人物的黑白影像资料被剪辑在一起，以共同诠释苹果一直奉行、实践的核心价值观“Think Different”。他们是：科学家爱因斯坦（Albert Einstein），美国著名创作歌手鲍勃·迪伦（Bob Dylan），美国民权运动领袖马丁·路德·金（Martin Luther King，Jr.），英国维珍集团创始人、亿万富翁理查德·布兰森（Richard Branson），英国披头士乐队灵魂人物约翰·列侬（John Lennon），美国工程师、建筑师、设计师 R. 巴克明斯特·富勒（R Buckminster Fuller），美国发明家托马斯·爱迪生（Thomas Edison），美国拳击手穆罕默德·阿里（Muhammad Ali），美国媒体大亨、慈善家特德·特纳（Ted Turner），美籍希腊女高音歌唱家玛丽亚·卡拉斯（Maria Callas），印度民族解放运动领导人、政治领

① 空手. 从 1984 到 Think different：苹果广告 40 年全纪录①[EB/OL].[2016-09-20]. https://zhuanlan.zhihu.com/p/29293095.

袖圣雄甘地(Mahatma Gandhi)，美国飞行家、第一个飞越大西洋的女性艾米莉亚·埃尔哈特(Amelia Earhart)，英国电影大师阿尔弗雷德·希区柯克(Alfred Hitchcock)，美国现代舞先锋玛莎·葛兰姆(Martha Graham)，美国著名的木偶大师吉姆·汉森(Jim Henson)与其著名布偶作品青蛙柯密特(Kermit the Frog)，美国建筑大师弗兰克·劳埃德·赖特(Frank Lloyd Wright)，西班牙画家、立体画派和现代艺术创始人巴勃罗·毕加索(Pablo Picasso)。伴随着这些重要人物的依次登场，美国演员理查德·德莱弗斯(Richard Dreyfuss)(另一个版本为乔布斯亲自献声)以画外音的方式讲述广告文案：①

向那些疯狂的家伙们致敬。

他们我行我素。

他们桀骜不驯。

他们惹是生非。

就像方孔中的圆桩。

他们用不同的角度来看待事物。

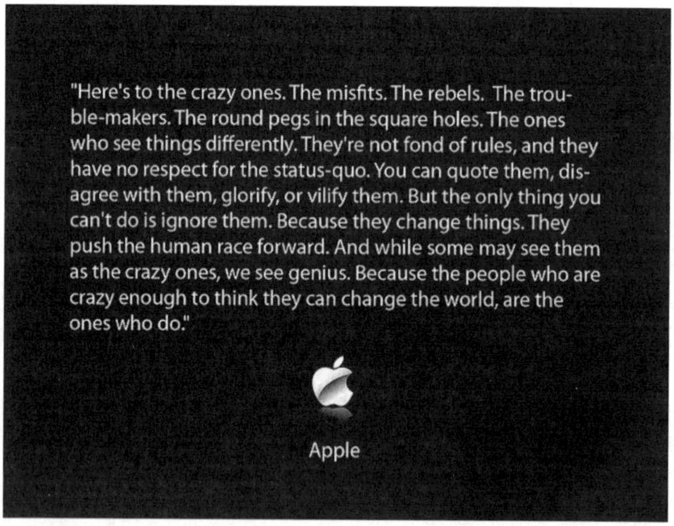

图片来源：空手，《从 1984 到 Think different：苹果广告 40 年全纪录》①

① 根据网络视频整理。

他们既不墨守成规，也不安于现状。

你尽可以引用他们，否定他们，颂扬抑或是诋毁他们，

但是唯独不能漠视他们。

因为他们改变了事物。

他们让人类向前跨越了一大步。

他们是别人眼里的疯子，

却是我们眼中的天才。

因为只有疯狂到认为自己能够改变世界的人，

才能真正改变世界。

在乔布斯看来，要重塑苹果形象，必须证明它仍然生机勃勃，而且与众不同。在回归之后的一次内部讲话中，乔布斯认为，营销要讲的就是品牌的价值观，品牌一定要清晰地传达出自己能让人们铭记的究竟是什么，这无关乎产品本身，更多的时候是要回答：苹果是什么？它代表什么？它处于什么地位？苹果的核心价值，在他看来就是“坚信有激情的人能够让这个世界变得更美好”。在这一点上，苹果的广告代理公司与之达成高度共识，他们一致认定：“苹果品牌代表的，是那些跳出固有模式进行思考的人，那些想用计算机帮助自己改变世界的人。”①对这样的人做广告，光说产品信息，说电脑性能、硬件如何是没用的，最好的办法是从核心价值观的层面入手，让他们产生共鸣与认同。而且，产品、制造以及市场等因素都会变化，唯有核心价值观是不会变的，也不应该频繁改变。“本次营销的主题是 Think Different，我们要赞美能‘Think Different’的人，推进这个世界向前的人。这是我们所关心的，它触及了这个公司的灵魂。”这是乔布斯本人对这次营销活动的解释与总结。

1997 年 9 月 28 日，这支电视广告播出后效果惊人，不仅帮助苹果走出了危机与困境，就像乔布斯所言：“我们只用了 15、30、或者 60 秒，就重建了苹果曾在 90 年代丢失了的反传统形象。”而且还获得很多荣誉。随后，苹果又陆续推

① 空手. 从 1984 到 Think different：苹果广告 40 年全纪录①[EB/OL].［2017-09-20］. https://zhuanlan.zhihu.com/p/29293095.

出了数十张广告海报，海报以黑白人物照片为主，在版面的顶部加上苹果的彩虹色 Logo 与广告语“Think Different”，非常简单、干净、有力。这些人物广告海报还被苹果公司赠送给一些公立学校，悬挂在教室里。如今，“Think Different”系列全套完整的广告海报在网上的售价甚至达到数百美元。

图片源自网络

第三节　情感体验

传统广告时期，广告文案的内容来源主要集中在商品信息、品牌内涵两方面。进入数字广告时代之后，随着文案“去广告化”现象的深入推进，文案内容创意的范畴不断扩充、拓展，在继续保持原有内容的基础上，进一步将笔触延伸到用户的情感世界、观念世界，借情感的抒发、观念的阐释，与用户进行更深层次的心灵与精神的沟通。

一、情感抒发

广告先驱大卫·阿波特（David Abbott）在谈及自己的广告创作经历及感悟时曾强调：把自己放在作品里，用你的生活去活化你的创意。如果有什么感动了你，有很大机会，也会感动别人。① 在人们的生活中，最令人感动、难忘的往往是蕴含在一些平凡琐碎的小事中的浓浓的感情，如亲情、友情、爱情等。营销传播文案就是要和用户达成真诚的沟通与交流，就是用最常用、最有效的方式动之以情、晓之以理。常言道，人情练达即文章，营销传播文案亦如此。

在第二章中，我们曾介绍过大卫·阿波特为芝华士酒写作的一则父亲节促销文案，大卫·阿波特曾坦言，这篇文案既是在说芝华士，也是在说他和他的父亲。文案的句式高度一致，看起来似乎有些刻板，文字描述的也是日常生活中与父亲一起经历的不起眼的小事，似乎有些琐碎、啰唆，但只要静下心、一句句读下来，没有一个人不会为之动容，因为字里行间深深地渗透着父亲对孩子朴素而又伟大的爱。很多人还会在被感染、触动之后，不由自主地想起自己和父亲经历的点点滴滴。这则文案没有标题，只是在广告配图中芝华士酒瓶下面的一张小纸片上写着"To Dad"，但那些因文案而沉浸在回忆中的儿女看到这两个字，再想到父亲节临近，一定会直接冲进商店里，带一瓶芝华士酒回家，与父亲一起庆祝。在大卫·阿波特看来，对这则广告而言，给它一个标题反而是多余的。文案的中文翻译者沈虹也认为："它似乎不需要标题已经足以无数次地吸引我的深情和更大范围的共鸣。"②作为广告创作者，就应该通过文案作品去延续这种传世的人情感动，在品牌与消费者之间架起一座亲情之桥。

在美国广告史上，出现过一则非常有名的无标题文案，就是第二章介绍过的乔治·葛里宾自认为写得最好的那则文案。乔治·葛里宾最初拟的标题是"寡妇"，因太压抑、郁闷而被取消。广告刚刊播的时候，便将文案开头的第一句话大写作为标题，后来干脆什么都不做，就让它没有标题，但其影响力丝毫不减。整篇文案就是一个寡妇的心灵独白："我"年轻时因高大笨拙异常自卑，从来不会幻想会有英俊的护花使者骑着白马来迎娶自己。但生活给了"我"一个大大的惊喜，一个类似于小说上所写的那类爱情故事真实地发生了，于是，恋爱、结婚，一切都那么自然、宁静。转眼间 30 多年时光已成过去，其间虽也有一些遗憾，但唯一不变的是夫妻间朴素、真挚的爱；直到丈夫离"我"而去，这份爱仍在延续，那份能照顾"我"余生全部生活费用的保险单就是明证。为配合这朴素、

① 沈虹. 让生命的感动蔓延[J]. 现代广告，2004(1)：82.
② 沈虹. 让生命的感动蔓延[J]. 现代广告，2004(1)：80-82.

美好的感情，文案选用的语言也都没有丝毫矫饰，就这么让深厚的感情在平淡的叙事中静静地流淌。最后，一切都水到渠成，在读者被深深感染、打动之时，广告的主角——那一份保险单在最恰当的时刻、最恰当的场合出现，其力量无需多言。

美好的情感，人人都想拥有；饱含情感的文字，能充分调动人的内心并与之产生共鸣。广告营销活动与人类的各种情感相结合，除了能更好地与人沟通、激励人之外，还能赋予品牌独特的情感力量，使之成为独有的标识。如人们常说的最成功的广告营销活动就是将钻石塑造成爱情的信物，“钻石恒久远，一颗永流传”(A diamond is forever)，戴比尔斯当年一句非常简单的广告语在钻石和忠贞不渝的爱情之间画上等号，自此之后，钻石便成为了求婚、结婚的标配。下面这则21世纪的珠宝广告文案依然延续着这一传统：①

我把我们不在一起的305天，买回来

我们不是说好，要到太麻里一起看千禧年的第一道曙光吗？你却缺席了。

我们错过了一生只有一次，2000年送给我们第一道阳光的感动。接着，我们错过了阳明山的鱼路和春天的杜鹃，错过了夏天的鸡蛋雪花冰和北海岸的浪，错过了玫瑰盛开、蜡烛点满幸福的情人节，错过了秋天奥万大的枫叶，还错过了你的笑容。

那天走在路上，看到你戴上我第一次情人节时送你的裸钻，心里很激动。你知道吗，像我这种一辈子没进过珠宝店的男生，第一次有多挣扎：我不知道你的确切身高、你的喜好、你的脖子尺寸，但我却一直在店里找和你身形相似的售货小姐。我挑了一条钻石项链请她戴上，推想着你戴上时，钻石垂落的高度，会不会正对着我心跳的位置，这样子我们拥抱的时候，钻石就可以同时记住你的体温、我的心跳，传达我们意在不言中的感动。

后来，我一个人看了一部电影，我无法忘记男主角对女生说：如果你相信神，所有的偶然都是巧合；如果你不相信神，所有的巧合也只不过是偶

① 李欣频. 广告拜物教[M]. 北京：电子工业出版社，2008：20-21.

然。我和你小学同班，国中同校，然后又不约而同地考上同一所高中和大学。一开始，两个坐得很远的陌生同学，到大学毕业后竟然变成情侣，这到底是偶然还是巧合？如果天注定我们要一起度过童年、经历青春，又为何它舍得让你在2000年开始的前一个礼拜离开我，让我们错过一辈子最重要的美丽开始？

我已经习惯一个人吃饭，一个人走过我们曾一起走过的台北街头，一个人自言自语，一个人旅行，一个人想你。直到昨天，你哭着打电话跟我说钻石掉了，我知道，我一个人的习惯又要改变。

我打开扑满，那是我们分手后，每天把该请你吃饭的钱，准备带你去看日出的车钱，看电影泰坦尼克号的钱，想为你买生日礼物、买情人节花束的钱，为你准备去旅行的机票住宿钱……都帮你先留在里面。我把这些钱，去买了一颗爱情克拉不变，长度也一模一样的钻石项链，我把我们不在一起的305个日子买回来，包括那颗错过的日出在内。

我说，项链在我这呢，回来拿吧！

这是李欣频为周生生珠宝金饰集团所写的一则广告文案。围绕着周生生钻石项链，李欣频用自然、平淡的语言为读者讲述了一个朴实而又温馨的爱情故事。故事用两条钻石项链串联起一对相爱的青年男女：小伙子精心选择、饱含爱意、能够“同时记住你的体温、我的心跳”的第一条项链，在两人分手后被姑娘不慎丢失；之后，小伙子用分手期间积攒下来的钱又买了一条“爱情克拉不变，长度也一模一样的钻石项链”，而且这次买回来的不仅是一条项链，还有两人“不在一起的305个日子”，以及因分手而错过的那颗千禧年珍贵的日出。故事中，项链的失而复得与恋人的分手、复合彼此呼应，并通过结尾的那句“我说，项链在我这呢，回来拿吧！”水乳交融地结合在一起。比“钻石恒久远，一颗永流传”简单、直接的呈现，更进一步地突出了爱情的复杂、多变，以及不管世事如何变化、如何经历波折，钻石作为恒久的爱情象征或见证者的角色永远不会改变的主题，从而有了更多耐人咀嚼、让人回味的意味。

二、人生感悟

常言道，人生就是一部大书。每个人的一生，都要经历很多事情，有成功，有失败；有顺利，有坎坷；有欢乐，有悲伤，还有苦涩……很少有人一帆风顺、毫无波澜。在这五味杂成的生命历程中，人或多或少总会生出一些感慨、体悟。这些感悟不断积累，就可以形成自己的人生理念，用以指导自己的人生之路。营销传播文案选择这样的内容，一方面可以给品牌注入文化内涵和精神力量，另一方面也可以和目标用户达成理念上的共鸣及认同。

2014 年，新百伦(New Balance)请来著名音乐人李宗盛合作拍摄了一则视频广告《致匠心》。在广告中，画面交替呈现 New Balance 工人生产鞋子与李宗盛制作吉他的过程，形成直观的类比，形象地告诉人们究竟什么是匠心；由李宗盛亲自撰写的文案则在此基础上进一步深挖，回答如何才能拥有匠心这一人生哲学问题：①

致匠心

人生很多事急不得，你得等它自己熟
我二十出头入行，三十年写了不到三百首歌
当然算是量少的
我想，一个人有多少天份
跟出什么样的作品，并无太大的关联
天分我还是有的
我有能耐住性子的天份
人不能孤独地活着
之所以有作品是为了沟通
透过作品去告诉人家
心里的想法
眼中看世界的样子
所在意的、珍惜的
所以，作品就是自己
所有精工制作的物件

① 根据网络视频整理。

最珍贵、不能替代的就只有一个字："人"
人有情怀，有信念，有态度
所以，没有理所当然
就是要在各种变数可能之中
仍然做到最好
世界再吵杂
匠人的内心绝对必须是安静安定的
面对大自然赠予的素材
我得先成就它
它才有可能成就我
我知道
手艺人往往意味着
固执，缓慢，少量，劳作
但是，这些背后所隐含的是
专注，技艺，对完美的追求
所以
我们宁愿这样
也必须这样，也一直这样
为什么
我们要保留我们最珍贵的，最引以为傲的
一辈子，总是还得让一些善意执念推着往前
我们因此能愿意去听从内心的安排
专注做点东西，至少对得起光阴岁月
其他的，就留给时间去说吧

开头第一句"人生很多事急不得，你得等它自己熟"直接给出答案，一锤定音；紧接着以自己的亲身经历加以印证：30 年写了不到 300 首歌，平均一年不到 10 首，算不上高产。但要真正写出好歌，就必须"耐住性子"，保持内心绝对的安静、安定，把自己心里最在意、最珍惜的想法拿出来和人沟通，成就彼此；结尾再次呼应开头的文字，人一辈子总应该“听从内心的安排”，“让一些善意执念推着往前”，专注、执著地去做自己喜欢的事，以不负韶华时光，至于其他的，就留给时间、他人去说吧！如此宝贵、豁达的人生感悟，只有从 50 多岁头发花白，而又在华语音乐圈拥有至尊地位的李宗盛口中说出来，才显得那么真实真诚、让人信赖。据统计，这支广告片推出后，在微信朋友圈 1 个月的完成观看次数就达到 130 万。

New Balance 与李宗盛的初次合作取得了成功。2016 年，恰逢 New Balance 迎来品牌创立一百周年纪念日，双方又继续合作，拍摄了时长达 12 分钟的影像全纪实《每一步都算数》。据相关报道，《每一步都算数》的整体策划耗时一年半，从 2015 年年初就开始与李宗盛接洽、沟通。与《致匠心》的文案高度概括、凝练地展现李宗盛 30 余年人生经历的感悟不同，《每一步都算数》以更长的时间、更大的篇幅，更全面、具体地回忆、描述了李宗盛作为一个音乐人的人生历程——有早年辗转东京的困顿：“最后一搏的歌手，捉襟见肘的预算，局促的便宜酒店，迟迟不来的灵感”，于是，“我经常彻夜不睡，思想迎来的人生”；有对原有身份、熟悉生活的逃离，去到加拿大温哥华的森林里旅行、寻觅，开启自己人生新的方向；有在高楼林立、追求快节奏的香港对深刻、隽永歌曲的执著；有在马来西亚吉隆坡与华语音乐圈同行的交流与对后辈的提携；当然，还有逃离后又回归的台北……回到最初出发的地方，“事过境迁终于明白，人一生中每一个经历过的城市，都是相通的；每一个努力过的脚印，都是相连的。它一步一步带我到今天，成就今天的我。人生没有白走的路，每一步都算数。”这是李宗盛以 50 多年时间走过多个城市、变换多重身份之后获得的人生真谛，也与有着 110 年历史的 New Balance 的品牌理念、品牌形象达成完美融合，那就是“屹立百年，仍有新枝”。在这支 12 分钟的视频中，几乎很难发现 New Balance 的身影，被认为是最不像广告的广告。但其效果、影响非常可观，据相关数据显示，《每一步都算数》在腾讯视频上线 5 天时间，播放次数就超过了 500 万，文案最后的那一段总结性的文字，更是让很多人产生了强烈的共鸣与认同。

2017 年，New Balance 以“#致未来的我(#My Future Self)”为主题开展新的品牌营销活动。这次营销活动在代言人的选择上，与前两年形成很大的反差，请来的是 5 位运动员和中国第一代网红 Papi 酱；活动的主题则一如既往地聚焦人生，

谈人生要义。拍摄的6支广告中，Papi酱代言的作品反响最大，影响最广，其文案如下：①

致未来的我

什么是我自己想做的事情
为什么我想做事情别人都不支持呢
别人不支持的话我该不该放弃呢
坚持了就一定是胜利吗

其实，我不总是个搞笑的人
我是12年前因为读书来的北京
并没有特别惨的遭遇值得在这儿说
我心里隐约知道自己能干点事
虽然又真不知道会是什么

虽然今天的我
肯定不是我来北京时候想要成为的那个
可也就是这12年间的每一个选择和决定
让我活成了今天的样子
我只是坚持，坚持给自己暗示
不放弃，在最无趣无力的日子
也要对世界保持好奇
谁知道自己想做的事情是什么
你知道吗

我的搞笑是百无聊赖时脑中自然浮现的荒诞念头
是生活撞墙时拿来逗乐自己的

① 根据网络视频整理。

然后我发现自己找到了另外一个看待世界的角度
生活就是寻找自己的过程
在不知道要去哪里，不知道还有多远时
只管跑就是了
未来是什么样，交给未来的自己回答
我们都不用为了天亮去跑
跑下去
天自己会亮

你会对未来自己说什么？

Papi 酱是在 2016 年网红经济兴盛的背景下迅速火爆的网红，其风格主要是搞笑、搞怪，吸引的主要是年轻一代。New Balance 选择她做形象代言人，明确显示出营销目标从成熟的中产阶级转向更加年轻、时尚的“85 后”“90 后”。对于这群刚刚开启自己独立奋斗的人生之旅的年轻人来说，漫漫前路上会有很多自己难以把握的状况，也会生出更多的迷茫与彷徨。针对这种状况与心理，文案一开头就设置了四个问句，在年轻人心中已是成功者，似乎整天都乐呵呵的 Papi 酱当初也有这么多的困惑与无奈，一下子就拉近了文案和他们的距离，让他们感同身受。接着，Papi 酱现身说法：处于人生、事业起步阶段的年轻人，最重要的不是一开始就有非常明确的目标、方向，不是笃定自己一定要干什么，或者自己只能干什么，在未来的道路上会有多种可能与选择等着你，最关键的是要在人生每一个重要的关口把握好自己，凭借自己的本心做出选择和决定。而在做出了选择、决定之后就应该一如既往地坚持、再坚持，因为“生活就是寻找自己的过程，在不知道要去哪里，不知道还有多远时，尽管跑就是了。未来是什么样，交给未来的自己回答。我们都不用为了天亮去跑，跑下去，天自己会亮”。这样的结语，相信会解除许多年轻人的困惑，并给他们内心注入强大的力量，跑向自己的未来。

第四节 价值观念

近几年来，“三观”一词的使用频率越来越高；是否合三观，也日益成为人们面临选择时的重要评判标准。三观契合，那就是知音、同道，趣味相投，一切都不是问题；如果三观不合，那就是水火不容，形同陌路。据《中国95后数据报告》显示，现今年轻人的择偶标准，三观早已超越性格、外表和经济实力等要素，成为第一重要的指标。①

所谓三观，指的是人生观、价值观和世界观，即人们对人生、价值、世界的看法。背景、经历、思维、立场等大致相同的人，其人生观、价值观和世界观也会相近、相通；三观趋同的人，其说话、处事的方式也大致相似。一般来说，人的行为都是受内在观念的影响与制约的，广告营销活动的目的就是激发、引导人们的行为，要有效地引导用户的消费行为，最直接、有力的方式就是针对其观念世界做文章，或是呼应、强化其已有的核心观念，或是从反面入手，通过对处于其对立面的观念的批驳，迂回抵达目的地。

一、正面立论

围绕着商品、品牌以及用户，营销传播文案可以根据需要提炼出一个概念或理念，这个理念可以是企业的经营理念，可以是品牌的文化内涵，也可以是消费观念，甚至是人生观、价值观和世界观；然后以此作为中心论点，对之进行逻辑严密、有理有据的论证与阐发。

谈及正面立论的文案，不得不提凯迪拉克很早的一则广告。时间要追溯到1915年1月2日，一则题为《出人头地的代价》(又名《对领导者地位的惩罚》)、通篇都是文字的长文广告刊登在美国《星期六晚间邮报》上，文案作者是西奥多·麦克玛纳斯。这则没有任何装饰的广告面世后，一直被认为是最优秀的广告，虽然文案中几乎没有任何商品信息，甚至连品牌名称都没有出现。②

出人头地的代价

在人类活动的每一个领域，得到第一的人必须长期生活在世人公正无私

① 搜狐网. 一份《中国95后数据报告》了解一下：三观一致[EB/OL]. [2018-03-18]. https://www.sohu.com/a/225791866_349018.

② 张微. 广告文案写作(第二版)[M]. 武汉：武汉大学出版社，2002：196.

的裁判之中。无论是一个人还是一种产品，当它被授予了先进称号之后，赶超和妒忌便会接踵而至。在艺术界、文学界、音乐界和工业界，酬劳与惩罚总是一样的。报酬就是得到公认；而惩罚则是遭到反对和疯狂诋毁。当一个人的工作得到世人的一致公认时，他也同时成了个别妒忌者攻击的目标。假如他的工作很平庸，就没有什么人去理会他；如他有了杰作，那就有人喋喋不休地议论他；嫉妒不会伸出带叉的舌头去诽谤一个只有平庸之才的画家。无论是写作、画画，还是演戏、唱歌或从事营造业，只要你的作品没有打上杰作的印记，就不会有人力图赶超你，诽谤你。在一项重大成果或一部佳作已完成后的很长一段时间里，失望和嫉妒的人仍会继续叫喊，“那是不可能的”。外界人早已将惠斯勒(Whistler)称颂为最伟大的艺术大师之后，艺术领域中仍然流言纷纷，将自己的艺术大师说成是江湖骗子；当人们成群结队到音乐殿堂 Bayreuth 向瓦格纳(Wagner)顶礼膜拜时，而一小撮被他废黜或顶替的人却气势汹汹地叫嚷，“他根本就不是音乐家”；当众人涌向河边观看轮船行驶之时，少数人仍坚持说富尔顿(Fulton)决不可能造成轮船。杰出人物遭到非议，就是因为他是杰出者，你要力图赶上他，只能再次证明他是出色的；由于未能赶上或超过他，那些人就设法贬低和损害他，但只能又一次证实他所努力想取代的事物的优越性。

这一切都没有什么新鲜，如同世界和人类的感情——嫉妒、恐惧、贪婪、野心以及赶超的欲望——一样，历来就是如此，一切都是徒劳无益。如果杰出人物确实有其先进之处，他终究是一个杰出者。杰出的诗人、著名的画家、优秀的工作者，每个人都会遭到攻击，但每个人最终也会拥有荣誉。不论反对的叫喊声多响，美好的或伟大的，总会流传于世，该存在的总是存在的。

读完之后感觉就是一篇雄辩的议论文。文案开门见山，第一句话就亮明观点——“在人类活动的每一个领域，得到第一的人必须长期生活在世人公正无私的裁判之中。无论是一个人还是一种产品，当它被授予了先进称号之后，赶超和妒忌便会接踵而至。”就像中国人常说的那句俗语“枪打出头鸟”，只有出头的鸟儿才会招来人们的各种议论，或者是“捧杀”，或者是“棒杀”；平庸之辈、碌碌无为之人基本不会成为他人的谈资。紧接着，便以美国画家惠斯勒、德国著名古典音乐大师瓦格纳和美国著名工程师、轮船之父富尔顿的经历为例，对上述观念进行深入分析与论证，三个领域的杰出人物遭到的非议与诽谤正好印证了文案的主要观点，同时，排比的句式更给人气势恢宏、酣畅淋漓的感觉。基于对三个典型例证的分析，文案最后道出这种现象之所以普遍存在的根本原因："杰出人物遭到非议，就是因为他是杰出者，你要力图赶上他，只能再次证明他是出色的；由于未能赶上或超过他，那些人就设法贬低和损害他，但只能又一次证实他所努力想取代的事物的优越性。"杰出人物常常因为自身的杰出遭到他人的非议，但少数人的非议不但无损，反而会将他们的杰出衬托得更加耀眼。因此，对于杰出的人物、领先的产品而言，遭受他人的非议甚至诽谤，这是你获得成功、处于领先地位必须付出的"代价"，最明智的的回应就是：继续走自己的路，让别人去说吧！

20 世纪 60 年代，威廉·伯恩巴克领衔的 DDB 广告公司曾为美国艾维斯出租车公司运作了一个非常成功的广告活动。当时，艾维斯公司在美国出租车行业排行第二，而长期居于榜首的是赫兹公司。此前，艾维斯公司的广告策略一直是紧盯着"第一"的宝座，与赫兹公司展开针尖对麦芒的厮杀。但由于艾维斯公司各方面的实力与赫兹公司相比存在很大的差距，如赫兹公司的财力是艾维斯公司的 5 倍，年营业额是艾维斯公司的 3.5 倍，因而最终的结果只能是屡战屡败。在经历了 15 年的激烈厮杀之后，艾维斯公司几近走到崩溃、倒闭的边缘。在此危难之际，艾维斯公司于 1962 年更换总裁。新总裁上任伊始，就炒掉了以前的广告代理公司，重新聘请威廉·伯恩巴克所在的 DDB 广告公司，要求以 100 万美元的广告投入收获 500 万美元的广告效益。威廉·伯恩巴克带领创意小组，经过认真、细致的调查研究，审时度势，为艾维斯公司确立了"甘居老二"的广告策略——主动退却一步，承认自己暂时落后，但又不自甘沉沦、自暴自弃，而是在老二的位置上，集中精力去思考并践行"如何做得更好"。围绕着这一广告策略，DDB 广告公司创意、制作了系列平面广告，高举"老二主义"这面大旗，深入阐发老大与老二在做事态度与方法上的差异，以做好老二自勉，并呼吁全世界的老二们奋起。该系列的三则广告文案在广告界应该是人人知晓，下面就是其中的一则：①

① 吕尚彬. 广告文案教程[M]. 北京：北京大学出版社，2007：377.

老二主义——艾维斯的宣言

我们在租车业，面对业界强人只能做个老二。

最重要的，我们必须学会如何生存。

在挣扎中，我们认识到在这个世界上做老大和老二有什么基本不同。

做老大的态度是：不要做错事，不要犯错，那就对了。

做老二的态度却是：做对事情。找寻新方法。比别人更加努力。

老二主义就是艾维斯的信条，它很管用。

艾维斯的顾客租到的车子都是干净、崭新的。雨刷完好，烟盒干净，油箱加满，而且艾维斯各处的服务小姐个个笑容可掬。

结果，艾维斯由亏转盈了。

艾维斯并没有发明老二主义。任何人都可以采用它。

全世界的老二们，奋起吧！

这则文案可以看做是“立论篇”，直接将“老二主义”作为艾维斯出租车公司的宣言，并对其内涵进行了极为精练的诠释：“做对事情。找寻新方法。比别人更努力。”同时，另外两则文案《艾维斯在出租车业只是第二位，那为何与我们同行?》《当你只是第二时，你会更加努力，否则》作为支撑篇，具体论证如何贯彻、实施这一宣言，即在态度上如何更努力、在方法上如何去创新。三则文案组成系列，有理有据，论证充分，让人信服，整个广告活动也取得极大成功。

二、反面驳斥

与正面立论直接亮出自己的观点不同，反面驳斥采用的方法是先竖起一个靶子，即与自己的观点对立、矛盾的说法，通过对它的批判、反驳，最后烘托、强化所要传达的观点。

2020 年 5 月 3 日晚，主要面向年轻人的 bilibili 视频网站(简称 B 站)抓住五四青年节这一契机，在网络平台和中央电视台一套黄金时段同时推出献给新一代的演讲《后浪》，网络端推送的视频时长 4 分钟，央视一套播出的则是 2 分钟的精

简版。其完整文案如下:①

后　浪

那些口口声声，一代不如一代的人，应该看着你们，像我一样。我看着你们，满怀羡慕。

人类积攒了几千年的财富，所有的知识、见识、智慧和艺术，像是专门为你们准备的礼物；科技繁荣，文化繁茂，城市繁华，现代文明的成果被层层打开，可以尽情地享用；自由学习一门语言，学习一门手艺，欣赏一部电影，去遥远的地方旅行。

很多人，从小你们就在自由探索自己的兴趣；很多人在童年就进入了不惑之年，不惑于自己喜欢什么，不喜欢什么。人与人之间的壁垒被打破，你们只凭相同的爱好，就能结交千万个值得干杯的朋友。你们拥有了，我们曾经梦寐以求的权利——选择的权利。你所热爱的就是你的生活。

你们有幸遇见这样的时代；但是时代更有幸，遇见这样的你们。我看着你们，满怀敬意。

向你们的专业态度致敬，你们正在把传统的变成现代的，把经典的变成流行的；把学术的变成大众的，把民族变成世界的；你们把自己的热爱变成了一个和成千上万的人分享快乐的事业。向你们的自信致敬，弱小的人，才习惯嘲讽和否定；内心强大的人，从不吝啬赞美和鼓励。向你们的大气致敬，小人同而不和，君子美美与共，和而不同。更年轻的身体，容得下更多元的文化、审美和价值观。

有一天我终于发现，不只是我们在如何教你们生活，你们也在启发我们，怎样去更好地生活。那些抱怨一代不如一代的人，应该看看你们；就像我一样，我看着你们满怀感激；因为你们，这个世界会更喜欢中国，因为一个国家最好看的风景，就是这个国家的年轻人。因为你们，这世上的小说、音乐、电影所表现的青春就不再是忧伤、迷茫，而是善良、勇敢、无私、无所畏惧，是心里有火，眼里有光。

---

① 根据网络视频整理。

不用活成我们想象中的样子，我们这一代人的想象力不足以想象你们的未来；如果你们依然需要我们的祝福，那么，奔涌吧，后浪！我们在同一条奔涌的河流。

开篇第一句就抛出长久以来很多成年人看待、评价年轻人的普遍观点：一代不如一代；接下来的所有文字，就是从作为过来人的前浪的角度，总结、描绘当今年轻人在各个方面的具体表现，完成对这个传统观念的深刻批驳；最后，这个视频想要传达的对年轻人的态度和观念在这批驳中自然而然地凸显出来。视频发布后很快引发全社会的关注与热议。据相关数据统计，在视频发布之后的两天时间里，B 站官方视频播放量破千万，央视新闻、《光明日报》《中国青年报》《环球时报》、观察者网等多家官方媒体对该视频进行了正面宣传，由《人民日报》主持的新浪微博超级话题#献给年轻一代的演讲#阅读量达 4.6 亿，“后浪”一词亦很快成为网络热词。① 当然，其中也不乏批评之声，如对于大部分年轻人来讲，过于高大上，有些遥远，可望而不可即；还有人认为这根本不是针对年轻人做的演讲，等等。确实，正如《后浪》策划团队负责人、B 站市场中心总经理杨亮接受采访时所言：“这不是一部仅仅拍给年轻人看的视频，也是拍给更多人看的。”《后浪》只是 B 站《浪潮三部曲》的第一部，其后，第二部《入海》于 5 月 20 日推出，第三部《喜相逢》于 6 月 26 日上映。《浪潮三部曲》的主要营销目标就是使 B 站从小众走向大众，让全社会的人都知道、了解 B 站，接受、使用 B 站。而作为开篇的《后浪》，要完成的是使 B 站“出圈”的任务，即从年轻人的二次元文化走进全民视野、融入大众文化。从《后浪》上线后转发、点赞、评论视频的大多数人是 60 后、70 后、80 后这一点来看，这一任务完成得非常好。

① 晴栀.《后浪》破圈之后……[EB/OL].[2020-05-05].https://xw.qq.com/cmsid/20200505A0PJEQ00.

第五章　形式创意：文案怎么说

对于营销传播文案的写作而言，“说什么”明确之后，接下来就要进入形式创意环节，解决文案“怎么说”的问题，即思考用什么样的方式和方法来具体呈现、诉说确定的内容，也就是如何用语言符号来传达广告营销信息。

第一节　形式创意的内涵

营销传播文案，不是单纯的语言符号的排列组合，而是要通过语言符号传达并实现广告营销的战略意图。因此，在选择、运用语言符号之前，必须根据广告营销活动的整体战略和文案的具体主题及内容，思考、确立文案的表现方针，明确文案写作的方向，并找到具体落地、实施的方式方法。

一、总体表现方针

奥美广告公司高层理查·范乐尔曾说过：“大部分的广告创意必须有两个基本的点子：一个是像广告心脏般的核心创意点，另一个就是执行的想法，以便赋予核心创意在荧光屏上或者平面图页上的生命。”①也就是说，文案撰写者在思考文案究竟“怎么说”时，需要解决两个问题：其一是找到“核心创意点”，即文案表现方针；其二则是找到执行、实现“核心创意点”的具体方法与手段，二者相辅相成，缺一不可。

所谓核心创意点，就是基于文案主题及内容形成的更有针对性、更具体的关于文案如何写的想法，如文案从哪个具体的角度切入，文字应具有什么样的风格，怎样赋予文字实际的销售力，等等，它往往成为文案写作的突破口、生发

① 高志宏，徐智明. 广告文案写作(第二版)［M］. 北京：中国物价出版社，2002：108.

点。有人又将之称为“创意概念(关于广告信息传达方式的基本想法)”①、“理念(广告表现方针)”②等。

资深文案乐剑峰如此表达他对文案的理解：“重要的是想法，其次才是文字”，因为“文案撰稿人的工作，更像一个‘翻译’——将产品常识转化成极具销售力的文字。他要能变废为宝，从各种很枯燥的信息中发掘出某个闪光点，或者从一个很有趣的角度去诠释它”。所以，“除了要求有娴熟的语言文字表达能力，你还需要文字以外的想法：缜密的策略思考能力，创造性的信息表达方式，敏锐的视觉发想能力，对色彩、图片、版面的选择搭配，对故事情节、分镜头脚本的构想等等”③。在这里，他反复提到一个关键词——“想法”。对于文案撰写者来说，这个想法究竟是什么？答案应该是：文案撰写者运用自己的“策略思考能力”找到的“创造性的信息表达方式”，这个表达方式能够“从一个很有趣的角度去诠释”商品的“某个闪光点”，也就是每一个文案撰写者都孜孜追求的“核心创意点”“大创意”(big idea)。

为了找到能够照亮整个广告的核心创意点，广告文案撰写者必须站在整个广告活动的制高点，沿着整体营销策略的方向和目标，综合思考商品、消费者、竞争市场、社会文化氛围等诸多因素，不断求索、提炼，最终方能迎来“Eureka！我找到了！”的惊喜。

二、具体执行方式

很多时候，核心创意点只是一个抽象的概念、大致的方向，或者说只是文案创作者大脑中的一个想法，看不见、摸不着，它还必须与具体的“执行的想法”(又称执行点子)配合、呼应，借助各种符号(文案主要是语言符号)直观、形象地呈现出来，才能真正落地并产生效益。换句话说，只有当核心创意点和执行的想法水乳交融地结合在一起，才能成为一个既有创造性、又能有效实施的文案创意。

---

① 高志宏，徐智明. 广告文案写作(第二版)[M]. 北京：中国物价出版社，2002：108.

② 原鸿一郎，石田胜寿. 广告文案[M]. 谭琦，译. 北京：中国电影出版社，1999：90.

③ 乐剑峰. 文案：我们靠什么活下去[EB/OL]. [2013-09-11]. http://www.doc88.com/p-9774748610874.html?r=1.

能否为独特的核心创意点找到新颖的执行方法，直接决定着营销传播文案最终的成败。由于文案依赖的主要是语言符号，因此，对于具体执行方式的寻找，绝大多数时候还是要从语言符号入手，在最基础的字、词、句上下工夫。仔细研究那些成功的营销传播文案，其独到之处往往就是在某些语言符号中发现了潜藏的能够为之所用的元素，稍加利用，便产生了神奇的戏剧性效果，异常贴切地与文案主题及内容达成契合，进而以四两拨千斤的效果完成了广告营销信息的传播。如瑞士绝对伏特加酒的系列广告，其核心创意点与执行的想法就非常特别。

绝对伏特加(Absolut Vodka)1879 年诞生于瑞典南部一个仅有 1 万人口的小镇，现为世界顶级伏特加酒品牌。据相关资料，伏特加酒诞生在公元 14 世纪的俄罗斯，酒精度一般在 40°~55°，属于低度烈性酒，纯度极高。俄罗斯人吃黑鱼子酱，喝伏特加酒，极具民族风情。因此，在人们的印象中，似乎只有俄罗斯制造的伏特加才正宗。① 这对瑞士绝对伏特加来讲，无疑是一道很难逾越的障碍。

1979 年，绝对伏特加决定进军美国市场，聘请的广告代理商是 TBWA 广告公司。最初，TBWA 的创意人员计划利用瑞典 400 年的传统文化来塑造绝对伏特加的品牌知晓度和流行度，但其创意总监 Geoff Hayes 觉得这一创意点过于传统，难以给人带来惊喜；特别是对身处俄罗斯伏特加酒阴影下的绝对伏特加来说，其广告更不能随波逐流，必须冲破一般酒广告的传统模式，出奇才能制胜。沿着这个方向探索，创意人员的目光最后聚焦在绝对伏特加的品牌名称和造型独特的酒瓶上，决定就用“绝对”二字和其怪异的酒瓶形状来塑造其品牌个性，以与其他品牌的伏特加酒区别开来。在这一核心创意点的指引下，其平面广告的具体执行方式水到渠成：版面的中心是绝对伏特加怪异瓶子的特写，下方则是由两个英文单词组成的简短文案，第一个词统一为“ABSOLUT”，后面再加上一个表示品质的词，如“完美”或“澄清”，或是与烘托酒瓶形状的画面相关的词。这几乎成为此后绝对伏特加酒广告的“标准格式”，演绎出数百张平面广告。具体到每一则广告，虽然“格式”一致，但其表现却又各不相同，给人千变万化、层出不穷的印象和感受。依据这一“标准格式”，绝对伏特加酒的广告不断进行拓展，先后运作了 12 类主题：绝对的产品、物品、城市、艺术、节日、口味、服装设计、

① 百度百科：http://baike.baidu.com/link? url = Nw-pW95fp3Hr9nesNEEDjsl8Y4YqsVX4w8d3i9-bISORffc-_d2G4p916iZ1QFoEt5uqi7kl2uD1jMA62s6FVq。

主题艺术、欧洲城市、影片与文学、时事新闻等。这一系列广告将绝对伏特加酒与受众心目中具有重要地位的其他事物融为一体，散发出特有的历史、文化的永恒魅力。

第二节　表现方针的确立

营销传播文案有非常明确的目的性和针对性，它不是文案撰写者的自说自话，更不是文案撰写者炫耀自身才华和技巧的工具，而是有策略地面向目标用户与消费者进行信息传播，并期待有效影响其心理、观念及行为的文本。因此，无论是文案的信息内容，还是传递信息内容的形式，都必须契合目标用户与消费者的所需、所想、所好，秉承“站在什么山头说什么话”的原则，在文案主题的提炼上要用联系、发展的眼光，将商品、品牌的各种信息进一步转化为消费者可以获得的好处与利益；在确立文案的表现方针时，也应弄清楚用户的心理与行为特征、媒介接触习惯以及审美趣味与喜好，选择他们喜闻乐见的方式与手法。

一、从消费者的实际需求出发

台湾地区广告学者杨朝阳在其《实用创意法》中，为我们总结、介绍了如何站在商品、品牌与目标消费者需求的连接点上，去寻找、获得核心创意点。① 杨朝阳认为，人的需求主要集中在四个层面：功能需求、情感需求、生活形态的需求、文化需求，文案的形式创意首先要弄清楚目标消费者的实际需求究竟是什么，它主要集中在哪一个层次；然后在其所处的需求层面上，结合文案的主题与内容，寻求与之相吻合、相呼应的表现方针。不同层次的消费需求，需要有不同的表现方针与之配合，它们分别是：主张概念、印象概念、提案概念、象征概念。

1. 主张概念

主张概念直接针对的是消费者对商品物质功能与属性的需求。处于这一层面

① 高志宏，徐智明. 广告文案写作(第二版)[M]. 北京：中国物价出版社，2002：118-121.

的消费者往往面临着许多实际的问题，需要有相应的商品来解决，如渴了需要饮料，饿了需要食品，皮肤干燥需要护肤品，等等。写给这样的消费者的文案就要用简单、直白、实在的方式突出商品有何功能、用途，能够解决什么问题，能够给使用者带来什么好处。此类文案最常见的落点就是：商品的独特销售主张，商品值得购买的原因和理由。

一般来说，商品的独特销售主张、商品值得购买的原因和理由，如果毫无创意地直接罗列，会给人生硬、枯燥的感觉，如何使相对比较抽象、空洞的主张、原因及理由以非常直观、形象的方式呈现在人们眼前，使之乐于接受、印象深刻，这是主张概念的重点。

20 世纪 90 年代，我国瓶装水饮料市场的竞争异常激烈，据统计，到 1996 年，水饮料企业已达 1200 家，而且还有新的品牌不断涌现。① 自然而然，品牌间的广告大战亦上演得如火如荼。当时诸多纯净水品牌的广告都异口同声地高喊着“纯净”二字，结果反而导致一些消费者对纯净水是否纯净产生怀疑，进而影响消费。

在此背景之下，盛世长城广告公司为乐百氏纯净水制作了一则名为《27 层净化》的电视广告，其文案的核心创意点为：一滴水缓缓下落，穿过 27 层“过滤网”——27 个介绍用什么过滤物质去除何种杂质的句子，最后成为“真正纯净”的乐百氏水，非常直观、形象地让“纯净”二字有了切实的支撑。

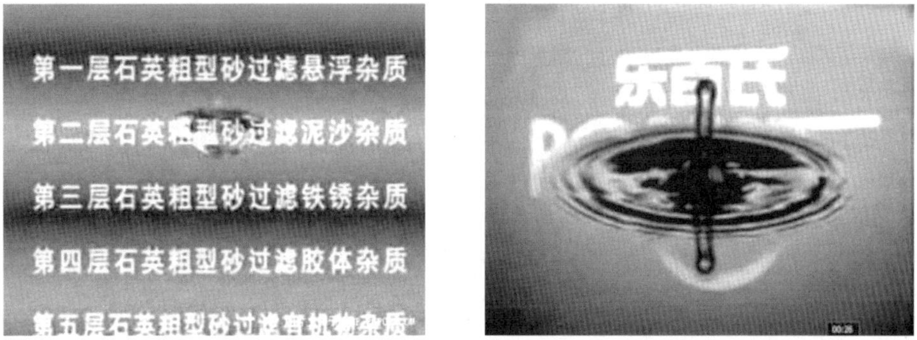

网络视频截图

① 何平华. 中外广告案例选讲[M]. 武汉：华中科技大学出版社，2010：253.

27个过滤层为：①

第一层石英粗型砂过滤悬浮杂质；
第二层石英粗型砂过滤泥沙杂质；
第三层石英粗型砂过滤铁锈杂质；
第四层石英粗型砂过滤胶体杂质；
第五层石英粗型砂过滤有机物杂质；
第六层石英中型砂过滤悬浮杂质；
第七层石英中型砂过滤泥沙杂质；
第八层石英中型砂过滤铁锈杂质；
第九层石英中型砂过滤胶体杂质；
第十层石英中型砂过滤有机物杂质；
第十一层石英细型砂过滤悬浮杂质；
第十二层石英细型砂过滤泥沙杂质；
第十三层石英细型砂过滤铁锈杂质；
第十四层石英细型砂过滤胶体杂质；
第十五层石英细型砂过滤有机物杂质；
第十六层石活性炭过滤去除颜色；
第十七层石活性炭过滤去除余氯；
第十八层石活性炭过滤去除气味；
第十九层保安过滤器滤除颗粒杂质；
第二十层反渗透膜过滤热源；
第二十一层反渗透膜过滤细菌；
第二十二层反渗透膜过滤病毒；
第二十三层反渗透膜过滤残留病毒；
第二十四层反渗透膜过滤重金属离子；
第二十五层反渗透膜过滤钙、镁、锰等离子；

① 何平华. 中外广告案例选讲[M]. 武汉：华中科技大学出版社，2010：255.

第二十六层终端过滤 0.2μm 杂离子；

第二十七层紫外线杀菌。

同时，再以画外音的形式说出文案：

为了您可以喝到更纯净的水，乐百氏不厌其烦，每一滴都经过严格净化，足足二十七层，您会喝得更放心。乐百氏纯净水，真正纯净，品质保证。

这则广告在当时所有的纯净水广告中显得非常突出、特别，为乐百氏纯净水塑造了很纯净、值得信赖的品牌形象，并收获了可观的市场效益：《27 层净化》广告刊播 3 个月后，乐百氏纯净水的品牌知名度达到 90%，广告的回应率超过 70%，其市场占有率在 1997 年、1998 年连续两年位居全国第二。此外，这则电视广告也在第五届全国优秀广告评选中获得电视广告金奖。①

2. 印象概念

如果说主张概念较多地作用于人的理智，以理服人，那么印象概念则将重点聚焦在消费者的情感，以情动人。在人的基本生理需求得以满足、安全需求有了保障之后，就会萌发更高一级的对情感的需求，亲情、友情、爱情以及家国情怀……它们都非常普遍地存在于人的生活中，同时也经常出现在营销传播文案里。很多经典的广告成功赋予某个品牌独特的情感符号，会长久地植根于人们的心中。

丽珠得乐胃药“男子汉系列”广告，在 20 世纪 90 年代的中国广告市场取得了巨大的成功。创作这一系列广告的是当时的广州旭日广告公司。活动前期，旭日广告公司对市场进行了深入调研，得出两大发现：第一，胃病患者中，男性所占比例高于女性。因为男性多从事高强度工作，而且社会普遍对男性有较高的期望，致使男性肩负着极大的压力；第二，当时的胃药广告多以名人、成功人士、美女为广告代言人，与产品的实际使用者有较大出入。基于此，旭日广告公司决

① 何平华. 中外广告案例选讲[M]. 武汉：华中科技大学出版社，2010：255.

定，丽珠得乐胃药的广告以男人，特别是普通男人为主要诉求对象，针对他们肩负的责任重、心理压力大的实际状况，从“理解”与“关怀”的角度切入，赋予产品“情感慰藉”“心灵鸡汤”的意蕴，树立独特的品牌形象。

据丽珠得乐胃药“男子汉系列”广告的主创者李明回忆：“起初不知道要怎么说才好。但凭直觉断定不能表现职员很晚回家啦，很多家务等着他啦。诸如此类，形象语言有问题，视觉上容易同当时的家电广告相混淆。情急之下，一咬牙，干脆表现工人、农民!”①于是，建筑工人、货车司机、养路工、演员、摄影师、教师联袂走进丽珠得乐胃药的电视广告与平面广告中，展示各自在平凡岗位上的默默坚守与付出。

“男子汉系列”由 3 支电视广告、6 则平面广告、1 支 MTV 组成，“用平常心，选平常人，说平常事，叙平常情”，整体感染力极强。② 下面是其中 4 则平面广告的文案：③

演员篇

他是一个演员，虽然总演一些小角色，但他依然痴心不改，苦苦求索。一颗颗新星不断从他的身边升起，而他依旧是个小角色，个中的酸、甜、苦、辣……

他的欢乐与苦恼只有他自己知道。

啊……男子汉！

这是一个普通男人的生活轨迹。在许多人看来，似乎是男人，就应该活得轰轰烈烈，所以在许多场合，平凡的他常常被忽视……据医学专家研究，生活压力大，身心过度疲劳的人易患胃病，而且在众多胃病患者中，男性占大多数。

——其实，男人更需要关怀

① 卢泰宏，李世丁．广告创意——个案与理论［M］．广州：广东旅游出版社，1997：171-172.

② 卢泰宏，李世丁．广告创意——个案与理论［M］．广州：广东旅游出版社，1997：174.

③ 吕尚彬．广告文案教程［M］．北京：北京大学出版社，2007：184-185.

教师篇

他是一个教师，他的影集好厚好沉。他如数家珍地讲述着关于每一个身影的故事，这给了他最大的满足。然而，随着这故事的继续，他的青春渐渐耗尽，负重的身躯不再挺拔……

他的欢乐与苦恼只有他自己知道。

啊……男子汉！

这是一个普通男人的生活轨迹。在许多人看来，似乎是男人，就应该活得轰轰烈烈，所以在许多场合，平凡的他常常被忽视……据医学专家研究，生活压力大，身心过度疲劳的人易患胃病，而且在众多胃病患者中，男人占大多数。

——其实，男人更需要关怀

摄影师篇

他是一个摄影师，人们都以为他的职业浪漫神秘，其实东奔西走，废寝忘食的疲惫都铺垫在不被了解的另一面。他喜欢透过镜头看世界，然而镜头前的辉煌常常遮住了镜头后的他……

他的欢乐与苦恼只有他自己知道。

啊……男子汉！

这是一个普通男人的生活轨迹。在许多人看来，似乎是男人，就应该活得轰轰烈烈，所以在许多场合，平凡的他常常被忽视……据医学专家研究，生活压力大，身心过度疲劳的人易患胃病，而且在众多胃病患者中，男人占大多数。

——其实，男人更需要关怀

货车司机篇

他是一个货车司机，白天、黑夜、风里、雨里，他已经记不清跨过了多少条河、翻过了多少座山，日复一日，年复一年，青春就在这漫长的道路上悄悄地流逝……

他的欢乐与苦恼只有他自己知道。

啊……男子汉！

这是一个普通男人的生活轨迹。在许多人看来，似乎是男人，就应该活得轰轰烈烈，所以在许多场合，平凡的他常常被忽视……据医学专家研究，生活压力大，身心过度疲劳的人易患胃病，而且在众多胃病患者中，男人占大多数。

——其实，男人更需要关怀

4则文案的格式高度一致，甚至大部分段落完全是一模一样的，只有第一段文字因角色的不同而有所改变。这一段文字主要描绘那些从事平凡工作的普通男人的生活轨迹——扮演小角色的演员痴心不改、苦苦探索；人民教师默默地燃烧自己、照亮他人；永远隐藏在镜头后的摄影师东奔西走、废寝忘食；货车司机风里来、雨里去，无论白天与夜晚……接下来，文案笔锋一转，尖锐地揭示出现实生活中普遍存在的一种现象——这些平凡的、努力工作的男人常常被人忽视，因为“在许多人看来，似乎是男人，就应该活得轰轰烈烈”。读到此处，相信很多人都会心有所动、生出遗憾之情：这样的人是不应该被人忽视的。至此，文案没有见好就收，而是再来一记重锤——客观陈述医学专家的科学研究结果，其一，生活压力大，身心过度疲劳的人易患胃病；其二，在众多胃病患者中，男人占大多数。以上两重视角的审视汇聚在一起，共同呼唤出文案的主旨：“其实，男人更需要关怀”。

丽珠得乐胃药“男子汉系列”广告刊播后赢得一片叫好声，它带来的实际广告效果连广告主都“始料未及”：其一，社会反响巨大。广告刊播后，收到上千封读者来信，观众纷纷表示广告“说出了普通男人的心声”。其二，在树立良好品牌形象的基础上创造了品牌联想，使“丽珠得乐”成功延伸到“丽珠肠乐”“丽珠感乐”。其三，“男人更需要关怀”成为社会流行语广为流传，并引发了整个社会对男性问题的关注与讨论。① 一句简单的广告语，打动了无数人的心，其蕴含的情感力量是非常厚重的。

---

① 卢泰宏，李世丁. 广告创意——个案与理论[M]. 广州：广东旅游出版社，1997：175-177.

如今，人们常常用“走心”二字来评价文案，虽然只是寥寥数语，但那些走心的文案却能深深地打动人心，甚至激发人的思考。年轻的白酒品牌江小白就是以“扎心”的文案而闻名起家的，2012 年，带着一句简单的广告语“我是江小白，生活很简单”，江小白走入人们特别是年轻人的视线，其后，便一路以文艺、情怀兼具的鸡汤式文案吸引了很多年轻人，把很多人的“心扎了个稀烂”，如以“早知道”为主题的一组文案：①

早知道很多人走散就不会再见，就该说出那句吞回肚里的话，给出本该给予的拥抱

早知道老同学很难再聚，寝室熄灯后的故事多说一点，新旧朋友的邀约更多一点

早知道后来才看清爱的深度，就应该把握住彼此最好的年纪，面前的酒杯不必封存各自的心情

早知道心中所向始终念念不忘，当初就不必勉强迎合大众眼光，哪怕失败也至少做过自己

早知道中年危机来得悄无声息，就不总囿于上班下班的规律，四处流浪至少没错过风景

早知道机会总是稍纵即逝，就不应让求知欲过期，更不必独饮深夜浇愁的酒

早知道岁月从不留情，就应该在奔忙的日子留出间隙，多陪伴父母

早知道一切都将归于云淡风轻，就不会困在原地，心事会被酿成酒话

人生没有早知道，只有当下酒，眼前人

① 根据网络资料综合、整理。

真的是句句“扎心”，“扎心”之后人们会不由自主地陷入反思，思考的时候自然少不了江小白酒，营销的逻辑与链条异常清晰。

3. 提案概念

提案概念，指的是根据目标消费者在生活形态、生活方式等方面的需求与向往，将商品、品牌与之密切结合在一起，确立文案的生发点。

2004 年，万科为上海兰乔圣菲别墅所做的系列广告相继推出。在此之前，万科房地产一直以中产阶级为主要目标消费者，广告创意概念的开发也一直从目标消费者的心理需求、精神需求的角度切入，如“珍视生活本质”系列广告。很明显，上海兰乔圣菲别墅的目标人群发生了改变，如何才能既瞄准高端人群做有效的广告传播，又能保持万科一贯的广告风格？

万科兰乔圣菲系列广告的主创者陈绍团曾在一次演讲中回顾了当时的创作过程。据陈绍团介绍，上海兰乔圣菲别墅基本原样拷贝了美国加州兰乔圣菲的房屋设计。加州兰乔圣菲是美国最富有、同时又最原味的一个镇，所有的房子、建筑甚至路上的石头，都完全融入自然，没有丝毫浮夸。很多目标消费者慕名来到上海兰乔圣菲考察，都觉得这个产品非常好，很喜欢，但同时又有一些疑虑——从未做过高档别墅的万科，是否能做好后续的物业管理？他们担心万科管理中档物业的经验不足以应对高档别墅的管理，也就是对自身入住后能否享受到位的管理和服务产生怀疑。

针对目标消费者的这些担心，陈绍团最终运用的破解之道是“品位”二字。从“品位”入手，最后具体落脚于“境界所在，人杰在”，即“站在高端的角度去谈生活的本质”。在此创意概念的引领下，“兰乔圣菲”系列 7 则平面广告一气呵成。7 则文案字里行间透露出的都是“阅尽奢华后的淡泊与闲情”，与创意概念密切配合、相互支撑，使上海兰乔圣菲在高档别墅中脱颖而出。①

没有一定高度，不适合如此低调

低坡屋顶下，那种平和淡泊的心境氛围，只有真正的名仕巨富才能心领神会、视为知己。由南加州 RANCHO SANTA FE 建筑风格演绎而来的兰乔圣菲别墅，不像古典式豪宅那样繁复与张扬，没有任何刻意与炫耀的形式，惟

① 根据网络资料综合、整理。

有质朴纯粹、充满手工与时间痕迹的建筑语汇，仿佛在平静中述说一段悠长久远的历史，一个意味深长的传奇、一种阅尽辉煌的人生。

踩惯了红地毯，会梦见石板路

还没进门，就是石板路，黄昏时刻，落日的余辉在林荫路上泛着金黄的光，再狂野的心也会随之安静下来。车子走在上面会有沙沙的声响，提醒你到家了。后庭的南面以手工打磨过的花岗石、板岩等天然石材拼就，供你闲暇之余赤脚与之厮磨。屋檐下搁着石臼与粗瓷坛，仿佛在静静等待着雨水滴落，追忆似水的年华。

一生领导潮流，难得随波逐流

风云间隙，何妨放下一切，让思想尽情随波逐流。这里珍藏着两条原生河道，它们经历着这块土地百年的风雨和阳光，沉淀着醇厚的人文意蕴，就连上方飘渺的空气都充满时间的味道。经过系统整治的河道，生态恢复良好，绝非人工的景观河可以相提并论。草坡堤岸自然延伸入水，有摇动的水草、浮游的小生物，大大小小的卵石，更不缺少流淌荡漾的情趣。

看不见浮华，正是价值所在

没有多余的装饰，或者张扬的树种。亲近平和的庭院氛围会让你想起早期的庄园，混合种植着密植树木和密植的低矮灌木、花草，以尽可能与原生态林相匹配。前庭后院用矮墙、花架和绿篱进行分别，车行系统与人行系统也以植栽的灌木分割，形成和谐的景观感与空间感。前院风格开放，是与友人品茗会聚之所，是专门留给主人的思想领地。

没有CEO，只有邻居

放下名利与地位，忘掉尊贵与虚荣。兰乔圣菲的会所是原味精神的延伸，当然也是家的延伸。沿着河边道路踱过石桥，就是三面环水的会所。这是由多重院落组成，内含大草坪及无边界游泳池的围合式建筑。没有任何金碧辉煌，只有阳光、花草、艺术与健谈的邻居，最适合在风云际会的间隙，邂逅知己之士，享受阅尽奢华后的淡泊与闲情。

有痕迹，才够完美

没有沧桑的历史不够厚重，没有痕迹的建筑不够味道，反工业化的原料与工艺真传，让兰乔圣菲的手工、自然与岁月痕迹成为现实，并且不动声色地融入你的生活。而这一切，在红色陶瓦的排列中、在大面积STUCCO色彩变化中、在砖与砖的勾缝中、在木质大门的纹理中、在窗饰细节处理中、甚至在一只最不经意的陶罐中，都可以找到完美的答案。

粗犷的气质，值得细细玩味

是粗犷的视觉艺术，也是精湛的手工艺术。国际工艺专家现场传授的STUCCO纯粹本色，用恰到火候的色彩变化、时间纹理与粗犷视觉，再现久违的心灵震撼。每一块墙面毛石的凹凸处理、每一件铁艺制品的接点处理，都找不到两个相同的细节，而且精心承袭了时间、手工与个体的痕迹。如此极致纯粹的原味精神，一定让你叹为观止、玩味一生。

首先，7则文案的标题内容高度凝练、结构整齐划一、形式非常讲究，刻意用两个简短的句子将基本处于或呈现出对立状态的元素并置在一起，充满了张力，耐人咀嚼、回味。接着，每一则文案的正文紧密配合标题，截取兰乔圣菲的某一个特点、设计与安排，来具体诠释、印证标题所标举的万科开发兰乔圣菲时的个性追求：与平和淡泊的心境相协调的低坡屋顶；与红地毯的喧闹成鲜明对比的宁静石板路；能“让思想尽情随波逐流”的原生河道；“会让你想起早期的庄园”的树木花草与矮墙、花架和绿篱的和谐交错；体现“原味精神”、像是“家的延伸”的会所；“让兰乔圣菲的手工、自然与岁月痕迹成为现实”的反工业化的原料与工艺；“再现久违的心灵震憾”的精湛手工艺术。这一个个独特的追求组合在一起，共同烘托出万科上海兰乔圣菲高品位的形象，使陈绍团“站在高端的角度去谈生活的本质”的目标得以实现。

4. 象征概念

象征概念，则是从文化的高度入手，契合特有的文化心理，将文化独有的精神赋予、加持到商品与品牌之中，使之成为文化的标识与象征。

“孔府家酒，叫人想家”曾经是每个中国人耳熟能详的广告语，它出自 1994 年一则名为《回家篇》的电视广告。据传，孔府家酒的历史可以追溯到明朝，当时孔府为祭祀孔子开始酿造白酒，后逐步转变为宴席用酒。1988 年，孔府家酒在全国第五届评酒会上获国家银质奖，从 1988 年起连续三年获世界布鲁塞尔金奖。但在 1994 年之前，其影响力主要集中、局限在山东省内市场。1993 年，孔府家酒厂与中央电视台签订业务合作关系，在国内白酒行业率先搭借电视媒体投放广告。最先播出的一则 15 秒的广告反复强调孔府家酒“荣获布鲁塞尔金奖，出口量居全国第一”，收效甚微。但《回家篇》电视广告自 1994 年元旦播出后，极大地扭转了这一局面，一时之间产品供不应求。1993 年孔府家酒厂完成利税额 1.1 亿元，1994 年利税额提高到 2.2 亿元，增长 100%。同时，《回家篇》广告在 1994 年首届“花都杯”电视广告大奖赛中荣获三项大奖：金塔大奖、公众大奖和最佳广告语奖；1995 年又获得“全国第四届广告作品展”电视类唯一金奖。①

如此叫好又叫座的广告是如何诞生的？据中央电视台资深广告人、《回家篇》广告的创作者陈汉元先生回忆，1993 年岁末的一个晚上，当时的山东曲阜酒厂副厂长和长城国际广告有限公司影视总部的领导来到他家，希望他为孔府家酒出个电视广告的创意。广告的目标是针对竞争对手，突出品牌名称，扩大品牌影响力。沿着这一目标进一步细化，电视广告的诉求重点自然落到一个“家”字上。

“家”，是品牌名称“孔府家酒”中的核心、关键，同时又是全体中国人生活中非常重要的一个字眼。作为一个白酒品牌的广告，怎样才能把这个既常见、又厚重的主题表达好？当时，由陈汉元主策划的电视连续剧《北京人在纽约》刚刚在电视台播完，市场反响很不错。于是，广告主创者便想到可以利用《北京人在纽约》的热播效应，巧妙地搭一个顺风车：“唱一首歌、突出一个‘家’、让刘欢作曲、让刘欢演唱、让王姬上镜。”②（刘欢是《北京人在纽约》主题曲的作曲和演唱者，王姬是《北京人在纽约》中阿春的扮演者。）具体到文案部分，一方面，反复强调关键字“家”，最初的文案中出现了 6 个“家”：

---

① 何平华. 中外广告案例选讲[J]. 武汉：华中科技大学出版社，2010：233-234.

② 徐小娟. 100 个成功的广告策划[J]. 北京：机械工业出版社，2002：105-107.

千万里，千万里，我一定要回到我的家。
我的家，我的家，永生永世不能忘。
怎么说，怎么想，谁也不能没有这个家。
孔府家酒，叫人想家。

后来，因为广告时间有限，删掉了2个“家”，变成了：

千万里，千万里，我一定要回到我的家。
我的家啊，永生永世不能忘。
孔府家酒，叫人想家！

前两句是唱出来的(不是刘欢演唱，但模仿得很像)，最后一句是由王姬冲着镜头说出来的，电视画面也很好地与之相配合：用毛笔书写的一个大大的“家”字，以及从盒子里拿出的酒瓶瓶身上的“孔府家酒”的特写，都有效地渲染、突出了“家”，让人印象深刻。

广告对“家”在中国人心中的意义进行深入、细致、到位的解析，将之具体落实到“回家”“想家”这两个关键词上。对于中国人而言，“家”是无论相距的距离有多远，无论离开的时间有多长，都会时时思念、想方设法回去的地方，这种心理、情感、行为代代相传，绵延不绝，成为中国文化的核心理念。在广告《回家篇》中，借由王姬的特殊身份，这种普遍的文化情怀与精神非常突出、强烈地传达、渲染了出来。因为王姬本人旅居美国数年，能深深地体会“想家”的滋味，亦有历经千辛万苦、飞越千里万里也要回到家乡的实际经历与体验，经由她亲口说出“孔府家酒，叫人想家”这句广告语，更是增添了无穷的感染力。

此外，《回家篇》将文案、画面、场景、人物等诸多要素有机地融合在一起，使“孔府家酒、叫人想家”的诉求真正落到实处。在中国人的生活中，亲朋好友归来，接风洗尘、吃团圆饭、喝团圆酒本来就是千古不变的礼仪。广告《回家篇》选取的就是在机场迎接亲人归来、团聚的一家人围坐在一起边吃边聊这两个典型的生活场景，在团圆的酒席上合情合理、水到渠成地推出孔府家酒，非常自然、真实，让人产生深深的情感共鸣与文化认同。

二、与社会时代的热点结合

人们常说，广告是社会、时代的镜像。广告就像一面镜子，映射出社会、时代的特色。换一个角度，每一个时代、社会中最典型、最瞩目、最具代表意义的人事物，也往往会成为激发广告人创意的重要元素，甚至直接走进广告。特别是在去中心化、人人都手握麦克风的网络时代，热点事件、焦点话题会以异常快捷的速度、病毒式扩散的方式在整个社会蔓延，吸引弥足珍贵的注意力。对于营销传播文案写作者来说，时刻关注并巧妙地利用这些事件与话题，无疑是通向成功的正道。

日本电通公司工作在一线的广告撰文员原鸿一郎、石田胜寿等将文案的表现方针称为“理念”，他们认为，广告必须有理念，而理念的获得，需要“把商品和社会联系起来，调查一下这个商品在目前的现实生活中到底占有怎样的位置”，如下图：①

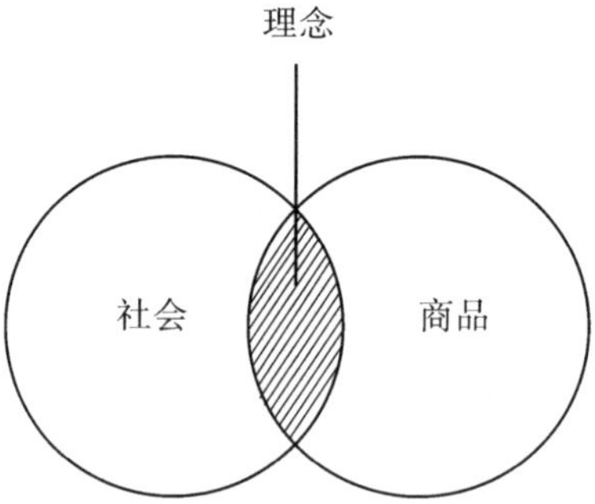

●消费者倾向	●开发理念
●政治经济形势	●命名
●国际形势	●颜色、形状
●受欢迎的歌	●功能
●受欢迎的娱乐项目	●重量、大小
●畅销小说	等
●风俗	
等	

① 原鸿一郎，石田胜寿. 广告文案[M]. 谭琦，译. 北京：中国电影出版社，1999：93-94.

社会与商品正好有一定的共性，这个部分就是理念。为能找到这个共性，我们需要做大量的分析工作。并且，为形成这种分析，事先还要收集各种信息。对收集到的信息进行筛选，多取得一点社会信息。就像淘金一样，把土放在筛子里用水冲，最后剩下的是金粒，基本就是这么一种感觉。然后就把筛出的社会气息和时代气息去和商品碰撞一下(当然是在脑子里进行碰撞)，然后你大概就明白了，这个商品可以这样那样地卖出去。把这种想法具体成文字就是理念了。

他们还现身说法，以招聘信息杂志《就职新闻》为例，介绍理念究竟是怎么想出来的：①

这本信息杂志的特色是以即将毕业的大学毕业生为对象，也就是说，它面向的是大学毕业后刚刚走上社会的人。还有《就职新闻》中的“新闻”二字，体现了这本杂志的认真风格。这本杂志的编辑方针表现了它的实力和权威性，它不用公司的工资多么高、公司地点在上层街青山和赤坂、外资公司形象好等吸引人。

这本杂志作为一种商品，它不同于临时工招聘信息杂志，它的对象是大学毕业生，这些大学毕业生是第一次走向社会，他们寻找的是他们第一份正式工作。这本杂志的商业价值在于，它必须成为对社会充满理想的大学毕业生寻找工作的好顾问。所以，要做这本杂志的广告，我们首先要想的是，这个社会到底是什么样。日本经过了鼎盛时期开始走下坡路，人们对未来的确有些不安。大家都在想，自己是不是属于将被淘汰的人呢？实际采访了几个大学生，他们比想象的要大方得多，在表达自己看法和感情上都很直接，想想看，这些年轻人将不断改变这个国家。

在此，我们可以发现这样一个理念：“就职就是去建设新日本。”如果这本杂志卖得好，很多年轻人都能够找到满意的工作，那么，这个国家必然发生变化。

广告的理念就是这样在商品和社会之间发现的。

---

① 原鸿一郎，石田胜寿. 广告文案[M]. 谭琦，译. 北京：中国电影出版社，1999：95-96.

《就职新闻》的广告理念“就职就是去建设新日本”，就是将这本杂志与日本当时的整体社会状况，以及社会对大学生的期待放在一起，进行“碰撞”而获得的。

在广告的实际运作中，类似的例子很多，如意大利著名服饰品牌贝纳通，“贝纳通的广告一直选择那些具有全球意义的重大社会问题加以表现，诸如种族平等、AIDS、战争等问题，并使用打破陈规的表现方式，使这些问题成为人们关注和讨论焦点，以唤起全球大众对这些问题的意识”。贝纳通内部广告公司创意总监 Toscani 曾说：“（广告）不仅是一种传播方式，更是一种我们时代的表达。”①这句话很好地概括了贝纳通运作广告的基本理念：时刻关注社会，以重大社会问题为切入点。在贝纳通的广告中，我们看到最多的就是“种族平等”这个话题。结合其经营的商品——服饰的特点，贝纳通广告对种族平等问题的关注与表现，最后都简单地归结、体现于两种颜色——“白”与“黑”：一白一黑两个儿童，光着屁股坐在便盆之上；一只黑色的狼和一只白色的羊羔；一个满头金色卷发的白人小女孩和一个梳着怪兽犄角样辫子的黑人小女孩；一个白人女子和一个黑人女子，怀里各抱着一个黄皮肤的孩子；一个白人男子热情地亲吻一个黑人女子；接力棒从一只白手传递到另一只黑手中……在鲜明的黑白对比中，追求种族平等、尊重民族差异的观念和思想生动地显现出来。

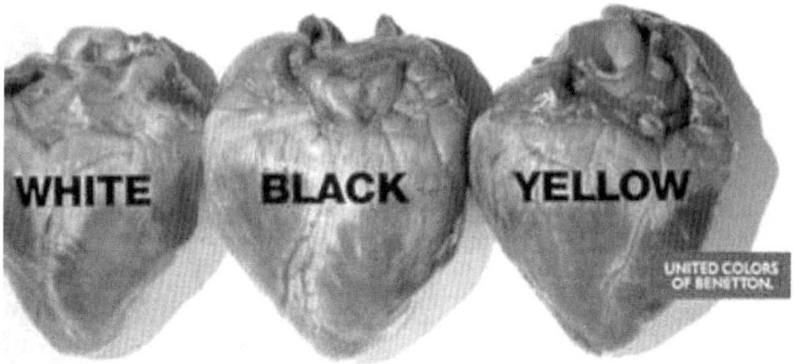

图片源自网络

① 徐卫华，胡晓芸. “语”不惊人死不休——贝纳通（上）[J]. 广告大观，2001(8)：14-17.

上面这则广告曾荣获1996年戛纳国际广告节平面金狮奖，三个几乎一模一样的心脏并排放在一起，每个心脏上分别写着一个英文单词——WHITE、BLACK、YELLOW。① 简单的文字和视觉符号结合在一起，传达了非常丰富的信息，令人印象深刻。

我们再来看芬必得的两则电视广告。2007年，中美史克公司围绕品牌芬必得推出名为《无名英雄的选择》的电视广告，第一个走入芬必得广告的无名英雄是北京光爱学校的校长石清华。

石清华，安徽金寨人。1997年，在外贸部门工作的他带着被严重烧伤的妻儿到北京求医。求医之路异常艰辛，一家三口曾被迫流落街头，讨饭吃，睡天桥。后得到一家福利机构的资助，一家人的流浪生活才告结束。2004年，知恩图报的石清华开始收留流浪儿童。到2007年，他收养的"儿子"和"闺女"从最初的7个，壮大到103个。其中最大的18岁，最小的只有5岁。一大家子人生活在位于北京顺义马头庄的"光爱之家"。

原本想请明星为其止痛产品芬必得做广告的中美史克公司，得知石清华其人其事之后，觉得石清华的形象及精神与公司追求、弘扬的精神理念不谋而合，便迅速调整战略，决定请石清华和他收养的孩子参加广告拍摄，在广告中体现爱的力量，塑造关爱的形象。于是，就有了我们现在看到的"无名英雄"之《光爱学校篇》。

30秒的广告，真实再现了光爱之家创业之初的艰难场景，石清华校长一人身兼数职，围着讲台、灶台、宿舍、操场四处忙碌：讲课、做饭、搬砖、送孩子去医院……真的是"三百六十行，干了一大半"。如此沉重的负担与超负荷工作，身体的劳损、疼痛是必然的，这时，芬必得给石老师带来了身心的抚慰……这则广告播出后，感动了无数人，合作双方，无论是光爱学校。还是中美史克公司，都从中获益良多。

2009年，中美天津史克推出芬必得"无名英雄"的后续广告《公益律师篇》——中国第一代公益律师郭建梅的自白。郭建梅，毕业于北京大学法律系，1995年12月开始做公益律师，专为社会弱势群体，如妇女、农民工、下岗工人、

---

① 胡晓云. 世界广告经典案例——经典广告作品评析[M]. 北京：高等教育出版社，2004：37.

残疾人等提供法律服务，时任北京大学法学院妇女法律研究与服务中心主任，曾获“2007 全球女性领导者奖”。广告中，郭建梅对着镜头坦言，公益律师这条路异常艰辛，很不好走，因为“每一个眼神，都是一个沉重的托付。每一个案子，都是一道难关”。但是，她仍执著地在这条路上艰难前行，当她经常为一个个案子头痛时，芬必得和她“永远站在一起”。当初，郭建梅对是否接拍这个广告一直很犹豫，“不想让自己所做的公益事业带上商业的成分”，但最终还是本着“把公益律师推向大众，让大家知道，社会上还有这样一个群体”的目的走进芬必得的广告。接拍广告获得的 100 万元酬劳，郭建梅全部捐给了妇女法律研究与服务中心，用于加快该中心公益事业的拓展与公益律师网络的建立。而芬必得关注社会、弘扬正义、礼赞无名英雄的形象也进一步深入人心。

芬必得“无名英雄”系列电视广告，聚焦社会生活中的平凡、普通人，挖掘出隐藏在他们身上的正能量，既让广大民众了解这些人、这些事，被那些正能量感染、激励，又为芬必得积极投身公益事业的形象增光添彩，同时还为“光爱学校”“公益律师”这些公益项目提供经济支持，真正收获了“三赢”的结果。

如今的广告营销活动，更是注重与社会、时代的密切结合，事件营销、话题营销、公益营销、原生广告等形式，追求的就是与人们关注的热点事件、话题及内容的无缝对接与水乳交融，同时也考验着广告营销人员对社会的洞察力与敏感度。

第三节 执行方式的选择

确立了文案的表现方针之后，如何贯彻、实施表现方针，是接下来需要思考的问题。只有找到恰当的执行方式，核心创意点才能真正落地。

一、聚焦关键字

无论何种语言，其最小、最基本的单位就是字(单词)，几乎所有的字或单词都由三个要素组成：形、音、义。利用好这三个最基本的要素，往往能非常简单、直观地烘托核心创意点。

1. 变形

选择恰当的关键字，抓取字形结构上的特征，稍加变换，让广告营销信息从中清晰地呈现出来。如下面这则两岸统一的公益广告：

图片源自网络

这个广告利用“中国”一词的英文符号“China”，在字母“i”上面的那一点上做文章：将之变形成台湾宝岛的版图形状，写上“台湾”二字，旁边再配上一句广告语“少了这一点，就不是一个完整的中国!”，相当震撼，让人过目难忘。

再如曾在中央电视台各频道长时间反复播放的一则公益广告文案：①

爱的表达式

小时候，爸爸是家里的顶梁柱
高大魁梧的爸爸遮风挡雨
温柔贤惠的妈妈相夫教子
渐渐我长大了
少不更事的我总想挣脱爸爸的拘束
屡次顶撞唠叨的妈妈
长大的我渐渐体会到了生活的艰辛
发现爸爸的背早已驼得不成样子
妈妈的身体也已臃肿
是时候尽一份子女的责任，悉心呵护起这个家

① 根据网络视频整理。

做父亲贴身的拐杖，给他一个依靠的肩膀

给母亲撑把庇护伞，为她遮蔽盛夏的骄阳

爸爸妈妈我爱你

Father And Mother I Love You

家，有爱就有责任。

这则利用英文单词 FAMILY 而创意、制作的动画广告，感动、温暖了无数中国人。广告对 FAMILY 的每个字母做了拓展性的联想与引申：“F”代表“爸爸”，“M”代表“妈妈”，“I”代表“我”，三人自然组成一个家庭。接着用动漫方式来表达三者之间的关系：“F”是顶梁柱，为整个家庭遮风避雨，“M”相夫教子，为“I”打伞呵护；时间飞逝，当“F”腰弯背驼、拄上拐棍，“M”身体臃肿、步履蹒跚之时，“I”已长大成人，责无旁贷地承担起照顾家庭、关爱父母的重任：“I”伸开双臂为“F”和“M”遮挡风雨，做父亲贴身的拐杖让他依靠，为母亲撑起庇护伞遮蔽盛夏的骄阳……最后，广告将 FAMILY 演绎、提炼为一个等式——FAMILY= Father And Mother I Love You，非常巧妙、形象。

类似的案例很多：

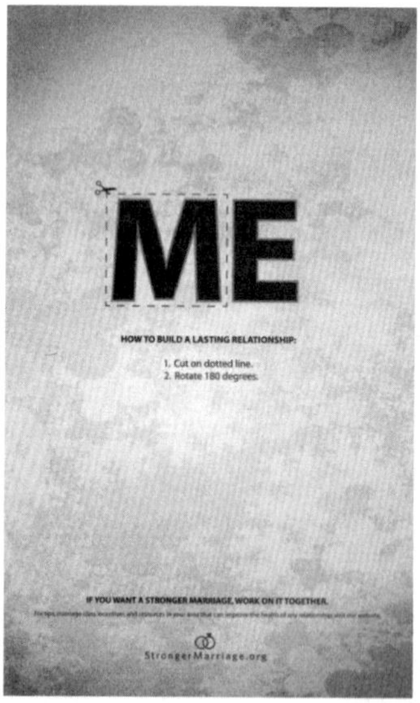

图片源自网络

这两则广告的重心、主体就是两个英文单词：ME、facebook。婚姻网站StrongerMarriage. org 的广告，利用“ME”和“WE”之间的关系，从字形来看，二者仅有一个字母的差别；从内容来讲，一个是单数“我”，一个是复数“我们”。广告借由“M”与“W”两个字母非常接近，只要颠倒一下方向就一模一样的特点，将营建牢固婚姻关系的秘诀直观、生动地蕴含其间——只需将“ME”中的“M”剪开，转动 180 度变成“W”，即将“ME”变成“WE”便可。也就是尽可能不以个人(ME)为中心，凡事要多为家庭、为夫妻双方(WE)着想，人世间无数美满婚姻的真谛不就在于此吗?

Facebook 是美国非常著名的社交服务网站的名称，常被译作“脸谱”“脸书”。而在以色列 Tzomet Sfarim 连锁书店的广告中，它却成为主要创意元素。书店做广告，自然会呼吁人们静下心来多读纸质书，但在网络无处不在、人人成为“低头族”的今天，这样的呼吁很是苍白、空洞而又无力。这则广告巧妙化用 facebook 一词，在中间加进一个“a”，使之变成“face a book”，再配上“Disconnect for a while. Read a book(断开网络，读一会儿书吧)”的广告语，非常贴近现实，而且简洁有力，能给人深深的视觉与心灵的撞击。

对字形的利用还可以有许多具体的发想点，下面几则广告能给我们有益的启示：

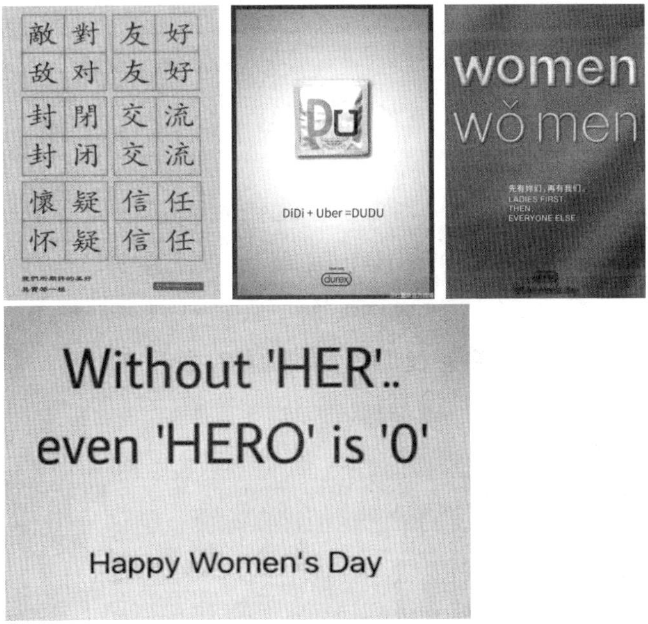

图片源自网络

2. 谐音

每个字(单词)既有形，同时还有音，这样才能在人与人之间进行交流。每个字或单词的读音，也是营销传播文案写作时可以利用的重要元素。

我们来看一组请说普通话的公益广告文案：①

小刚家的房子是“猪”的！

租(zū)
猪(zhū)
差之毫厘
谬之千里
正确使用祖国语言文字
请推广普通话

妈妈说楼下的小“草”很好吃！

炒(chǎo)
草(cǎo)
差之毫厘
谬之千里
正确使用祖国语言文字
请推广普通话

爸爸说“僧”人来了不要开门！

生(shēng)
僧(sēng)
差之毫厘
谬之千里

---

① 阮卫. 广告文案案例评析[M]. 武汉：武汉大学出版社，2015：84-85.

正确使用祖国语言文字
请推广普通话

文案针对一些地方方言很难发出翘舌音，常常 z、c、s 与 zh、ch、sh 不分的状况，选择了三组非常有代表性的字——租与猪、炒与草、生与僧，将之分别放入很富有戏剧性的情境中——小刚家“租”的房子成了“猪”的房子，餐馆里的小“炒”成了小“草”，小孩子要警惕的陌“生”人成了“僧”人，在让人哑然失笑的同时意识到说好普通话的重要性，如果普通话说得不标准，就会导致信息传达与交流的误会，像文案中所说的：“差之毫厘，谬之千里”。这样的广告效果应该比“公共场所请说普通话”之类空洞的口号好很多。

新加坡爱护牙齿、注意牙齿健康的公益广告用的是同样的执行方式：①

十四是十四
四十是四十
十四不是四十
四十不是十四
没有牙齿，看你怎么念
牙齿不珍惜
后悔来不及
要重视你的牙齿

中国语言文字中，同音字很多，一音可以多字、多义，于是，“谐音”广泛应用于诸多领域，如相声、小品、脱口秀，当然还有营销传播文案。最早靠谐音出彩的广告可以追溯到 20 世纪 90 年代华力电蚊香片的广告“默默无蚊的奉献”，其后这种方式得以普及，很多文案创作者都纷纷埋头在成语、俗语中玩谐音，还有人玩到了数字上，如 520(我爱你)等。

2014 年 5 月 15 日，英特尔中国配合其最新的品牌精神“Look Inside”，独家

① 张微. 广告文案写作(第二版)[M]. 武汉：武汉大学出版社，2008：46.

推出网络节日"515 我要我"，号召大家挣脱"别人眼中的自己"的束缚，自由地发现自己、探寻自己、做自己，释放"我要我"的呐喊。英特尔中国区市场部总监张怡璠简洁地归纳了开展此项活动的初衷："'515 我要我'节日是一次精神层面的自省和自我探寻，我们希望借这个契机，鼓励大家在纷繁复杂的工作和学习过程里，多释放一些真我的自性，勇敢探索自己，向里看，做自己。"①"515"与"我要我"，利用的就是彼此之间的谐音，在 5 月 15 日这一天喊出"我要我，做自己！"。

下面这则公益广告是 2020 年新冠疫情最严重时期新华网发布的：

① "515 我要我"英特尔与你一起找回自己[EB/OL]. [2014-05-14]. http://digi.tech.qq.com/a/20140514/039156.htm.

整个版面的创意点为左右对比，上方是一组阿拉伯数字：2020与0202，数字一样，顺序颠倒，说的是时间；下方是两个词组：疫情与情义，读音完全一样，顺序颠倒，而且有两个字同音异形异义，彰显、推崇的是危难时刻、“疫情面前”的“情义可贵”，非常直观、清晰地突出了主题。

3. 拓义

在《当代广告学》中，威廉·阿伦斯对文案创意有一个总结：“大多数广告都会利用某个字眼或句子使正文与形象产生联系”，他还以泰勒吉他的系列平面广告为例对此加以印证。① 当时，由鲍勃·泰勒设计、装配的泰勒吉他已有20多年历史，其市场售价在2000~7000美元，世界上最好的吉他也出自该公司之手。但其销量与质量不成正比，问题的症结主要在于泰勒吉他的市场知名度：在有限的圈子里，人们承认泰勒吉他的确是一种高水平的乐器，但是，对于广大吉他爱好者来说，他们压根不知道泰勒吉他。

为了解决这一问题，泰勒和公司的首席行政长官库尔特·卢斯汀邀请约翰·维特罗和约翰·罗伯逊来承担公司的广告创作任务。当时前者已是一位出色的美术总监，后者是一位优秀的文案。两人认真地看了调查报告，听取了调研人员的汇报并检查了一遍涉及吉他的刊物，发现竞争对手大致采用两种方法：要么侧重比较，要么突出艺术界名人推荐。他们认为，为了提高名称的识别率，泰勒吉他的广告必须与此全然不同，必须卓尔不群，同时必须反映出每只泰勒吉他所具备的优秀品质。此外，还必须打动当今音乐家的感情，广告必须与他们促膝交心，而不是居高临下。

两人想了很多个创意，但都被自己一个个否定掉。最后，灵光闪现，大创意降临：树，因为木头(wood)来源于树、树林(woods)，而吉他是由木头制作而成。以此为核心点，系列平面广告顺理成章地完成，视觉背景都是树，或是一棵孤零零的树，或是一片树林。“用大量树的图片——单纯的树、森林中的树、雾中的树，要用大幅的，不仅仅是整版，要用跨页——整版跨页！用非常

① 威廉·阿伦斯. 当代广告学(第7版)[M]. 丁俊杰，等译. 北京：华夏出版社，2001：356.

短小、带点幽默色彩的文案向人们讲述森林与人类生活之间的微妙联系。”①其中一则广告文案的标题为“其实，吉他最简单的形式，就是一个木制的空盒，如何填满它，全在于您自己”，图片为孤独地站在高原上的一棵树。再看下面这则文案：②

在一双手中，一块木材可以变成客厅的咖啡桌。

在另一双手中，一块木材可以变成声色最甜美的吉他

专为不打算弹奏咖啡桌的人而设计

有些树变成了铅笔，有些树变成了纸张进而变成了吉他杂志，有些树变成了鞋楦，而有些树则变成了泰勒吉他，有些树集所有幸运于一身。

文案主要围绕三个关键词展开：“树”“木材”“泰勒吉他”，可以说是一则有关“树的命运”的短文。树的命运各异，只有那些最幸运的树被加工为木材，再经由吉他制造家的一双巧手，变成了声色最甜美的吉他，而且是泰勒吉他。这些广告发布之后，效果非凡，泰勒吉他“识别率简直惊人”，“再没人提出过名称问题，销量也提高了”。同时，“泰勒吉他广告带给维特罗罗伯逊公司的识别度也是相当不错的，该广告获得了国家级大奖，并且也受到了《广告时代》和《广告周刊》的好评”。③

对于字义的利用，可以沿用其本来含义，可以根据需要结合时代背景做进一步引申，也可以从其对立面入手，以迂回曲折的方式回归、强调本义。

2014 年 7 月，奔驰发布了全新一代的 Smart 车，同时推出的由柏林 BBDO 公司制作的广告并没有沿袭 Smart 车一贯的广告策略，将宣传重点落在“最小”上，

① 威廉·阿伦斯. 当代广告学(第 7 版)[M]. 丁俊杰，等译. 北京：华夏出版社，2001：342.

② 威廉·阿伦斯. 当代广告学(第 7 版)[M]. 丁俊杰，等译. 北京：华夏出版社，2001：356-357.

③ 威廉·阿伦斯. 当代广告学(第 7 版)[M]. 丁俊杰，等译. 北京：华夏出版社，2001：342.

而是“背道而驰”，出人意料地围绕“最大”做起了文章：①

我们在1998年推出了第一辆Smart for two，它是小车，但想法不小；然后，当我们着手开发新一代Smart，我们意识到，要把这辆终极城市车带到一个新境界，仅仅“往大处想”是不够的，你还要表现得更出色。于是，在史上“最小”的城市车之后，我们又造了史上“最大”的城市车。

绝大多数的产品设计是为了适应现实，但我们发现无视现实会让工作更有效率。加大号的车才适合在城市里跑！每个人的生活都变得更轻松了：

网络视频截图

新Smart大到你从哪都能看见它，各个角度，你再也不需要找停车位了。

它的大号身材给了我们很多帮助，在这辆车里，你完全用不到空调，底部的暖风会自动升上去，但其他空间仍然保持凉爽。

进化论表明人类一直在长高，新Smart则大到身高2.55米的人都坐得下。

① Aoi@TOPYS. 黑得漂亮！大小之争，看Smart精彩“反证”[EB/OL]. [2014-07-30]. http://www.topys.cn/article/detail? id=14923.

目前为止，Smart 在堵车时能灵活转弯十分神奇，但对于新款车就是不可能完成的任务了。所以我们不转弯，我们来了一个优雅的转换：Smart 独有的倒着走。

大车还会消耗更多燃料，我们无法改变这一点，但我们可以转换，新 Smart 能在行驶时产生强大的风影，所以后面的车就一点风阻都没有了。换句话说，新 Smart 降低了其他汽车的燃料损耗，简直是对环保的一大贡献啊！我们管它叫：环保同情心！

常有人责怪大车让城市拥挤，你倒是说说，鲸鱼会让大海拥挤吗？

现在，是见证奇思妙想的时刻，隆重欢迎城市交通最伟大的创意，新款 Smart——大号城市车，大屁话。

在原有的“最小车”Smart for two 的基础上，奔驰造出一辆“最大”Smart 车，广告紧紧围绕这辆“最大”Smart，诉说“大”带来的种种好处：醒目，无论停在哪，一眼就能看见；大号身材，用不着空调，暖气在往上升的过程中已变成了冷气；空间大，2.55 米的人也能坐下；虽然转弯不太灵活，但却能以“倒着走”化解难题；虽然自身会消耗更多燃料，但它的大车身能产生强大的风影，为紧随其后的汽车减少风阻进而降低燃料损耗，实乃是对环保的一大贡献……这些充满了调侃、讽刺意味的文字通过奔驰公司的发展副总裁 Andrew Murrag、创新部门的 Sigrid Lautner、产品展示部门主管 Fiona Walsh 之口说出来，充满趣味，让人忍俊不禁。最后，这一切关于“最大”Smart 车的“大话”统统被归为“大屁话”，又在一个新的层面上呼应了奔驰一贯推崇的“最小”Smart 之种种优势，让人印象深刻。

二、提炼关键词句

所有的文章，无论何种类型，无论什么题材，无论篇幅长短，最后都可以凝练成几个关键词或关键句，广告文案同样如此。

借由关键性的词句，广告信息能以非常简练、醒目的方式呈现出来；更重要的是，在注意力成为最宝贵资源的今天，只有最简单、最精炼同时又最独特的表达，才能吸引人们感官的注意，才能让人们在注意的同时准确理解并被有效记忆。

因此，在实际写作过程中，文案撰写者应顺着核心创意点继续向前，使之具体落实到一个关键词、一句关键句上，以此统领整篇文案。

很多成功的广告文案，往往都是围绕着一个关键词或一句关键性的广告语展开。这些关键词、关键句，有的在文案中反复出现，如乐百氏纯净水的“过滤”；有的进入文案的标题，如劳斯莱斯轿车的“噪音”；有的成为支撑品牌的广告语，如“孔府家酒，家人想家”“其实，男人更需要关怀”。虽然它们在文案中承担的角色有差异，但其功能和作用都是一样的——凸显信息、引人注意、易于记忆、便于流传。

常言道，浓缩的都是精华。关键词、关键句就是以特别精练、讲究的形式，承载、传达最有价值、最有魅力的信息内容，因此，需要文案撰写者下大工夫、花大力气。

1. 聚焦品牌名称

所有的企业在为自己的商品确定名称时，都会煞费苦心地反复斟酌：既要独特、有个性，能脱颖而出；又要朗朗上口、便于记忆与流传；还要内涵丰富，充满寓意。因此，品牌名称往往凝聚了企业与品牌最核心的理念、精神以及文化。广告，主要就是用于传播企业与品牌的知名度、美誉度、忠诚度的，自然而然，品牌名称常常成为文案写作的主要切入点与执行点。

2014 年，路虎旗下的一款中级 SUV“发现”迎来了自己诞生 25 周年纪念日。自“发现”进入中国市场以来，表现一直都相当低调。此次上市 25 周年的纪念活动仍然保持着一贯的低调风格，整个活动用 25 张微海报和 1 条长达一分半钟的微视频，聚焦于“发现”二字，将“发现”骨子里的文化特质与基因全盘托出。①

在引导性的视频广告中，文案主要以字幕的形式出现：②

25 年来我们发现了什么？

---

① 路虎发现：25 年来，我们发现了什么？［EB/OL］.［2014-07-09］. http://www.creative.adquan.com/show/36701.

② 根据网络视频整理。

发现 生而逢时；
发现 为全地形而生；
发现 天涯即天堂；
发现 人迹罕至却更见极致；
发现 气候是最好的问候；
发现 特立独行却全球通行；
发现 每次到来都定义未来；
25 年，25 个故事。
未来让我们一起发现更多。

随后，25 张“发现”统领的海报，顺着“25 年来，我们发现了什么？”的引子，将路虎“发现”25 年来的所有发现一一道来，使其与众不同的个性和底蕴得到淋漓尽致的展现。25 张海报的文案标题如下：①

发现 生而逢时
发现 为全地形而生
发现 通过性是不变的个性
发现 每项科技都为险中炫技
发现 高处与高贵交相辉映
发现 天涯即天堂
发现 气候是最好的问候
发现 藐视是看待险途的方式
发现 人迹罕至却更见极致
发现 云霄只是勇者的半山腰
发现 泥斑是不变的勋章
发现 深水是最爱的洗礼
发现 冒险是骨子里的魂
发现 大不列颠的纯粹

① 根据网络资料整理。

发现 无畏的内在是品位

发现 险道与仁道完美并行

发现 车辙上的中国

发现 快与快意从未分开

发现 文明亦难驯化

发现 家的感觉也能在旷野

发现 特立独行却全球通行

发现 远见带来前所未见

发现 隔空亦掌控

发现 每处改变都是创变

发现 每次到来都定义未来

关键词“发现”出现在每一个标题中，而且其词性与含义不断变换，有时，它是名词；有时，它是动词。作名词时，指的是作为品牌的路虎“发现”；作动词时，表达的则是路虎“发现”不断地探索、开拓、进取，进而收获的一个个新的“发现”。正是词性的变换带来词义的拓展，这一方面给受众的接受带来趣味与愉悦，人们在阅读这些广告时，会因词性不定而觉得很新奇，同时更会积极参与、认真去做解读；另一方面，词义的拓展又极大地丰富了路虎“发现”的品牌内涵，能让人从中咀嚼出更多的东西，就像其广告中所说的“让我们一起发现更多”。

2013 年，台湾远传电信推出“开口说爱，让爱远传”系列广告，强调远传电信的目标与信念就是“让爱远传”，创意及执行方式非常巧妙，举重若轻。对于很多中国人而言，平时是羞于直接说出“我爱你”这句话的。台湾远传电信针对“最简单的一句话，往往最难说出口”这一普遍现象，以试镜的名义请来一些普通民众，要求他们表演“打电话给家人，表达你对他的爱”。每个人在试镜的时候基本都很自然，表达也很流畅。但在被告知立即打给对方的时候，大多数人又会有瞬间的迟疑、犹豫，甚至还有些排斥，会寻找各种理由推辞。虽然请来的 10 个人最后都拨出了电话，但与先前试镜时相比，表达的内容与方式有明显差异：几乎都没有直接说出“我爱你”三个字，而是不约而同地先回忆一些往事，说了“谢谢”之后才将“我爱你”说出来。当“我爱你”三个字终于说出来时，无论是说者，还是听者，似乎都有点害羞、不好意思，且每个人都会哽咽甚至是泣不成声，充分体现、印证了中国人“情感含蓄、不善表达”的特点。10 支广告篇分别为女儿打电话给父亲(3 支)、女儿打电话给母亲、儿子打电话给父亲、儿子打电话给母亲、丈夫打电话给妻子、母亲打电话给女儿、哥哥打电话给妹妹、弟弟打电话给姐姐，具有广泛的代表性。当他们对着电话说出“我爱你”之后，荧屏上打出字幕“现在，开口说爱，让爱远传”，很巧妙地将台湾远传电信的品牌名称植入进去，合情合理、自然贴切，一点都不觉得突兀。广告最后的画面都定格在远传的商标与“只有远传，没有距离”的字幕上，又很好地突出了作为传递信息、沟通感情的远传电信公司的形象。10 支广告篇真实、自然、感人，能引发人们强烈的情感共鸣，并使其对台湾远传电信产生深深的好感。

2. 突出商品魅力

广告最基本、最直接的目的是为商品服务，因此，大多数时候广告的主角是商品。在营销传播文案中，关键词句的提炼常常落脚于商品，特别是它的利益点、魅力、价值等。

首先，站在商品的角度与立场，用一个关键词句来概括、展现商品的特点。如宝马 M6 的广告文案：①

快亦非“快”

快，不仅仅意味着极速、直线速度或 0~100 公里/小时加速。

这是一个全新的“快”。它将所有你以为的快，全面颠覆。

快，不仅有关马力，而是怎样强而有力；不是能跑多快，而是怎样才能跑得更快。快不是不成熟。而是优雅、自信和狂热。它让你感受汗毛直立的震慑，让你几乎忘记了眨眼，让你的嘴持续大张，让你的内心不断狂喊“哦！”

快，亦有道。衡量它的不是秒。而是感觉。

① 根据网络资料整理。

没有天窗，代之以碳纤维顶篷；最大转数不再在考虑范围之内；镁合金轮圈后的 14 英寸转子满负荷运转；身体随着 V10 发动机的咆哮而颤抖；为了减轻重量，制造了铝质发动机体，并配备 7 速顺序变速箱；让快，冲出蓝图，变成现实。为什么？因为这就是真正的我们。

我们是 M。

我们是 BMW。

整篇文案紧紧围绕着“快”这个特点做文章。标题很简短、醒目，也很特别，“快亦非‘快’”，四个字里有两个“快”字，但各自的含义是有差别的，或者说它们之间是一种递进的关系：前一个“快”指的是宝马 M6 的快，后一个打引号的“快”指的则是一般意义上的快，快亦非“快”的意思就是说：宝马 M6 的快不同于一般意义上的快，它在一般的“快”之上又增加上了新的内容。接下来的正文紧承标题，具体展示宝马 M6 的“快”的核心内容：“快，不仅仅意味着极速、直线速度或 0~100 公里/小时加速。这是一个全新的‘快’。它将所有你以为的快，全面颠覆。”宝马 M6 对一般“快”的“全面颠覆”体现在哪些方面？文案一一娓娓道来：

第一，不仅仅是有关马力的一个数据，而是怎样更加强而有力；

第二，不仅仅是能跑多快，而是怎样在一般的快的基础上跑得更快；

第三，不是不成熟地单纯求快，而是在快的同时不失优雅、自信和狂热。

总之，“它让你感受汗毛直立的震慑，让你几乎忘记了眨眼，让你的嘴持续大张，让你的内心不断狂喊‘哦！’”抽象的概括与具象的描绘相结合，让人对宝马 M6 的“快”有了具体、形象的触摸与感受。

回顾很多商品的广告，人们脑海中印象最深的往往就是一两个关键字词，如乐百氏纯净水的“过滤”，农夫山泉的“甜”，劳斯莱斯轿车的“噪音”，沃尔沃车的“安全”……这些关键词几乎成为对应商品的“专属词”与“专利”，只要提及这个商品，就会想到相应的关键词；只要看到某个关键词，也会自然而然地联想到那个特定的商品。这不就是广告千方百计追求的结果吗？

20 世纪 60 年代，威廉·伯恩巴克领导的 DDB 广告公司为大众甲壳虫车所做的系列广告中，有一则名为“Think Small”（译为“想想小的”，或“想想还是小的

好”)的文案，也是围绕着一个关键词“small(小)”字展开：①

想想还是小的好

我们的小车不再是个新奇事物了。不会再有一大群人试图挤进里边。不会再有加油工问汽油往哪儿加。不会再有人感到其形状古怪了。事实上，很多驾驶我们的“廉价小汽车”的人已经认识到它的许多优点并非笑话，如4.5L(1 加仑)汽油可跑 51.1km(32 英里)，可以节省一半汽油；用不着防冻装置；一副轮胎可跑 64370km (4 万英里)。也许一旦你习惯了甲壳虫车的节省，就不再认为小是缺点了。尤其当你挤进狭小的停车场时，当你支付那笔少量的保险金时，当你支付一小笔修理账单时，或者当你用旧大众换新大众时，请想想还是小的好!

文案直接针对当时美国汽车消费者的汽车消费观念——要想更好则必须更宽、更长，将甲壳虫车的优点一一呈现出来：省油、耐冻、轮胎耐磨、便于停车、保险金优惠、维修费便宜等。此系列不仅改变了当时美国人的汽车消费观念，更为甲壳虫车一举打开了美国市场。

其次，站在消费者的角度和立场，用一个关键词句来凸显商品的价值与魅力。

2013 年，美国职业篮球运动员科比 · 布莱恩特受伤退赛以后，耐克在报纸和社交媒体上发布了平面广告文案。整个文案基于对科比 · 布莱恩特整个职业运动生涯的回顾，重点截取其中的经典瞬间，凸显“科比精神”：②

你让我们见识了 18 岁就能和球星抢风头的新秀。

你让我们见识了不论总决赛、表演赛还是慈善赛都非赢不可的劲头。

你让我们见识了比实力更强大的是态度。

① 何平华. 中外广告案例选讲[M]. 武汉：华中科技大学出版社，2010：7.

② 根据网络资料整理。

你让我们见识了如何上演双绝杀。

你让我们见识了 81 分不是在梦里发生。

你让我们见识了金牌同样值得去拼。

你让我们见识了非常时期的非常疗伤法。

你让我们见识了如何单节独得 30 分。不止一次，是两次。

你让我们见识了黑曼巴的致命。

你让我们见识了如何对自己，还有每个人都苛求完美。

你让我们见识了什么叫担当。

你让我们见识了什么叫永远不放弃。

你让我们见识了两次罚球也能如此鼓舞人心。

现在，再让我们见识一次。

Just do it

整篇文案由 15 句话组成，前面 13 句的句式完全一样，以“你让我们见识了”起头，后面接上科比·布莱恩特的运动生涯中最独特、最辉煌、最让人难忘的经典事件、经典时刻，每一个句子都简短有力，读起来颇有气势。“见识”一词在文案中出现了 14 次，是名副其实的关键词。据词典解释，“见识”的主要含义是“接触事物，扩大见闻”。在耐克的广告中，“见识”一词仍沿袭了这层主要含义，指的是科比带着我们看到了以前在篮球运动中从来没有见过的东西，例如：作为 18 岁的新秀就能和球星相抗衡、抢风头，单场比赛独得 81 分，两次单节比赛独得 30 分，等等。但 14 个“见识”并列在一起，又在此基础上渗透、渲染出更多的内容：在单纯的“扩大见闻”的基础上一次次地见证奇迹，并且会延续下去。而文案中的“你”，从文面上来看，主要指的是科比·布莱恩特，但从广告的最终落脚点来说，也可以归结到耐克，正是耐克提供的全套运动装备，协助科比·布莱恩特一次次创造奇迹。至此，“科比精神”与耐克的文化“Just do it”有机地融合在一起。

3. 弘扬品牌文化

在激烈的市场竞争中，决定最终成败的关键性因素往往是品牌个性、品牌理念与文化。那些知名品牌的文化理念，大多是非常简单的一句话，如耐克的“Just do it”，多年来一直贯穿、渗透在它的广告营销活动中。与此同时，品牌理念与精神还可在一些关键时刻结合重大事件与活动做更具体、深入的阐释，直至更加丰满、接地气。

2012年夏天，第30届奥林匹克运动会在英国伦敦举行。每逢奥运年，诸多全球知名品牌会砸下重金争当奥运官方赞助商。在运动品牌中，阿迪达斯花费数千万英镑成为伦敦奥运会一级官方赞助商，而耐克不是。伦敦奥运会结束后，国外有关机构曾做过一个调查，在被采访的1034名美国消费者中，有37%的人认为耐克是伦敦奥运会的赞助商，有24%的被访者确认阿迪达斯才是正牌赞助商。非奥运官方赞助商的耐克成为奥运营销的真正赢家，在很大程度上得益于其在伦敦奥运会期间推出的“活出你的伟大”系列广告活动。

2012年7月25日，耐克在全球统一发布的广告片《Find Your Greatness(活出你的伟大)》首先在社交媒体上预热；7月27日奥运会开幕，这支广告片正式登陆全球25个国家的电视台；当日，中文版的《活出你的伟大》也兵分多路，分别通过社交媒体、网络、电视在大中华区播出。广告特意在全世界范围内选取了几个地名中带有“伦敦”字样的地方，然后聚焦一个个正在参与各项运动的普通人，文案以画外音的方式呈现：①

> 这里没有盛大的庆典，没有激昂的致辞，没有耀眼的灯光，但这里有伟大的运动员。一直以来，我们只相信伟大是属于少数人的，只属于那些巨星。但其实，我们都可以伟大。这并不是说要降低伟大的标准，而是要提升我们每个人的潜能。伟大，不限地点，不限身份。伟大，属于每一个正在追寻它的人。

文案主要围绕“伟大”二字展开，对“伟大”做了全新的阐释——伟大并非只属于巨星、只属于少数人，我们每个人都可以伟大；伟大，不限地点，不限身

① 根据网络视频整理。

份；伟大，属于每一个正在追寻它的人——每一个平凡的你都可以“活出你的伟大”。

带着对“伟大”的独特理解，耐克的系列广告伴随着伦敦奥运会的进程不断出现，不断向前推进，最后形成对“伟大”二字的全方位阐释。下面是耐克官方微博针对中国运动员的比赛情况所做的一组广告：

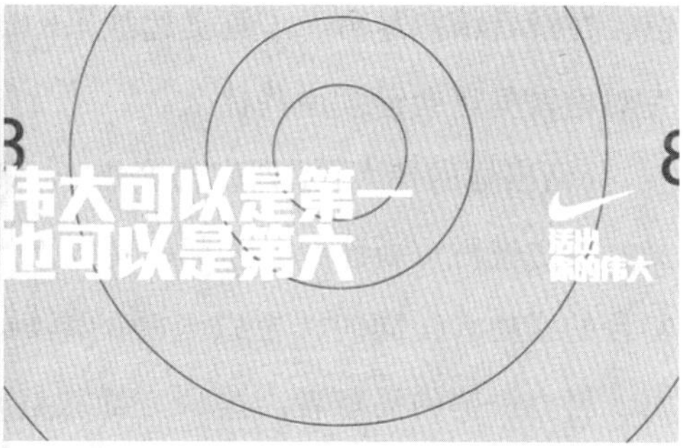

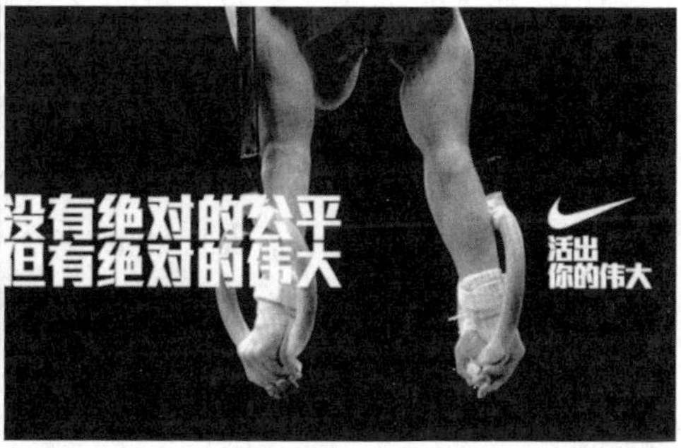

“活出你的伟大”系列微博广告的发布速度本来就非常快，同时，当它发布出来后，又很快被广大网民关注并转发，一时之间形成热传效应，如针对陈一冰的广告“没有绝对的公平，但有绝对的伟大”，在发布后的 25 分钟之内被转发 2 万次；针对刘翔的广告“谁敢拼上所有尊严，谁敢在巅峰从头来过，哪怕会一无所获；谁敢去闯，谁敢去跌，伟大敢”24 小时之内被网民自发转发近 13 万次，并收到 26000 多条评论。以至于在整个奥运会期间，很多人逐渐养成了一种习惯，在观看精彩赛事、了解奥运战果的同时，总是期待着耐克的举动，想看看耐克对伦敦奥运会继续说些什么。

《活出你的伟大》系列广告聚焦于“伟大”，并突破了人们对“伟大”的固有定义，对之进行重新诠释。在奥运赛场上，它不仅关注那些获得金牌、站上最高领奖台的成功者，同时，更以温暖的笔触去抚慰那些虽然落后、失败但仍坚持不懈、努力拼搏的失意者。这一方面很好地呼应了耐克所秉承、提倡的“伟大”的理念与精神，另一方面又能通过奥运赛场上这些顶尖运动员不同的表现与结果，起到很好的示范效应：不要以最终的成败来论英雄，伟大也不止一种模式，奥运赛场上的运动健儿，无论领先还是落后、胜利还是失败，只要去行动、去追求，都是一种“伟大”；同样，每一个普通人，虽然难以达到顶尖运动员那种境界，但只要目标明确，勇于实现自己的目标，想做就做、说做就做，像耐克一贯倡导的“Just do it”，最后都能活出自己的那一份“伟大”。

2014 年 6—8 月，大众甲壳虫在其官方微博针对 80 后年轻人开展了一个主题为“做自己”的系列广告营销活动。整个活动由三部分组成：征集“乐观宣言”，征集“做自己”的歌词，征集“做自己”的故事。

图片来自大众甲壳虫官方微博

2014年6月23日，大众甲壳虫在其官方微博发布信息："遇到困难咬牙不哭，是乐观？受了委屈隐忍不语，是乐观？为贯彻乐观主义，甲壳虫即日起招募700个乐观大使，写下你的乐观宣言，就有机会获得定制T恤，一起来把你的'乐观主义'秀出来！"正式开启主题为#做自己#的微博营销活动。该微博收获6222条评论，被转发20919次。从第二天开始，大众甲壳虫就陆续在微博上推出系列"乐观宣言"，例如：

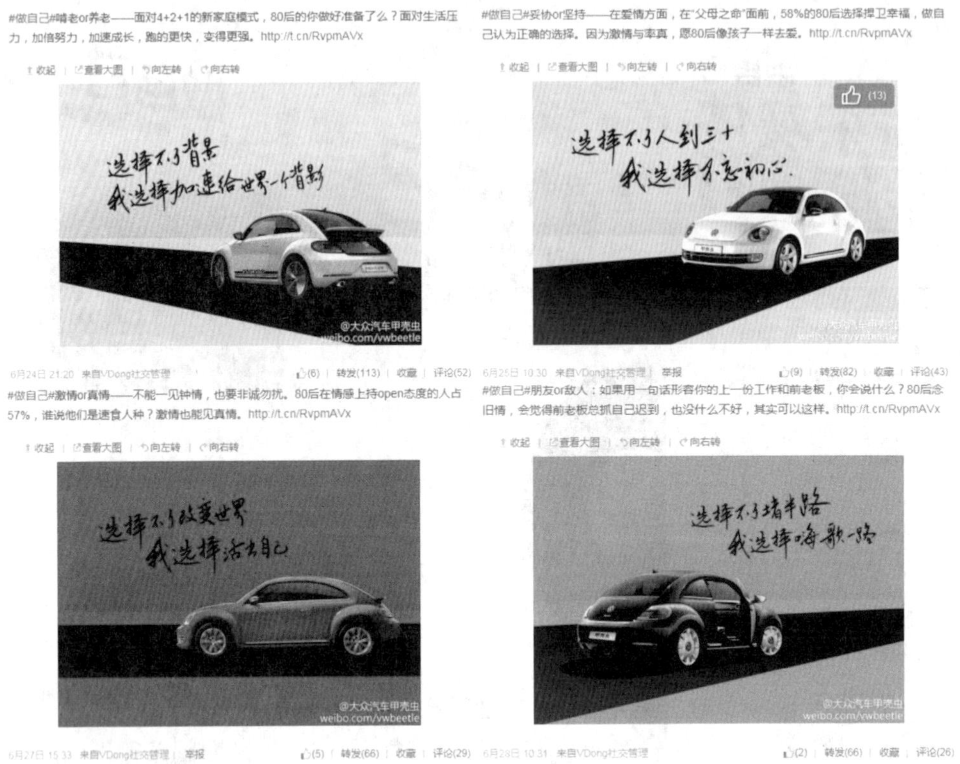

6月30日，大众甲壳虫又在官方微博发布信息：“还在唱片里听别人的故事？还在KTV里唱着别人的心声？想不想把自己的生活和故事作成一支歌？现在，机会来了！关掉CD，扔掉耳机，来甲壳虫#做自己#官方网站>>http://t.cn/RvnpcVI作歌词，写心情，唱出自己的故事。还有机会赢取乐观主义马克杯！”将活动继续推向深入。同日，其微博推出了“梦想交换计划”发起人嘉倩讲述她如何“做自己”的视频广告，并在7月2日推出80后超级模特刘畅版“做自己”的视频广告，7月4日推出80后音乐人邵夷贝版“做自己”的视频广告，三个有代表性的80后现身说法，具体诠释怎样大胆地“做自己”：①

嘉倩版：

① 以下文案均根据网络视频整理。

我胆小：
害怕竞争，
害怕陌生人，
害怕不认识的路口；
但我更害怕一觉醒来，
跟昨天一模一样的生活。
谁说终点一定在远方？
转身，
开门，
回到心中的原点。
未来闪耀着，
等着我。
害怕留下遗憾，
害怕错过美好的故事。
拿起笔，
出发，
勇气满满，
写下精彩的开篇。
既然我们只活一次，
为什么不做最喜欢的自己?!
我是80后，
我是嘉倩。
做自己，甲壳虫。
Das Auto

刘畅版：

人们总说：

模特这条路就是吃青春饭，
闪光灯前一个转身就走到头了。
但谁说，
这条路就这么短？
谁说巴黎时装周，
就是终点？
谁说新人登台，
就是终点？
谁说 30 岁，
就是终点？
能让我停下脚步的，
只有我自己。
就算跑不过时间，
我也绝不会输给现在。
未曾全力奔跑，
怎敢给青春画上终点?!
这条路，
我还没跑过瘾；
这碗青春饭，
我要吃到 80 岁！
我是 80 后，
我是刘畅。
做自己，甲壳虫。
Das Auto

邵夷贝版：

当人人都在争先发表观点，

当越来越多的声音变成噪音，
我该听谁的？
有时关上门，
反而更容易听清生命中
最重要的声音，
那些不靠耳朵去听的声音，
心声。
它小到除了你没人能听到，
却能盖过全世界的音量，
告诉你生命中，
那些最动听的音符，
那些最美妙的风景。
沿着别人的旋律，
重复别人的故事，
又怎么唱得出自己的心声?!
我是80后，
我是邵夷贝。
做自己，甲壳虫。
Das Auto

与此同时，大众甲壳虫还在微博上与提交歌词的网友互动，既展示网友创作的"做自己"的歌词，同时还发表评论；7月28日，大众甲壳虫官方微博又推出一则视频广告，由14位80后"真人真事出境"，歌词由80后网友共同创作，针对"80后，被现实羁绊的三明治一代，工作的迷茫、爱情的失望、生活的纠结……要如何突破困局?"的提问，勇敢地给出自己的答案——既然我们只活一次，为什么不做最喜欢的自己?

8月17日，"做自己"活动进入第三阶段——征集故事，网友只需在甲壳虫官方微信的对话框界面下输入"我的故事"，用甲壳虫给出的固定句式写出自己的故事，再上传一张头像，就能即刻获得甲壳虫量身设计的私人海报一张。

例如：

三个活动紧紧围绕“做自己”展开，主题鲜明、集中，表达简单、直接，各环节的安排循序渐进、有条不紊，很好地激发、调动了年轻网民的积极性和参与热情，使之沉浸其中并产生强烈的共鸣与价值认同，最终使甲壳虫“做自己”的品牌主张真正落到实处。

三、将信息融入故事情节

对于文案创意的具体执行而言，抓住关键字、关键词、关键句，能使重点信息得到简洁、集中、浓缩式的呈现，而且还比较容易让人记住。很多时候，人们对广告的记忆大多来自于那些关键的词句，即核心广告语。而从整篇文案的角度，巧妙地将信息融入故事之中，则无疑是最主要、最常见、效果也不错的一种方式。

早在20世纪90年代，南方黑芝麻糊推出的一则故事式的广告就在中国大陆产生了非常大的影响，几乎是家喻户晓。其拍摄脚本如下：①

镜头一：(遥远的年代)麻石小巷，天色近晚。一对挑担的母女向幽深

① 郭有献. 广告文案写作教程(第四版)[M]. 北京：中国人民大学出版社，2019：206.

的陋巷走去。(画外音，木屐声，叫卖声)“黑芝麻糊哎……”(音乐起)。

镜头二：(叠画)悬在担子上的小油灯摇摇晃晃……

镜头三：深宅大院门前，一个小男孩使劲拨开粗重的樘栊，挤出门来，深吸着飘来的香气。(画外音，男声)“小时候，一听见芝麻糊的叫卖声，我就再也坐不住了……”

镜头四：担挑的一头，小姑娘头也不抬地在瓦钵里研芝麻。另一头，卖芝麻糊的大嫂热情地照料食客。

镜头五：(叠画)大锅里，浓稠的芝麻糊不断地滚腾。

镜头六：小男孩搓着双手，神情迫不及待。

镜头七：大铜勺被提得老高，往碗里倒着芝麻糊。

镜头八：(叠画)小男孩埋头猛吃，大碗几乎盖住了脸庞。

镜头九：研芝麻的小姑娘投去新奇的目光。

镜头十：几名过路食客美美地吃着，大嫂周围蒸腾着浓浓的香气。

镜头十一：站在大人背后，小男孩大模大样地将碗舔得干干净净(特写)。

镜头十二：小姑娘捂着嘴笑起来。

镜头十三：大嫂爱怜地给小男孩添上一勺芝麻糊，轻轻地抹去他脸上的芝麻糊残迹。

镜头十四：小男孩默默地抬起头来，目光里似羞涩、似感激、似怀想，意味深长……

镜头十五：(叠画)一阵烟雾掠过，字幕出(特写)：“一股浓香，一缕温暖”。(画外音)“一股浓香，一缕温暖。南方黑芝麻糊”。

镜头十六：(叠画)产品标板。

镜头十七：推出字幕(特写)：“南方黑芝麻糊，广西南方儿童食品厂”。

故事有人物、情节，有矛盾冲突，几乎人人都爱看。特别是对于大多数人基本不会主动点击、阅读的广告来说，故事式的作品既能消除人们的防范、抵触心理，同时又能使信息以更生动、形象的方式传达出来，可以说是最佳选择。因此，在今天的营销传播活动中，故事式的文案越来越多，越来越普及。

在整个华文广告圈，只要提及故事式的广告，很多人第一时间会想到台湾大众银行的系列电视广告。

2010—2012 年，台湾大众银行共推出 4 支广告片，获得受众的一致好评。在由美国次贷危机引发的金融危机席卷全球的背景之下，台北奥美通过比稿拿下了大众银行的创意业务。面对经济萧条、人人自危并对于高高在上的事物充满怀疑和排斥的现实状况，台北奥美 ECD（执行创意总监）胡湘云为大众银行的广告确立了独特的创意方向：把日常生活中最平凡的人搬上创意舞台，让人们看到生活中真正的英雄究竟是什么样子。① 因为有画面承载很多信息，四则文案都很简洁：②

母亲的勇气

字幕：

真实故事改编

旁白：

一个老妇人，因为携带违禁品，在委内瑞拉机场被拘捕了。

她是一个台湾人，没有人认识她。

她告诉他们：这是一包中药材，她是来这里炖鸡汤给女儿补身体的，她女儿刚生产完，她们有好几年没见了。

蔡莺妹，63 岁，第一次出国，不会英文，没有人陪伴，一个人独自飞行 3 天，3 个国家，3 万 2 千公里。

她是怎么做到的？

字幕：

坚韧、勇敢、爱。

不平凡的平凡大众

大众银行

① 文静. 广告门专访胡湘云：与大众银行的三年情缘[EB/OL]. [2012-03-05]. http://www.adquan.com/post-1-11132.html.

② 根据网络视频整理。

马校长的合唱团

旁白：

马大山，校长先生，他不会乐器，不懂乐理，但他有个合唱团。

字幕：

真实故事改编

旁白：

15年来，他坚持每天放学以后教孩子们唱歌。

他像父亲一样，用歌声教他们长大。

他对孩子们说：你能唱出那么美的声音，就表示上帝对你与众不同。你也要爱你的与众不同。

那个大日子(注：合唱比赛日)，孩子们吓坏了。

校长告诉他们：闭上眼睛，张开嘴巴，只管唱出山上的你自己。

这一天，他终于让天使相信，自己就是天使。

字幕：

关注、陪伴、相信。

不平凡的平凡大众

大众银行

梦骑士

字幕：

真实故事改编

旁白：

人为什么活着？

为了思念，为了活下去，为了活更长，还是为了离开？

“去骑摩托车吧！”

5个台湾人，平均年龄81岁，一个重听，一个得了癌症，三个有心脏病，每一个都有退化性关节炎。

6个月的准备，环岛13天，1139公里，从北到南，从黑夜到白天，只为了一个简单的理由。

人为什么要活着？

字幕：

梦。

不平凡的平凡大众

大众银行

生命树

字幕：

1999年·台湾921大地震

真实故事改编

旁白：

树会说话，你听见了吗？

陈元，67岁，他卖掉辛苦一辈子的公司，把得到的钱全部买树。他不断种树，买森林，每天和树说话。

(插入新闻播报：昔日老树林，变身“金”赚地。在陈元的占地20余公顷的老树林将建设新活动中心。今天，一棵棵粗壮的树木被砍伐，陈元拼尽全力阻止，却被羁押。)

陈元的妻子悲愤地问他“你疯了吗？”

陈元：“树会说话。”

它给我生命，给我水，给我空气，树救了我。

它只请求一件事：还给它们生存权。

树会说话。

字幕：

相信

陈元：

你听见了吗？

字幕：

不平凡的平凡大众

大众银行

此系列广告效果非凡，在前三支广告播出的2010—2011年，台湾大众银行的品牌认知度得到大大提升，其在品牌认知排行榜的排名很快从第22位上升到第4位；而且社会口碑极好，在网上的点击率很高。

2013—2015年，台湾灵智广告公司每年为金士顿推出一支微电影广告，三支微电影广告均以细腻、温馨的情感故事取胜：2013年《记忆月台》讲述的是一对青年男女的情感故事，他们从相遇相识到相知相爱，再到成家立业、抚育孩子，直至最后的离别与思念。40多年来，小伙子的一声"Mind the gap"从他们相遇的那一刻起，就一直陪伴着姑娘，陪着她从一个情窦初开的少女变成痛失丈夫的老妇人。最值得庆幸的是，丈夫虽然已离她而去，但保存在金士顿U盘中的丈夫的声音会永远陪伴着她。正如广告最后的字幕所说："记忆是趟旅程，同时间，我们一起上了列车，却在不同时间下车。然而，记忆不曾下车，A Memory to Remember，记忆，永远都在。"长达7分34秒的微电影，只给了金士顿U盘短短2秒钟的特写镜头，却非常成功地赋予金士顿U盘独特的品牌符号——美好记忆的存储者，既特别契合U盘的产品属性，又一举击中人心。2014年，《当不掉的记忆》接棒，凭借着一张当票及典当物品，讲述了一对父子无奈、苦涩但又充满深情的故事：怀才不遇的父亲带着年幼的儿子艰难求生，在得知自己身患重病之后，瞒着年幼的儿子倾尽全力地为之铺设好未来的音乐成长道路，甚至不惜将自己的音乐作品封存在金士顿U盘里，作为典当品为儿子购买昂贵的钢琴……18年的光阴浓缩在11分钟的时间内，在历史与现实的不断穿插、闪回之间将故事的来龙去脉交代清楚，当最后典当品——装在一只铁盒里的金士顿第一代U盘揭开面纱时，强烈的情感撞击使得无数观看者流下感动的泪水。2015年，《记忆的红气球》一反前两部微电影聚焦于"记忆"的思路，从"遗忘"入手，讲述了一位即将退休的老警察帮助一个小男孩从失去母亲的痛苦、失落中走出来，重拾美好记忆的故事。与《记忆月台》一样，《记忆的红气球》也改编自真人真事。来自现实生活的真实故事，往往具有无比强大的感染力，当片尾曲《To Be Forgotten》唱响，听着歌者娓娓道来"在这世上，我不过是其中一个不起眼的灵魂，等待被遗忘，仅此而已。抱持着希望不对吗？也许吧，我没有答案。即便如此，我将会记起或遗忘。遗忘，只为念念不忘。我将继续记起或忘记，离开或拥抱，爱着也欺骗着。”引得无数人为之动容。9 分 34 秒的微电影中，根本没有金士顿 U 盘的身影。因为前面两个故事已经在金士顿 U 盘和“记忆”之间画上了等号，金士顿非常自信地认为即使产品不出现，也丝毫无损这支微电影的广告效果，而市场的表现也充分印证了这一点。

网络视频截图

在数字时代，借助新媒体、新技术，广告营销人讲述故事的手段与方法更加丰富、便利：在故事内容方面，可以是真实的，以真人真事为基础再进行加工，上面所说的台湾大众与金士顿的两组广告均是根据真实故事改编；也可以是虚构的，如益达口香糖 2010—2013 年以“酸甜苦辣”为主题连续推出的三季微电影广告，就是围绕着“关怀”这一主题讲述的虚构故事，特别是第一、二季由桂纶镁、彭于晏演绎的兜兜转转的爱情故事，吸引了无数人的跟踪关注，产生了很好的社会反响。在讲故事的形式方面，可以是纯文字形式、纯音频形式；也可以是图文配合的形式；如今用得最多、最常见的形式是各种视频——影视、微电影以及长、短视频。相对而言，视频充分运用了多种传播符号，并同时作用、调动接受者的多个感官，传播效果理应更好。但对广告营销活动而言，只要创意有特点、有新意，无论哪种形式最终都可以完美达成目的。2014 年 6 月，谷歌公司就以两封并置在一起的简短书信讲述了一个充满人情味的温馨故事：①

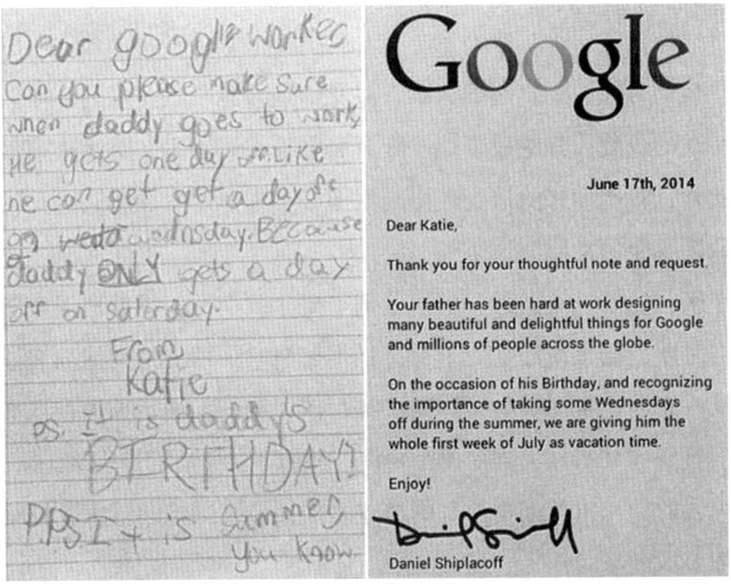
Dear google worker
Can you please make sure
when daddy goes to work
he gets one day off like
he can get get a day off
on wedn wednesday. Because
daddy ONLY gets a day
off on saturday.
From
Katie
PS. It is daddy's
BIRTHDAY!
P.P.S. It is summer,
you know.

Google

June 17th, 2014

Dear Katie,

Thank you for your thoughtful note and request.

Your father has been hard at work designing many beautiful and delightful things for Google and millions of people across the globe.

On the occasion of his Birthday, and recognizing the importance of taking some Wednesdays off during the summer, we are giving him the whole first week of July as vacation time.

Enjoy!

Daniel Shiplacoff

图片源自网络

故事非常简单：一个名叫凯蒂的小女孩用蜡笔以稚嫩的笔法写了一封信给谷

① 黑白.“谷歌，请给我爸爸放天假”[EB/OL].[2014-07-23].https://creative.adquan.com/show/36741.

歌，希望谷歌能在周三给自己的爸爸放一天假，因为那天是爸爸的生日，而且也正值暑假。没想到凯蒂爸爸的上司很正式、很严谨地给凯蒂回了信，不仅同意给她爸爸放假，而且时间长达一周。用这样一个简单到可以称为简陋的方式讲述的几乎没有任何故事情节、矛盾冲突的故事，在很短的时间内竟得到全球各类媒体的广泛报道，浏览、转发和搜索记录的数字都大得惊人。究其成功的原因，可能就是人们从来没见过这种讲故事的方式——两封简单的书信并排放在一起，无论是作者的年龄、身份，书写的字体与格式，还是凯蒂的请求与谷歌给的回应，都形成鲜明的反差，这些反差瞬间击中人们内心深处最柔软的部分。试想一下，如果换用文字描述或视频呈现，效果可能远远不及于此。这就告诉我们，很多时候，符号、形式本身并没有高下优劣之别，真正决定胜负成败的是创作者是否有创意。

四、营造场景氛围

在用户至上时代，用户阅读文案、接受信息时能否获得好的体验直接决定着营销传播活动的成败。好的故事能够充分吸引人、调动人，因而故事型的文案大行其道。此外，营造良好的接受环境与氛围，也是让用户在感同身受的基础上沉浸其中、欲罢不能的常用方式。

近几年来，场景、场景感、场景营销等概念被广泛、频繁地提及。其实，早在传统广告时期，场景就已受到重视，只不过当时采用的是其他的表述方法，如场面、情景、意境、氛围等。具体到文案写作领域，无论是场景、场面，还是情景、意境、氛围，其所指基本一致，那就是将广告营销信息蕴含在对特定的时间、空间内人的行为以及人物关系的描述之中，最终以饱含情感、情绪的生活画面和生活细节取胜。

在传统广告文案的写作中，正文部分除了说商品、讲故事等形式之外，还有一种常用的写法，即以抒情或描摹的方式营造特有的情境与氛围，从侧面烘托商品与品牌。如台湾江南春别墅的广告文案：①

---

① 阮卫. 现代广告文案写作[M]. 合肥：安徽人民出版社，1997：198.

中国人忘不掉江南风味

中国人忘不掉江南风味，中国人应该享受最江南风味的生活。

一条清邃的小径，垂柳依依，唐式山水地形，中国古典大门转出一地江南风味。轻抚着淡淡幽蓝，我们仿佛回到故国的江南山水，二十四桥、西子湖、苏杭……都在脑海涌现！

文案重点描摹了典型的中国江南园林风景，并在其中深深渗透中国人特别是台湾同胞对故土、对中国文化的回忆与眷念，使之成为绝妙的意境画，有很强的感染力。

相对而言，以无声语言（文字）为主的文案能用较大的篇幅描绘、铺排场面、情景与意境，读者也能以从容的心态阅读、联想。而以有声语言传递信息的音频文案则只有简单的独白或对话的形式，加之听众只能听见声音，声音又是有声无形、转瞬即逝的，因而特别需要在现场感、画面感等多方面多下工夫，即通过绘声绘色的人物对话让听众如临其境、如见其人。我们来看一则书籍的广播广告文案：①

柯莱格小姐《减肥指南》21天奏奇效

女：对不起，请问你是最后一个从奥马哈来的飞机上下来的吗？

男：当然是啰，我下机之后就剩下飞行员了。

女：那就奇怪了，我丈夫也是搭这趟班机回来的，可我怎么没看见他呢？

男：他是怎么个长相？

女：个头跟您差不多，就是有些胖，还有点溜肩膀。

男：溜肩膀？我没见过这个人。

女：噢！

① 迟双明. 广告——广告文案创作50法和精彩实例[M]. 北京：中国国际广播出版社，2004：438-439.

男：我也感到奇怪，我妻子说是到机场来迎接我，怎么也没来呢？请问您是不是见过一位女士，个头跟您相仿，胖墩墩的，还有点大屁股？

女：没见。咱们去机场问事处打听一下好吗？

男：对呀。

女：来，我替您提这只大手提包吧。

男：您知道应该怎么提吗？

女：知道。我刚从柯莱格小姐《减肥指南》上学到了正确提拿重物的姿势。

男：怎么，您也读过《减肥指南》？

女：是啊，全书21讲，专教男女减肥方法的。

男：那就太巧了。我在奥马哈也买到柯莱格小姐的这本书，而且每天在旅馆里按它练习。如今我的腰围已经下去一寸多了。

女：练习起来还挺容易，是吧？

男：容易极了，而且真管用。

女：看您手提包上的名片，您也叫安德鲁？

男：怎么，您也叫安德鲁吗？

女：不，我丈夫叫安德鲁，我叫格蕾斯。

男：那就太奇了，我太太也叫格蕾斯。

女：安德鲁！

男：原来是你呀，格蕾斯！

女：可不是吗？

男：你可真苗条多喽！

女：你也完全变样啦！

男：我也不敢认你了。

女：别一本正经的了，……真逗，安德鲁啊！

文案看起来很简单，就是两个人的对话，但当似乎是互不相识的陌生人的“他”和“她”一开口说话，就特别有画面感：记忆中的他“个头跟您差不多，就是胖些，还有点溜肩膀”，她“个头跟您相仿，胖墩墩的，还有点大屁股”，接着再结合现在的状况“我的腰围已经下去一寸多了”“你可真苗条多喽”，前后反差强烈的两张对比图自然而又清晰地浮现在听众眼前，再加上分别不久的夫妻竟然相见不相识的戏剧性情节，当最后听到二人惊喜的呼喊声：“安德鲁！”“原来是你呀，格蕾斯！”“可不是吗？”听众会收获心中的疑惑得到印证后的喜悦与满足，与此同时，《减肥之南》简单易学、效果明显的信息也随之非常深刻地印刻进了听众的大脑里。可以想见，听众收听这则广告的整个过程都会很专注、投入，并始终保持兴趣与热情，其间情境和悬念的设置发挥了至关重要的作用。

很多时候，音频文案为了能在几秒的时间内吸引、留住听众，会有意识地化用人们熟悉的一些经典的戏剧场面、戏剧情节，如下面两则文案：①

(京剧探子上场锣鼓——)

(探子)报——启禀丞相，司马懿十五万大军离西城四十里安营扎寨。

(诸葛)再探——哎呀，想我西城乃是一座空城，这便如何是好？噢噢噢，有了，想我诸葛一生从不弄险，唯有设下空城之计，方可骗过司马懿。来呀——

(老军)丞相有何吩咐？

(诸葛)命尔等速备琴棋设于城楼之上。

(老军)是——

(诸葛)慢，再取羊羔美酒，摆设西城之外，准备犒赏司马大军。

(老军)丞相，这种羊羔美酒上哪儿弄去呀？

(诸葛)老夫听说成都彭县羊羔美酒厂，已经酿制出这一传统美酒。前日，老夫命人采购回来，后营搬取。

(老军)是，后营搬取成都彭县羊羔美酒啊。

(京剧锣鼓)

男声旁白：话说唐三藏师徒西天取经，这一天，中了圣婴大王红孩儿的调虎离山之计，唐三藏被生擒洞中，孙悟空一气之下，单枪匹马来到枯松涧火云洞前。

---

① 饶德江. 广告创意与表现[M]. 北京：中国广播电视大学出版社，2001：278-279.

(风声)

孙：红孩儿，快把师傅还给我。

红：大胆泼猴，竟敢在我家门前叫阵。

孙：红孩儿，乖乖把我师傅交出来，免得自讨苦吃。

红：哈哈哈……想要救师傅，先尝尝我“三昧真火”的厉害。

(喷火声)

孙：哈哈哈！“三昧真火”算什么，有本事尽管使出来啊！

红：好！既然你不怕火，那我们就来点新鲜的玩意。

(打火机声，吐烟声)

孙：啊！“二手烟”，哎哟！我的妈，快跑啊！

(孙咳嗽声，龙腾虎跃音乐起)

孙越：各位听众，我是孙越，您听听，连神通广大的齐天大圣，都怕“二手烟”，何况是平凡的你、我呢？为了自己的健康，我们拒吸“二手烟”。

一则是羊羔酒的广告，一则是拒吸二手烟的公益广告，二者不约而同地借用了中国传统小说、戏剧中非常著名的桥段：《三国演义》中的“空城计”、《西游记》中的“孙悟空大战红孩儿”。对这两个片段，绝大多数中国人是非常熟悉的，一听就有亲切感，就会自动融入其中。在人们熟悉的场景中植入相关的信息内容，可以收到事半功倍的效果。

进入数字营销时代，随着诸多高新技术的引入与运用，用户各方面的行为，不管是线上还是线下，都可以被精准地跟踪、记录，由此，人的需求、行为与场景的关系及联系也日显清晰、重要。每个人在不同的场景中会萌发不同的需求，同时，每个人的消费行为也都是在特定的场景中发出的，这就要求文案的写作必须考虑、重视场景，找准目标消费者决策、购买、使用以及分享的具体场景，然后将广告营销信息与之结合，无缝对接。当年王老吉重新定位于“预防上火”的饮料之后的电视广告文案，就抓取了人们日常生活中特别容易上火的五个场景：吃火锅、通宵看球、吃油炸食品、烧烤和夏日阳光浴，画面中的人们在享受这些活动时，怡然自得地饮用王老吉，广告歌随之唱响：“不用害怕什么，尽情享受生活，怕上火，喝王老吉”，成功地激发了人们的需求与消费行为。

我们再来看汇源果肉多的一则文案：

图片源自网络

将商品放进一个特别的场景：家长带着孩子一起聚餐时喝的饮料。为什么要舍弃一般的聚餐场合，而选择一个相对而言几率、份额都比较小的细分场景呢？据创作者介绍，场景营销的本质就是"聚焦"，就是要瞄准"细分场景"。作为一款2.5L、果汁含量达30%的果肉饮料，肯定是多人在一起的时候饮用；多人聚餐时如果有孩子在场，首先必须保证孩子吃好喝好，这顿饭才能吃得安稳；而家长们在为孩子选择饮料时，最在意、最担忧的就是是否含有对身体健康不利的各种添加剂。基于这些考虑，最后提炼出果肉多的主文案："带孩子聚餐，就喝果肉多"，再附加一个很具体的解释"因为真的不添加防腐剂"，干脆、有力地直击消费者内心的痛点。很多时候，"小就是大，少就是多"，有舍才有得，场景的选择同样如此。①

① 李传玖. 快消品的革命，卖产品还是买场景［EB/OL］.［2020-08-05］. https://baijiahao.baidu.com/s? id=1674173303079829777&wfr=spider&for=pc.

第六章　思维方式：思考带来突破

在人类所有的创造性活动中，思维方式、思考方法往往发挥着重要作用，它直接决定着活动的进展是否顺利，以及最后能否获得创新性成果。文案创作者如果一味地因循守旧、墨守成规，最终只会写出人云亦云、千篇一律的文案；只有不断地变换角度、转换思维、寻求突破，才能写出让人眼亮心动的文字。

第一节　发散性思维

应该说，只要是一个正常的、有知识积累的人，都能思考、会思考，即具备思考的能力。思考能力是人在面对问题的时候，能够对之进行分析并找出解决方法的基础与前提。但是，每个人的思考是否独特、是否有创新和突破，其提出的解决问题的方法是否合理、有效，则还需要正确的、行之有效的思考方法的支持与支撑。

在广告营销领域，只要谈及思维方式、思考方法，就不得不提英国心理学家爱德华·戴勃诺，他对广告创意人常用的思考方法进行了梳理、总结，提出了垂直思考与水平思考两种思考方法，并对二者的个性特质与本质区别进行了深入分析。

一、垂直思考的局限

所谓垂直思考，主要是指传统的逻辑思考，其主要特点就是思考具有明显的连续性和明确的方向性。连续性指的是思考者从某一起点、某一状态开始，一步一步地依次进入下一个阶段、下一个状态，如此循序渐进，直到最后解决问题、抵达终点，中间不能随意中断，否则就会前功尽弃。方向性则是指在思考过程中，思考问题的方向与线索以及预先设定的框架不得随意改变，一旦改变，思考或行动便无法继续。有两个非常形象的比喻被用来解释垂直思考的特点：犹如建塔，只能一块砖石叠加在一块砖石上，一层一层不断地垂直往上建，绝不允许建造过程中突发奇想，向左右倾斜角度建，也不允许从中间抽掉砖石，省略掉某一层不建，这样是绝对建不成一座塔的；又好似挖井，必须在做好地质勘探后选择一个具体的点，然后一锹一锹垂直往下挖，不能随意向井壁的两边倾斜角度挖，也不能中间漏掉一部分不挖。

爱德华·戴勃诺认为："大多数的人，过于重视旧知识与旧经验，根据所谓旧经验，逐渐产生了'创意'。这就是以垂直思考法观察或思考某一件事。这种思考方法，往往会阻碍'创意'的产生。"①也就是说，垂直思考注重的是事物之间的逻辑关系，而且思考者对事物间逻辑关系的梳理，绝大多数时候依赖的是已有的经验和知识，运用的是自己习惯的视角和方式。因此，其思路往往是朝着既定的、熟悉的、一贯的方向，从甲到乙、一步接一步、环环相扣地向前推演。推演过程顺利的话，思考者就能沿着既定的线路走到终点；如果中途碰到困难、遇到障碍，思考者就如同走进死胡同，只能无功而返。

其实，以辩证的眼光来看，垂直思考法也有自己的优势和长处，主要体现在以下两个方面：

第一，绝大多数人在绝大多数时候和场合习惯、擅长的就是垂直思考，其普及程度和利用率是很高的，这一点不容忽视。看到某个新事物、新现象，面对某个新问题，只要一开始思考，几乎是条件反射似的，人的大脑中积累的知识、经验就会自动冒出来，给人指出一个大致的思考方向，确定一个较为具体的思考点。这样，无论是分析问题，还是确立解决方案，都比较容易上手，能很快进入思考、运作流程。

第二，从具体的思考点出发，沿着预定的方向进行由浅入深、环环相扣、层层推进的思考，能针对某种现象、某个事物或问题，由因及果，由已知推出未知，最后形成较为深刻的认识和经得起推敲的结论。这在广告营销活动中对一些关键要素——商品与品牌、用户与消费者、环境与市场进行分析的时候，特别适

① 饶德江. 广告创意与表现[M]. 北京：中国广播电视大学出版社，2001：100.

用。例如，基于大数据的汇集、分析与挖掘形成对用户心理的洞察和对用户画像的精准描绘，通过对商品与品牌的全面考察找到商品独特的诉求点，再进一步两相结合提炼出文案的主题与核心概念……可以说，大到广告营销活动总体战略与策略的确立，小到文案主题的提炼，以抽象与概括、分析与综合为主要形式，注重逻辑演绎的垂直思考在其间大有用武之地，而且必不可少。

但是，对于以创新、个性、别具一格为追求目标的广告创意人来说，垂直思考法又存在明显的缺陷和不足：

其一，垂直思考法将思考囿于旧知识、旧经验和长期养成的习惯，难以摆脱传统的思路与套路的限制和束缚，只能在传统的或自我限定的范围与圈子里上下求索，就像一个行路人只顾埋头向前，走进死胡同里而不自知，其最终结果只能是迎头撞南墙；或者即使得出了结论，也大多是似曾相识，缺乏新意，少有突破，这是其最大弊端。

其二，执著地沿着既定方向不断向纵深探索，虽然可以形成对事物与问题的深刻理解和认识，但一旦受阻，由于缺乏备选方案，难以快速转换立场、灵活应对变故，便只能被动陷入困境。

因此，广告创意人必须突破传统、走出自我，寻找新的方向与不同的方法。

二、水平思考的突破

正是由于垂直思考法存在明显的不足和缺陷，爱德华·戴勃诺积极地倡导创意人采用水平思考法："与其利用垂直思考法去产生创意，不如用水平思考来得有效。水平思考法就是完全脱离了既存的概念，对于某一件事，重新思考与检讨的一种方法。"在爱德华·戴勃诺看来，水平思考法与垂直思考法是一对相互对立的概念，他曾从十个方面入手，对二者的差别进行了分析与总结：①

1. 垂直思考是选择性的，水平思考是生生不息性的。

2. 垂直思考的移动，是只在有了一个方向时才移动；水平思考的移动则是为了产生一个新方向。

① 饶德江. 广告创意与表现[M]. 北京：中国广播电视大学出版社，2001：100-101.

3. 垂直思考是分析性的；水平思考则是激发性的。
4. 垂直思考是按部就班；水平思考则可以跳来跳去。
5. 用垂直思考者，必须每一步都正确；用水平思考者则不必。
6. 垂直思考为了封闭某些途径要用否定；水平思考则无否定可言。
7. 垂直思考要集中排除不相关者；水平思考则欢迎新东西闯入。
8. 用垂直思考，类别、分类和名称都是固定的；用水平思考则不必。
9. 垂直思考遵循最可能的途径；水平思考则探索最不可能的途径。
10. 垂直思考是无限的过程；水平思考则是或然性的过程。

为了便于人们更好地理解，他还以一个形象的故事对之加以解释：一个商人向放高利贷者借了很多钱，多种原因致使其不能如约还款。高利贷者看中了商人的女儿，贷款到期后便催促商人还债，并提出以商人的女儿冲抵债务的建议。而且还许诺：放一白一黑两颗石子到衣服口袋里，任由女孩抓取。如果取出的是黑色石子，则以女孩顶替债务；如取出的是白色石子，女孩则仍是自由身，并主动放弃债务。若女孩不同意这种方法，则将提出控告。而当高利贷者弯腰从满是各种石子的地上捡石子的时候，女孩敏锐地发现他捡起来的两颗石子都是黑色的。面对如此险恶局面，女孩该当何去何从？

按照垂直思考法，女孩要么拒绝，要么应允。拒绝的结果则是或者立即还贷，或者站出来揭穿高利贷者的鬼把戏但债务仍在；应允的结果则是取出一颗黑色的石子，以自我的牺牲来解除父亲的困境。这两种结果都是建立在已有经验和惯常思路的基础之上，都不是最佳答案，也不是最好的解决问题的方法。

换用水平思考法，则别有洞天：女孩最后从容不迫地从高利贷者的衣服口袋里取出一颗石子（当然是黑色的），故意不小心掉在满是各色石子的地上，然后说道，哎呀，怎么办？……真对不起！但是可以看一看你口袋里剩下的那颗石子的颜色，就知道刚掉下去的石子是黑的还是白的了！最后非常机智地解决了父亲的麻烦，并让高利贷者哑口无言。

两相比较，垂直思考与水平思考孰优孰劣，一见即明。

文案创意，追求的就是与众不同、突破常规，因此，必须更多地利用、依靠水平思考法，才能迎来创新和创造。

第一，水平思考，其实也就是发散性思考。如果说，垂直思考常常是沿着一条范围狭窄、边界明确的线路左冲右突、上下求索的话；那么，水平思考则是主动抛弃自己驾轻就熟的方法与套路，从没有岔路的胡同中走出来，拥抱更广阔的天地，寻求更多的出发点、更多的探索方向，探讨更多的可能性。很多时候，最好的结果、最佳的途径往往是在比较、权衡多种可能与多个方向的基础上获得的。

营销传播文案写作是一项特殊的写作活动，它不是纯粹的个人创作，不是简单的“我手写我心”，而是需要写作者一人兼顾多重身份、多种角色——营销传播专业人士、广告客户、消费者、用户，不同的身份、角色，其思考的立场、视角、出发点及方向都会有明显差别。也就是说，文案撰写者需不断转换思维，从多个角度思考，比如：作为专业人员，他必须拥有一定的专业素养与眼光，对市场、品牌、商品、消费者都有自己独到的认识与理解；作为广告活动的代理者，他要为广告主谋利益，传达广告客户的声音、满足广告客户的需要；作为生命个体，他又是普通用户与消费者中的一员，有着自己独特的个性和“特殊意识”。但在具体的文案写作过程中，不能仅仅只是简单地从其中的某一个角色的立场出发，而应将三种角色综合起来进行思考，最终以多元的视角将综合思考的结果表达、呈现出来。李欣频在总结自己的写作经验时强调，要用“至少两种身份的眼光来生活，同时还要有一个超脱自己身份的高维眼光，观察你原本的生活并同步记录”，并通过举例对文案新人进行引导：①

> 你现在准备写一篇书店文案，在逛书店时，除了从刚刚提到的作家、广告创意人、消费者的角度来观察整个书店，同时也要观察自己，观察别人与环境，这样你就可以在这些视野中锁定不同的状态，比如这个商品、这个商场的广告客户、目标消费者、潜在消费者，甚至是竞争品牌的消费者……当你变成他们的时候，就会看到不一样的脉络与灵感，看到这些观察的对象是怎么生活的，他们在家看什么媒体，关注什么议题，平时怎么说话，去哪些地方，做哪些事，喜欢什么，包括他们的视力能看多大的字，眼睛惯性的线

① 李欣频. 李欣频的文案课[M]. 杭州：浙江人民出版社，2020：17-18.

路，走路、说话的速度……如果平常都这样观察入微的话，你在创作文案时，就会用一种立体的方式来写，能够栩栩如生地看到服务对象的样子，他的表情，他的生活步调……于是你的用词和陈述方式也会不同——你是在跟一个活的人沟通，而不是一个数字化的消费者。

第二，在发散人的思维并获得了多个点和多个方向之后，水平思考会更加关注、青睐那些从来没有出现过的或最不可能的想法，这样就比较有利于新鲜、独特、创新的概念与方式的诞生。正如爱德华·戴勃诺所说，大多数人习惯于垂直思考法，所以在面对某一问题时，最初的思考往往都是从经验和惯性出发，循规蹈矩、四平八稳，其结果自然是似曾相识；只有当思考者不断地否定自己，主动从垂直思考中挣脱出来，那些不同的、没有见过的，甚至是想入非非的点子才有可能出现。从某种角度可以说，水平思考法是在垂直思考的基础上再往前走一步，进而实现对垂直思考的超越。日本广告学者植条则夫在其专为中国大陆读者撰写的著作《广告文案策略——策划、创意与表现》中，归纳了水平思考法应该遵循的四条原则：第一，找到支配性的构想；第二，寻求各种各样的看法；第三，从垂直性思考的强烈习惯束缚中挣脱出来；第四，有效地利用偶发性的机遇。在他看来，水平思考的基础与前提就是经由垂直思考，找出各种受旧知识、旧经验、旧习惯影响的支配性的构想以及各种各样的看法，然后把这些东西全部、彻底地抛弃，再重新开始，另起炉灶，抛开一切成见和各种限制，全方位地去探寻、发现别人没有走过的路。就像当年天花泛滥之时，几乎所有的研究者都是习惯性地从“人为什么会得天花？”切入，只有琴纳一人不随波逐流，通过自己的独到观察，发现了没人注意的另一个视角：“为什么在牛奶场工作的女工不得天花？”进而深入追寻，最后找到了根治天花的方法，走向成功。

俗语云：不怕做不到，就怕想不到。某品牌的广告语也曾宣称“思想有多远，我们就能走多远”。这都是在说好的、特别的想法非常重要，同时它又来之不易。很多时候，长时间执著地思考、探求，好想法总是无处可寻，或者迟迟不愿露面；但在某一个毫无期待、没有准备的悠闲时刻，它却不请自来，如绚烂的火花般自动浮现，这就是植条则夫所说的“偶发性的机遇”，也是无数创造者、创作者由衷期待、盼望的直觉到来、灵感降临时刻。这种可遇而不可求的时刻只有在开阔的、开放的水平思考的过程中才可能出现；一旦出现，便预示着成功即将到来，突破就在眼前。

所以，对于一切以创新、创造为己任的人来说，一定要非常珍惜脑子里偶尔突如其来地冒出来的一些似乎毫无道理，或是荒诞不经、完全经不起推敲的想法，决不能让它们一闪而过、白白浪费，应紧紧抓住这些零星的、若隐若现的火花，将之做大、使之成型。1993 年年初，上海《文汇报》推出了国内第一则报纸头版整版广告，在全球范围内引发极大的关注与热议，这则广告的创意就来自一个创作者类似开玩笑的一句话。那是 1992 年 9 月中秋节前夕一个周六的下午，在上海奥美广告公司的一间办公室里，负责运作杭州西泠电器集团西泠空调广告业务的小组成员济济一堂，召开头脑风暴会议，冲击西泠空调的广告创意。首先讨论的是电视广告，墙上贴着一张大白纸，每个与会人员将自己的构想用各种不同颜色的笔写在白纸上。大白纸换了一张又一张，令人拍案叫绝的点子还是没有出现。晚上，大家又转移到公司创意总监的住所继续讨论。天将发白时，好的构想终于出现——聚焦关键字“静”，以和当时大量闹哄哄的电视广告形成区别。三支电视广告都非常安静，没有喧闹的声音，文案也很简单：“好的空调，没有声音。西泠冷气，以静致冻，没有话说。”“西泠冷气，现在启动。如果你要继续看电视，请添件衣服。”“有 100 台西泠冷气要免费送给你，详情请看某月某日的《文汇报》。请悄悄地读，不要声张，知道的人越多，你中奖的机会越少。”电视广告脚本完成时，已是周日的上午，一行人吃过早茶，又回到办公室，继续讨论报纸广告该如何做。正当每个人都在埋头思考时，一个人开玩笑似地冒出一句：“可以做头版整版广告就好了！”这句在当时绝对是“明知不可为”的话，一下子吸引、激活了在场的每一个人，在场的公司副总经理当场打电话给《文汇报》广告负责人，询问、接洽相关事宜，每个人都开始积极思考如果能做头版整版广告的话，具体应该怎么去做。最后达成共识：抓住一般报纸头版主要刊登重大新闻的特点，就在“新闻”二字上做文章：“今年夏天，最冷的热门新闻，西泠冷气全面启动”的广告顺理成章地诞生，如下图：

图片源自网络

这则广告在1993年1月25日(农历正月初三)登上了《文汇报》的头版并占据整版，很快便成为舆论焦点，国内外媒体纷纷予以报道，最后收获各种新闻报道共计200余篇，并且好评如潮。例如：上海东方电视台的评论："今天《文汇报》没有一条重大新闻，但读者认为，这本身就是一条重大新闻。"美国《时代》资深记者的评论："《文汇报》1月25日的广告，可列入中国广告的教科书。"日本新闻界则直接将之称为"中国改革开放的标志"。在经济效益方面，整个广告活动总共耗资100万元，这个整版广告花费5万元，在系列广告刊出17天后，西泠空调的预订量就超过全年生产计划(计1.5亿元)，市场回报可谓惊人，实现了社会效益、经济效益双丰收。

第二节 反向思维

垂直思考法常常凭借着已有的知识和经验确定一个出发点，以及明确的方向，然后一路向前探索、推进。很多时候，起点一样，方向选择不同，会直接带来最终结果的巨大差异，现实生活中，南辕北辙的事情时有发生。无论什么行业，做什么事情，方向的选择也是非常重要、关键的。

一、顺向思考的局限

思考的方向，大致可以分为顺向和反向(逆向)两种。

顺向思考，又称正向思考，可以说是垂直思考法的典型表现形式。所谓“顺向”，主要指的是符合人的思维习惯与一般的思维顺序，被很多人在很多场合习惯性地使用，故又有顺序思考、常规思考等说法。

顺向思考的方法在很多领域得到普遍运用与直观体现，如对事件的把握与描述往往都是顺着事件的发生、发展直至结束的线索进行，分析问题时习惯于先找原因然后再推导出结果，做年度计划或五年规划一般都是以现有资源和条件为基础，对未来做预期与展望……久而久之，这些做法便成为常规、套路或习惯，被无数人沿用。大家不约而同地都这样去思考、去做事，进而形成一种思维定势，只要遇到问题，这种占据主导地位的顺向思考法就会不请自来，推着思考者朝着自己熟悉的、习惯的方向走。经过无数人、无数次的重复之后，思考活动所追求的个性、特点与创新自然也就逐渐模糊、削弱，直至丧失。

提及广告，传统中国人都会条件反射地想起一句话：“王婆卖瓜、自卖自夸。”这是人们对广告最简单、最深刻的印象。在这种印象的背后，隐含的其实是长期以来做广告的惯常思维，那就是一个关键字：“夸”。在传统广告营销活动中，“夸”的具体表现主要集中在以下两方面：其一，对于商品和品牌，只说正面的优点，绝不说反面的缺陷；只说利益与好处，绝不说可能出现的副作用，也就是一味地唱赞歌。其二，在说商品的优点、利益与好处时，一定要把话说得满满的，有七分好绝不只说六分，常常夸张地说成八分，甚至盲目夸大为十全十美……绝大多数的广告都这样去做、去说。于是，广告也就无个性、无差别可言，大家都是一个腔调，发出的都是类似的声音，千人一面、千人一腔成为广告的常态。对于这样的广告，消费者、用户自然都不会买账。

二、反向思考的突破

要追求有创新，就必须从顺向思考的惯性中走出来。走出思维定势与思考习惯的方式其实也很简单，那就是在熟悉的、常规的、主流的方向上来一个180°的转身，“背道而驰”，朝着相反的方向重新出发，去寻找新的方法和答案，即采用反向思考的方法。

反向思考，与顺向思考相对立，故又被称为逆向思考。可以说，反向思考与顺向思考常常是相对而言、相向而行，顺向思考一般从正面思考，是常规的、传统的思考，而反向思考则是从其对立面（反面）进行思考，是反常规、反传统的思考。

营销传播文案要写出新意、写出个性，就绝对不能随大流，不能人云亦云。必要的时候，必须主动调整、改变自己的思考方向，以角度的转换赢得视野的拓展。

第一，正话反说。绝大多数广告是“王婆卖瓜、自卖自夸”，此类思路及作品不仅难言市场效果，而且早已成为人们厌恶、诟病的对象，不如及时转向，抛掉必须夸赞、只能说优点好处的传统观念和做法，从反方入手，主动说缺点、不足和可能导致的负面效应，树立真实、诚信的品牌形象，或是巧妙地由负转正。如钟表的广告说自己的产品 24 小时内会慢多少秒，表面来看是自揭短处，但钟表产品允许有一定的误差值，只要在允许误差值的范围内，都是优秀或合格产品。但与号称“走时准确”的广告相比，说有一定误差的广告反而效果更好。一来更容易吸引人，别的产品都在自夸，突然看见一则自贬的广告，人们的眼睛肯定为之一亮，进而产生好奇心，认真去看广告；二来更能让人产生好感，一个能正视并说出自身缺陷的品牌及企业，更值得人信赖。

大卫·奥格威为劳斯莱斯轿车所写的“噪音”广告，威廉·伯恩巴克领衔的 DDB 广告公司为大众甲壳虫车所做的题为“柠檬(废品)”的广告，都是正话反说的经典。

图片源自网络

这是一则典型的平面广告文案，篇幅很长，内容很全面，正文用19段文字详细介绍了产品方方面面的信息，这些信息与文字都很朴素，看起来平淡无奇，似乎很难使之从众多广告中脱颖而出。创造奇迹、使这则广告成为经典、至今仍为人津津乐道的是文案的标题：

时速60英里时，新型劳斯莱斯轿车的最大噪音来自车上的电子钟。

什么原因使得劳斯莱斯成为世界上最好的轿车？

一位知名的劳斯莱斯工程师说："说穿了，根本没有什么真正的戏法——只不过是耐心注意到所有细节。"

这是一个精心拟制的复合标题，主标题为"时速60英里时，新型劳斯莱斯轿车的最大噪音来自车上的电子钟"，其中最抢眼的关键词是"噪音"。文案想要表现劳斯莱斯轿车的高品质，而支撑高品质的主要措施，就是通过3个消音装置把声音的频率在听觉上拔掉，最后使得劳斯莱斯在高速运转时，"引擎是出奇的寂静"。也就是说，广告要突出的是"寂静"，但文案标题聚焦的却是"噪音"。为什么要这样写呢？就是以反向思维制造新奇感，激发读者的好奇心和求知欲。一看到"噪音"二字，人人心中都会产生深深的疑惑：噪音？哪有卖车的广告说自己的车有噪音的？于是自然便会急切地往下读。紧承的副标题及时呼应读者心中的疑惑，非常简要地对保障"劳斯莱斯成为世界上最好的轿车"的根本原因予以解释，正副标题组合在一起，一方面成功吸引了受众的注意力与兴趣，另一方面又直接将产品最主要的信息凸显出来，以看似揭短的方式反衬产品的优质。由于"噪音"二字实在是太独特、太抢眼，后来人们干脆就以"噪音广告"指代这则文案。

我们再来看大众甲壳虫车的广告：①

柠　　檬

这辆甲壳虫未赶上船装货运。

---

① 何平华. 中外广告案例选讲[M]. 武汉：华中科技大学出版社，2010：9.

仪器板上放置杂物处的镀铬受到损伤，这是一定要更换的。你或者不可能注意到，但检查员“克郎诺”注意到了。

在我们设在“沃尔夫斯堡”的工厂中有3389位工作人员，其唯一的任务就是：在生产过程中的每一个阶段都去检查甲壳虫(每天生产3000辆甲壳虫，而检查员比生产的车还多)。

每辆车的避雷器都要检查(决不作抽查)，每辆车的挡风玻璃也经过详细的检查。大众车经常会因肉眼看不出来的表面抓痕而无法通过。

最后的检查实在了不起！甲壳虫的检察员把每辆车像流水般送上车辆检查台，通过总计189处的查验点，再飞快地直开自动刹车台，50辆甲壳虫中总会有一辆被人说“通不过”。

对一切细节如此全神贯注的结果，大体上讲甲壳虫比其他的车子耐用而不大需要维护(其结果也使甲壳虫的折旧较其他车子为少)。

我们剔除了柠檬(不合格的车)，你们得到了李子(十全十美的车)。

图片源自网络

在美国俗语里，柠檬指的是废品，李子则是十全十美的好东西。为产品做广告，居然直接将自己的产品称为废品，而且还将废品二字大写作为标题，放在版面最醒目、最重要的位置，品牌主和广告创意人要么是胆量惊人，要么就是思维异常，这绝对不是一般人所能想到、做到的。

确实，这则广告背后的思维非同寻常。第一，这件广告作品整体非常简单，甚至可以说是简陋，一辆甲壳虫车孤零零地停在那儿，没有任何陪衬，与一般轿车广告美女香车的固定搭配，或以别墅美景作为烘托背景的做法完全相反，别具一格；其次，整篇文案围绕的中心就是这辆成为“废品”的甲壳虫车，叙述它是如何成为废品的，在此基础上又仔细介绍在甲壳虫车的生产车间里，是如何经过一道道严格、严苛的查验工序，将废品一个不漏地淘汰掉(甚至没有毛病的车也会被末位淘汰掉)；最后，“我们剔除了柠檬，你们得到了李子”的广告语首尾照应，成功完成反转：正是因为我们将一个个废品都彻底剔除了，所以，最后送到每个消费者面前的甲壳虫车都是十全十美的好东西。

第二，欲擒故纵。营销传播活动的最终目的就是让消费者了解品牌的方方面面，记住、喜欢品牌并发出相应的消费行为，以推动、促进商品的销售。为了达成此一目的，营销传播作品及文案往往使尽浑身解数，竭尽所能地用各种方式吸引、促使用户和消费者进入线下实体店或是网上电商下单购买。绝大多数广告营销作品无论表面上如何深情、温馨，如何幽默、调侃，如何清新、可人，其实骨子里的目标都非常一致：拉消费者进店消费。可以有例外吗？当然可以，但这需要相当大的勇气。因为从反向思维的角度，与“拉”相对、相反的行为是“推”，要把想购买商品的消费者往外推，有多少品牌主敢这样做广告呢？不多，但确实有。当年，顺风牌轿车就以这样的思路做过一个非常少见的广告：①

三家全看看

在你们开过具有“防震装置”的新顺风牌轿车之前，不要去买任何低价车。

“我的意见是任何没有‘防震装置’专利的新车都是过时的旧东西。”

瓦特·克莱斯勒的声明：

---

① 根据网络资料整理。

有成千上万的人直到今天还在期待去购买一辆新车，我希望你是其中之一。

现在这里是新的低价车(包括将在星期六展出的新顺风牌汽车)，我力请你小心谨慎地比较其价值。

这一次你“购买前要细查”，以作购买时聪明的抉择。在你看过正确的示范之前，万不可付任何汽车定金。我的意见是整个汽车行业从来没给公众如此有价值的贡献。

在新顺风牌的车中，我们的成就远超过我们的梦想。如果在两年前你告诉我，我们在两年后将发表这么大、这么有力量而华丽的车能够只卖这么惊人的价格……我会说，那是绝不可能的。

我一直全心全意地致力于建造优良的车子。对我来说，新顺风车显著的特点就是防震装置。我们早已知道社会大众对它的感受。去年夏天这还是一则新闻消息，而今天它却是一项基础巩固的工程学上的成就。

我的意见是任何著名的工程权威所推出的新车如果不具有“防震装置”设备，那都是过时的旧东西。驾驶一辆有防震装置专利的新顺风牌车子，你就会知道我所说的意思了。那完全不能相比。

我们把顺风牌作为比原来大了很多的车子。它是一种大型车。我们增加了它的马力，把前后轮中心间之距离加长，并大大地改善了它的外观。

我的意见是你会发现新顺风牌是你所开过的最舒适的车子。虽然做了这一切的改进，我们仍然能够以较低价格供应。

让我再一次催促你在星期六去看一下有防震装置的新顺风牌车。你一定要把三家低价车全看过，在你全看过之前千万不可去买。这是你花钱最有效用的方法。

第一次展示在下星期六，4 月 2 日。

各“迪索托 · 道奇 · 克莱斯勒”经销处。

要推出自家经过改良升级的新顺风牌轿车，却在广告中公开号召消费者“三家全看看”，即“货比三家”，这样的思路不仅少见，而且可以称为清奇，给人的感觉就是自己在挖自家的墙角。这里的“三家”指的是同时上市的、包括新顺风牌车在内的三款低价车，也就是直接的市场竞争对手。此种背景下，新顺风车的老板克莱斯勒却一而再、再而三地告知、叮嘱消费者要“三家全看看”，“我力请你小心谨慎地比较其价值”，“购买前要细查”，“一定要把三家低价车全看过，在你全看过之前千万不可去买”……在意外、好奇、不解的同时，是不是也能从中读出满满的勇气与自信呢？我的新顺风牌车子根本不怕，而且经受得起每个消费者反复的“货比三家”，我先把消费者推出我的经销店，让他们再去看看另外两款同类型的车子并认真地比较权衡，是因为我坚信他们比较之后还会回到我的店里来，买我的新顺风车。

第三，以退为进。在市场经济体系中，广告是企业、品牌应对竞争的重要手段和工具。为了在激烈的市场竞争中占据有利位置，广告自然是时刻瞄准行业或品类第一、冠军等目标，卖力地为企业、为品牌摇旗呐喊、加油鼓劲。第一、冠军的称号确实极具含金量，所有的企业和品牌都想去争、都想拥有，但第一、冠军往往只有一个，由此更衬托出竞争结果的残酷。是选择执著地、义无反顾地去拼第一，还是采用其他的变通策略？

20 世纪 60 年代美国 DDB 广告公司为艾维斯出租车公司所做的系列广告为我们提供了很好的答案。艾维斯出租车公司创立于 1952 年，在当时的美国整车出租市场排行老二。高居榜首的是赫兹公司，全国租车公司位列第三。为争夺第一的宝座，艾维斯与赫兹展开了激烈厮杀，但终因实力差距过大(赫兹的财力是艾维斯的 5 倍，年营业额是 3.5 倍)，屡战屡败，年年亏损，几乎到了破产倒闭的边沿。1962 年，艾维斯更换总裁，新总裁调整经营策略，重新选择威廉·伯恩巴克领衔的 DDB 广告公司为广告代理商，并要求以 100 万美元广告费收获 500 万美元的市场效果。

经过认真、细致的调查研究，审时度势，DDB 的广告创意人员从执著争第一的传统思路和做法中跳脱出来，为艾维斯公司确立了“老二主义”的广告策略，放弃争老大的位置，主动示弱，退却一步，承认自己暂时落后，但又不自甘沉沦、自暴自弃，而是要在老二的位置上，集中精力去思考并践行“如何做得更好”。围绕着“老二主义”的核心概念，文案人员创作了三则文案，形成一个系列。三则文案的标题分别是：“艾维斯在出租车业只是第二位，那为何与我们同行？”，“老二主义，艾维斯的宣言”，“当你只是第二时，你会更加努力，否则”。

其中的第二则文案已在第四章做过介绍，我们来看另外两则文案：①

艾维斯在出租车业只是第二位，那为何与我们同行？

我们更努力。

（当你不是最大时，你就必须如此。）

我们肯定不会提供肮脏的烟盒，或不满的油箱，或用坏的雨刷，或没有清洗的车子，或没有气的轮胎，或任何无法调整的座椅，无法除霜的除霜器等。

很明显，我们如此卖力就是力求最好。为了使你得到一部新车，像一部神气活现、马力十足的福特车和一个愉快的微笑……

下次与我们同行。

我们的柜台前排队的人比较少（意味着不会让你久等）。

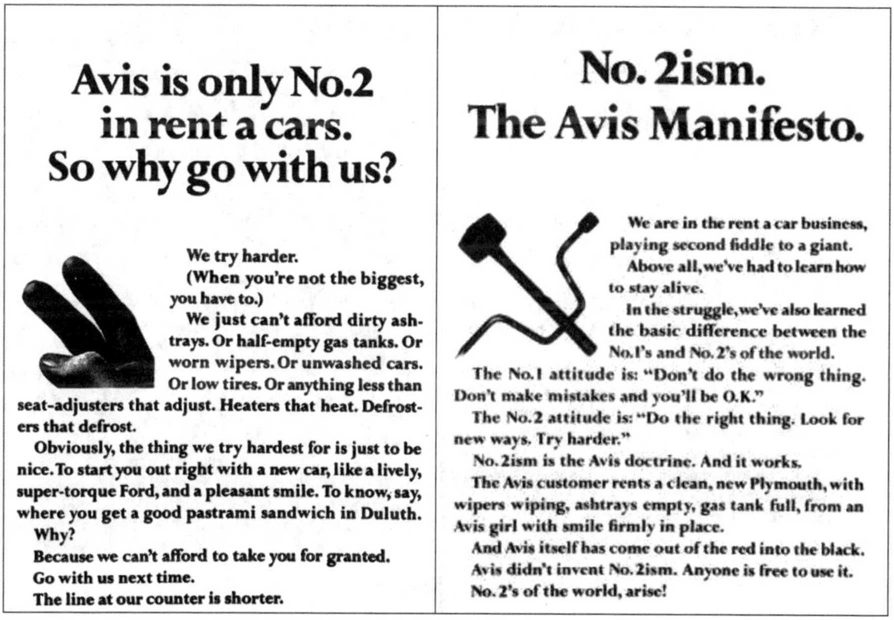

图片源自网络

① 根据网络资料整理。

当你只是第二时，你会更加努力，否则……

小鱼必须不停地游，因为大鱼总在不停地追逐他们。

艾维斯深知小鱼儿的难题。

我们只是租车业的老二，如果我们不更加努力，就会被吞噬。

我们永不停歇。

我们总是清空烟灰缸，在租出汽车前加满油箱，充足电池，检查挡风玻璃的雨刷。

我们只出租崭新的福特汽车。

因为我们不是个头最大的鱼儿，所以你不必担心在柜台前挤得像沙丁鱼。

我们不会让顾客挤作一团。

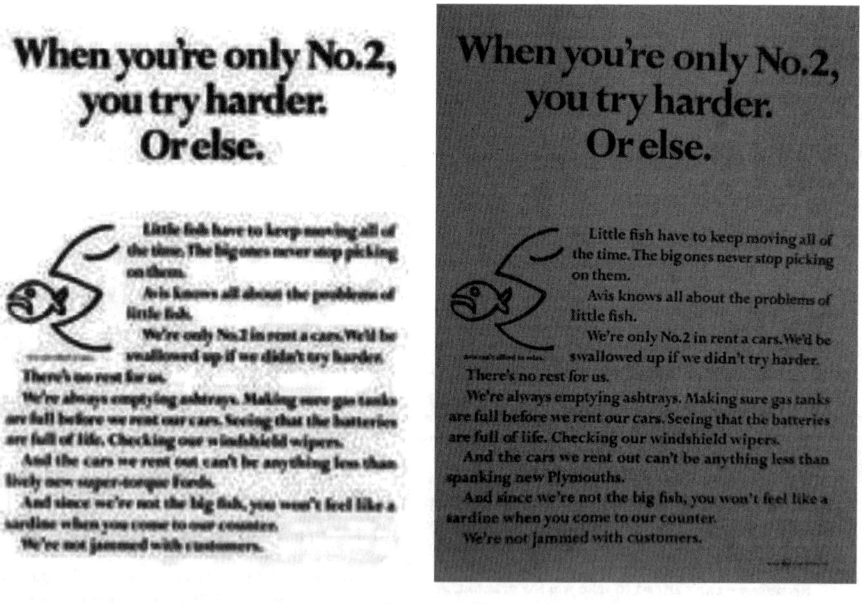

图片源自网络

甘居老二，同时更要“做对事情，找寻新方法，比别人更努力”，这样的一个落后者、弱者，是不是会让人肃然起敬呢？市场直接给出了答案：这组广告刊出的当年(1963 年)，长期亏损的艾维斯公司就出现了 120 万美元的盈余；第二年，上升到 260 万美元；第三年又增长近一倍，达到 500 万美元，艾维斯公司总裁确定的目标实现了。

第三节　灵感思维

人类的思维方式，主要有逻辑(抽象)思维、形象思维和灵感思维三类。在广告营销领域领域，各种思维方式均得到广泛运用。如前面谈及的垂直思考(包括顺向思考与逆向思考)就是典型的逻辑思维，形象思维在广告作品的创作中也发挥着重要作用，除此之外，灵感思维在广告创意与表现中也时常出现。

一、单一思维方式的局限

人的思维是通过大脑进行的。据科学研究，人的左右脑在思考时有着明确的分工：左脑主要负责偏理性的逻辑思维，主要通过概念、判断与推理来概括事物的本质特点及属性，其思路往往是线性的；右脑负责偏感性的形象思维，常常借助具体、生动、鲜活的意象与形象来反映并描绘事物，其思路是非线性的，或者说是二维的。

在现实生活中，有的人擅长理性思维，有的人擅长形象思维；有的领域需要理性思维，有的领域需要形象思维。但这并不意味着擅长理性思维的人就不能进行形象思维，也不意味着以某一类思维方式为主的领域就无须或排斥另一类思维方式的加入。因为每一种思维方式都有自身的特点、优势，同时也会存在一些缺陷和不足，需要其他思维方式的弥补、配合，方能有效解决问题，圆满完成任务。

理性思考，主要指的是以充分的事实依据和严密的逻辑推理为主导的思维方式，又被称为逻辑思考。其特点是：有明确的思考方向，有充分的判断、论证依据，通过对事物的观察、分析及综合，最后形成对事物本质特征与客观规律的概括与总结。在营销传播文案的写作中，理性思维广泛地运用于对时代与市场背景、商品与品牌、用户与消费者、竞争对象等要素的分析与洞察，最后提炼出文案的主题以及核心概念，等等。但是，抽象的主题与核心概念还需进一步通过各种符号，用尽可能生动、直观、鲜活的方式呈现出来，才能吸引用户和消费者，才能真正落地并产生效益；而对表现这些方式的寻找，必须依赖另一种思维方式——形象思维。

形象思维是以直观的画面、意象以及人物形象等为思考要素的思维方式，其特点是注重情感、联想、想象、幻想、顿悟及妙悟，广泛运用于文学艺术等领域。广告也是一门艺术，特别是对于广告创意与表现来说，需要借鉴、沿用很多文学艺术的思维与表达方式和表现技巧，因此，在通过理性思维确立了明确的主题和创意概念之后，包括文案写作在内的符号运用阶段，也必须有形象思维的加入。其实，形象思维的内核里也天然蕴含着逻辑思维的成分，如有人认为形象思维中也包含着形象的概念、形象的判断与形象的推理。因此，理性思维与形象思维之间并不是绝对的泾渭分明。再加之人的左右半脑虽有明确分工，但在大脑高速运转时，根本不可能截然分开，反而会自然地彼此互动、彼此促进，形成你中有我、我中有你的局面。

二、灵感思维的突破

在理性思维、形象思维之外，灵感思维是经常被人提及、运用也很广泛的第三种思维方式。

所谓灵感思维，指的是在人长时间专注地思考、寻求某个问题的答案而不得的时候，经由某个意想不到的外来刺激的激发，最后结果突如其来地自动浮现于人的脑海的过程及方法。

对于灵感思维，有人将之与直觉、顿悟等方式一起归之于形象思维旗下，有人认为形象思维就是独立于理性思维、形象思维之外的第三种思维方式。无论孰是孰非，灵感思维是一种非常常见、非常重要，并且能够直接带来思考结果的突破和创新的思维方式，这一点是没人能够否认的。甚至还有人认为，灵感思维是在理性思维和形象思维的基础上，或者是穿插在理性思维和形象思维的过程之中的更高一个层级的思维方式。

确实，无论是在严谨、理性的科学研究领域，还是在追求个性和灵动的文学艺术范畴，灵感思维的身影随处可见，充分说明灵感思维可以无处不在。在很多人的印象中，灵感与灵感思维非常神秘，例如：灵感的到来毫无征兆，有的人苦苦追寻而不得，有的人无心插柳柳成荫；灵感一旦到来，犹如神灵降临，所有的困惑和难题瞬间迎刃而解；另外，灵感来得突然，去得也非常快捷，可以说来无影去无踪，稍不留神就会失之交臂……也正是因为这些特点，人人都期盼自己拥有灵感思维，都时时祷告神奇的灵感降临在自己身上。

其实，灵感、灵感思维并不神秘，它和一切劳动成果一样，是一分投入、一分耕耘的结果。如果期望灵感思维能够顺利进行，灵感能够如期而至，需要有大量的知识、信息、情报的积累；需要有长时间专注、投入的观察、分析、探寻；需要全身心的付出，不仅是清醒时的意识活动，还包括潜意识甚至无意识中的活动……一句话，只有经过"众里寻他千百度"的艰辛，才能迎来"蓦然回首，那人却在灯火阑珊处"的惊喜。

很多经典的营销传播文案中有灵感思维的影子。当年白丽美容香皂家喻户晓的广告语"今年 20，明年 18"就是灵感思维的产物。据创作者回忆，当时在为白丽美容香皂写作文案的过程中，思考了很久都想不到一句令人满意的广告语。有一天，和好朋友一起进餐，边吃边聊，聊了很多话题，不知怎么就聊到了文学，在谈到女作家谌容的一篇小说《减去十岁》时，脑子里突然灵光乍现，"今年 20，明年 18"这句话一下子就冒了出来，当时什么都没带，匆匆向服务员借来笔，就着餐巾纸潦草地写了下来，结果成为流行广告语。

从灵感思维的结果来看，给人的感觉似乎是"得来全不费工夫"；但真正深入思考的全过程，却又是另一番天地。在论及广告创意人的思考过程时，人们借鉴、引用最多的就是美国杰出广告人詹姆斯·韦伯·扬的总结，在《产生创意的方法》这本书中，他将广告创意过程分解为五个阶段：①

> 第一，收集原始资料——一方面是你眼前问题所需的资料，另外则是从平时你继续不断所累积储藏的一般资料。
>
> 第二，用你的心智去仔细检查这些资料。
>
> 第三，是加以深思熟虑的阶段，你让许多重要事物在有意识的心智之外

① 汤·狄龙，等. 怎样创作广告[M]. 刘毅志，译. 北京：中国友谊出版公司，1991：243-244.

去做综合的工作。

第四，实际产生创意——“Eureka！我找到了！”的阶段(Eureka：遇有新发现时胜利的欢呼，据传为阿基米德发现测量王冠的含金量之方法所发的欢呼)。

第五，则是最后形成并发展此一创意，使其能够实际运用。

他所描述的第四阶段，就是非常著名、典型的灵感降临的场景。可以说，詹姆斯·韦伯·扬的创意五阶段所呈现的，其实就是灵感思维的全过程。

首先，要收集、积累大量的原始材料，这既是理性思考的事实依据，又是形象思维如联想、想象和幻想的基础。詹姆斯·韦伯·扬还以珊瑚礁和万花筒来比喻广告创意活动，强调的就是知识、资料、信息、数据积累的重要性。在他看来，广告中的创意，常常就是有着生活与事件“一般知识”的人士，对来自产品的“特定知识”加以重新组合的结果，其与万花筒的工作原理非常相似：只有当万花筒中放置的彩色碎片数量足够多，人们才能从中看到多种不同的图案；同样，只有当广告创意人心智中积累的知识、资料等“旧元素”足够丰富，对各种知识与资料之间的内在联系了如指掌，最后找到富有创意的新组合的几率也才越大。很多时候，灵感爆发的导火索和催化剂就来自平时看起来相隔甚远、毫无关系甚至是风马牛不相及的一些元素，在常规的理性思维、逻辑推理的过程中，这些因素根本凑不到一起，但在挣脱了理性束缚、超常规的灵感思维下，它们却“自动”地走到了一起，并带给人全新的、从未有过的感受和体验。

其次，要对收集的来自诸多方面的海量信息进行全面、深入的思考和剖析，抓取最典型、最有代表性的本质与规律。在此基础上，开阔视野、拓展思路，多方探索解决问题的路径和方法。探索过程中，可能会碰到很多困难和障碍，即使全身心投入、绞尽脑汁地求索似乎也无济于事，看不到希望、找不到出路，此时，不妨暂时把问题放在一边，去听听音乐，散散步，和同事朋友聊聊天，让疲惫的身心彻底放松，说不定就会迎来灵感降临的高光时刻，像阿基米德那样发出“我找到了”的欢呼。

灵感如期而至之后，或多或少会给人带来一些醍醐灌顶式的启发和具有突破性的“思想火花”，但它们往往是一些零散的、不够成熟的想法，还比较稚嫩，需进一步斟酌、完善。因此，灵感思维的最后一个阶段就是对想法进行“发展”，使之更合逻辑、更成系统、更具操作性，能够真正付诸实施。

第七章　文案结构：对媒介属性的适应

与其他文体一样，在长期的写作实践中，经由先行者们的尝试、探索与总结，营销传播文案也逐渐形成了自身独特的结构模式。从早期买卖人自发、随意的简短吆喝，到较为正规、严谨的文字广告，再到出现在报刊上、由专业人士创作，既有内部分工，如标题、正文、广告语、随文，同时又是一个有机整体的结构完整的文案，营销传播文案自身也经历了一个较为漫长的发展历程。

在文案自我进化的过程中，媒介的发展、传播技术的进步又对之产生了直接、重要的影响。不同类型的媒介具有各自不同的特质、属性和要求，文案必须有针对性地对自身的内容、结构及形式进行适当的调整，只有这样，才能与媒介彼此协调配合、和谐共处。换句话说，为不同媒介撰写的营销传播文案，其结构具有明显差异。在营销传播文案中，最典型、最有代表性的文案结构主要有：结构最为完整的平面文案，以声音为主、诉诸听觉的音频文案，声画结合、视听综合的视频文案。

第一节　结构完整的平面文案

绝大多数书籍在谈及传统广告文案的结构时，都将之概括、总结为四个部分：标题、正文、广告语(广告口号、广告标语)、随文(附文)。应该说，这个结构模式本就是基于报纸杂志广告文案提炼出来的，也主要适用于平面文案，如报纸、杂志、传单、海报等。

平面广告作品一般由文案加图片构成，信息传达的重任主要由文案完成，图片主要用来提升吸引力、强化效果。特别是在报刊广告的早期，广告图片在色彩、清晰度、表现力等方面还存在很多缺陷与不足，只能充当辅助性的角色，文案是广告作品绝对的中心与主导，广告信息的传播、广告效果的达成都需借助、依赖文案；再加上纸媒可以提供较大的篇幅、以较多的文字全面介绍商品信息，因此，以报纸杂志为典型代表的平面广告便逐渐形成了标题、正文、广告语、随文四者俱全的文案结构。

一、标题

标题，又称题目，一般为揭示文案主题、精髓的简单语句，常常出现在文案最显眼的位置，用来引发读者兴趣、吸引读者阅读。

任何文章都不能没有标题。常言道："题好一半文"，想出了一个好的标题，就意味着一篇文章已经成功了一半。特别是对于营销传播文案来説，标题尤其显得重要、关键，不能有丝毫的轻视与怠慢。大卫·奥格威对文案标题重要作用的总结，至今仍被人广泛引用："平均说来，读标题的人数是读正文人数的 5 倍。因此，可以说标题一经写成，就等于花去 1 美元广告费中的 80 美分。"有调查数据显示，传统的纸媒广告，其效果的 50%~70%来自于文案的标题。人的阅读习惯也可以印证、支撑这个结论：拿起书刊、报纸等读物，大多数人首先会匆匆浏览标题和章节目录，哪个标题吸引他，他就会直接读哪篇文章或哪一节内容。如今，诸多新媒体如微博、微信上的推文，用户打开应用软件看见标题后是否点击阅读，更是直接决定着整篇文案的命运，于是，大量的"标题党"由此出现：呕心沥血地琢磨、打造标题，不想出一个"惊人"的标题决不罢休。

1. 标题的功能

BBDO 公司原副总裁 John Caples 曾对自己 50 年广告文案写作实践的经历进行总结，最后得出了 50 条教训，第一条就是：标题在广告中是最重要的因素。文案标题究竟有什么功能与作用让它显得如此重要呢？

文案写出来就是给人看的，无人问津的文案肯定是失败的。人的注意力，早已成为非常稀缺的资源。每个人的一天都只有 24 小时，除去工作、学习、吃喝拉撒睡占用的时间，本来就所剩无几，而剩余的时间还要被很多重大的新闻、有趣的节目、游戏以及影视剧等娱乐活动瓜分，根本不可能将宝贵的时间花费在广告上，因为大多数人对广告有着本能的排斥心理，接触媒介时会自动忽视甚至无视广告，很少有人会主动地阅读、观看广告。面对那些绕不开、躲不掉的广告，人们的反应基本都如同大卫·奥格威所描述的，“快速穿越广告丛林”，而且绝对是不经意、无意识地穿越；在用户全权决定自己看什么的今天，广告更是可以直接被他们过滤、淘汰掉。面对如此众多的不利因素，广告应该怎样做才能在读者、用户很随意地快速翻过页面、点击鼠标、滑动屏幕时，使其将无意识浏览的目光停留在广告作品或是进入文案界面呢？

答案很简单，那就是强化文案标题的吸引力和感染力，通过一两句话牢牢吸引、抓住用户的眼睛，并切实激发其内心的兴趣，使之迫切地想往下读。仔细琢磨那些成功的文案标题，我们可以发现，在看似简单、寥寥数语甚至寥寥数字的标题里，其实蕴涵着很多战略与策略层面的思考和运筹，其作用事关广告的全局，并决定着整个活动的成败。具体而言，文案标题的功能主要有：

(1)引人注目。首先需明确文案面对的读者、用户究竟是谁，他(她)们的现实状况、心理、趣味、爱好、习惯是什么，有什么特点与要求，只有做到心中有数、脑中有谋略、眼前有具体的形象，写作出来的标题才能精准把握读者和用户的需求脉搏，才会有针对性，才能真正抓住并吸引他们的注意。标题是广告与目标用户打的第一声招呼，一定要一语击中用户的心理需求、符合其喜好，并且还要亲切、平等，既不能错位，也不能居高临下。对于文案标题来说，这一点最基础，同时又最具挑战性。

(2)引发兴趣。在快速浏览信息的过程中，人们的注意与视线停留往往是一闪而过、非常短暂，标题还必须在有效吸引其注意力的基础上，快速完成从外在的感官注意到内在的心理关注的转化，也就是激活读者与用户进一步了解信息、探究谜底的兴趣，使之看到标题后迫切地想知道下面的内容，继续阅读正文。

(3)引导行为。好的标题还能在传递关键信息的同时隐含对消费者(顾客)行动的引导和激励。这里的行为，不仅仅局限于阅读行为，更重要的是要从阅读行为延伸到消费行为。日本学者值条则夫在其专为中国大陆读者写作的《广告文稿策略》中，总结、概括了标题的四大功能：吸引读者注意、诱导读者阅读正文、锁定潜在顾客、直接招徕顾客，简要的表述中出现了“读者”和“顾客”两个关键概念，二者指的都是广告文案针对并期望影响的对象，但侧重点有所不同，前者突出的是信息的接受者，后者强调的是发出购买行为的消费者。广告的最终目的就是要把信息的接受者激发成消费行为的发出者，在追求品效合一营销传播目标的今天，这一点尤其重要。对此，文案标题亦应承担起自己的责任。

2. 标题的类型

文案标题，从内容与形式两个角度考察，可有不同分类。

(1)从内容角度入手，文案标题可以划分为直接标题与间接标题两大类。

直接标题，即以简洁明快的语言直截了当地概括、揭示文案的主要内容，呼应文案的主题，让读者能一目了然、不费任何周折地了解信息、领会含义。如：

现在波多黎各对新工业提供百分之百的免税

带孩子聚餐，就喝果肉多

间接标题，即不直接点明广告主题、揭示文案内容，而是采用迂回曲折的手法，将关键信息或核心概念含蓄、委婉地表达出来，以激发人的阅读兴趣，营造良好的阅读氛围。如：

月光下的收成(绿巨人罐装豌豆)

柠檬(大众甲壳虫车)

直接标题直奔主题，往往能一语中的，一看就明白什么意思，一般不会含糊不清或导致歧义。但一味直白，吸引力有限，极易流于平淡乏味，让人味同嚼蜡，效果不佳。间接标题生动、形象、有趣，耐人咀嚼、回味，但也容易云遮雾绕、让人费解，还须处理好艺术手法与信息传达之间的关系，使二者能水乳交融、珠联璧合。

(2)从形式角度入手，文案标题可以划分为单行标题与复合标题两类。

单行标题，指标题只有单独的一行，即一句话。单行标题或为直接标题，或是间接标题，根据实际需要选择、确定。

复合标题，指的是由两个或两个以上的标题组成的组合式的标题，主要形式有双行题(两个标题)和多行题(一般为三个标题)两种。

两个或三个标题组合在一起形成复合标题，其中每个标题自然有不同的称呼、定位及分工。一个完整的复合标题一般由引题、正题、副题组成，三者各有分工：

引题，又称眉题、肩题，主要用来交代背景、烘托气氛、引出正题。

正题，又称为母题、主题，承担着高度凝练地展示广告内容、传递核心信息的任务，是复合标题的中心。

副题，又称子题、辅题，一般用于对正题内容进行补充和丰富。

在明确分工的基础上，引题、正题、副题各司其职，但又不能各自为政，必须注重彼此的协调、照应与配合，其中最关键的就是要做到虚实结合。一般来说，直接标题直接展示内容，为实题；间接标题不直接涉及具体内容，为虚题。在一个复合标题中，不能将所有的标题都写为实题或者虚题，如果是实题，一个就足以显示主要内容，不必画蛇添足、倒人胃口；如果写虚题，一个就已经够含蓄、委婉，再弄两三个虚题堆在一起，实则有意故弄玄虚，让人不知所云。好的复合标题就应该是直接标题与间接标题的有机结合，是虚与实的水乳交融。只有这样，复合标题才能真正发挥、实现 1+1 > 2 的作用，既以生动、形象、有趣的虚题引发读者的注意与兴趣，同时又能使之通过实题准确接收、了解关键信息。

复合标题的具体组合形式，可以根据需要做不同的选择：

其一，引题+正题+副题。例如：

庆祝母亲节——

做个快乐的妈妈

山叶电子琴使您享受快乐的家庭生活

其二，引题+正题。例如：

经验告诉我，家人总有吃坏肚子的时候

香港保济丸随时用得着

其三，正题+副题。例如：

博士伦美化您的眼睛，美化您的生活

戴博士伦舒服极了

如今，诸多新媒体上的文案标题在内容与形式上都更加灵活，分工与区别不再那么明显，普遍呈现出融合的现象，似乎是很随意地将几个句子连接在一起，但其目标与追求依然如旧，那就是突出核心信息吸引用户点击阅读。例如：

新手教师如何快速成长？名师张祖庆直播开讲（免费送书）| 新书来了学习营

中国教育报 6天前

轻薄堪比裸脚，这双超清凉百元级椰子鞋，穿后瞬间爱上压马路

21优品 21世纪经济报道 1周前

不管什么类型、何种形式的文案标题，其使命主要有三：抓住读者、用户的注意力，激发起内在的兴趣，将最重要的信息、最核心的概念送达到其眼前和心中。

二、正文

正文，指的是出现在标题之后，对重要信息和核心概念进行具体陈述、介绍、说明或阐释的文字。文案的正文可长可短，短的可以是一两句话，长的可以洋洋洒洒上千言。短文案短小精悍、自成一体，长文案则需在正文内部再细化、分工。

1. 正文的构成

篇幅较长的正文与一般文章的框架结构类似，可以大致划分为开头、主干、结尾三部分。

(1)开头。

开头，一般指正文的第一段文字。它一方面紧承标题，继续引导读者的阅读行为，同时又自然引出下文的内容，起着承上启下、衔接过渡的作用。

开头的方式多种多样，既可以开门见山，直接指向商品与品牌，又可迂回曲折，或营造某种氛围，或构建某种场景，或树立某种观念，或展示某些现象，或引出某个问题……但不管怎样，文案开头必须把握好以下两点：其一，应具有独特的魅力，要像“钩子”一样，牢牢地、紧紧地牵引着读者的视线往下移动，将其兴趣引向纵深；其二，切忌天马行空，虽然开头可以从远处、别处娓娓道来，但指向性一定要非常明确，即最后能将读者的关注点清晰、自然地归结于主要信息与核心概念，要像放风筝一样，风筝飞得再高、再远，但那根线仍握在放风筝人的手中，随时可以收回来。只有做到这两点，开头才能真正完成承上启下的任务。

(2)主干。

主干，是文案正文的核心部分。无论是商品特征、品质的介绍，企业宗旨、追求的阐述，消费者可获得的利益与好处的演示，还是故事情节、矛盾冲突的渲染，生活常识、科学知识的普及，以及各种观念的碰撞、论证，各种问题的解决，都是在主干部分进行、完成的，因此，这一部分是决定文案能否产生效果以及效果究竟有多大的关键。

主干部分首先要实事求是、言之有物。营销传播文案最忌盲目夸大、虚构造假，这不仅是一个简单的文风问题，而且事关遵纪守法的立场与态度，稍有不慎，就会滑入虚假、违法的危险境地，必须认真对待。

其次，要围绕中心，突出重点。主干部分的写作绝对不能事无巨细、面面俱到，简单罗列事实、记流水账的写法一定要尽量避免。整篇文案都应围绕一个中心点——关键信息或核心概念一一展开，与之无关或关联性不强的内容坚决舍弃。因为涉及的信息、概念越多，给读者的印象只会越模糊；重点太多，最后反而没有重点。

最后，要秉承用户立场和用户思维，处理好关键信息和核心概念的传达与读者阅读兴趣及理解程度的关系，尽量采用读者喜闻乐见的方式方法来组织、安排主干部分的层次与顺序，做到思路清晰、逻辑顺畅。

(3)结尾。

结尾，是正文的结束部分。其主要任务是呼应、强调文案的关键信息和核心概念，以富有鼓动性、号召力的方式及语言，激发、鼓励读者在心有所动的基础上付诸行动，如点赞、转发、评论，或是点击链接进入官网与电商页面，进行注册，将商品放入购物车，甚至直接购买商品。

同样，开头、主干、结尾之间既有分工，又要彼此协调配合，进而组成一个和谐的整体。很早的时候，古代中国人就用六个字总结了开头、主干、结尾各自的特质与要求："凤头、猪肚、豹尾"，非常形象、贴切。

2. 正文的表现方式

根据关键信息和核心概念表达的需要，正文可以采用各种不同的表现方式。长期的营销传播文案写作过程中，被广泛使用的表现方式主要有以下几种：

(1)陈述事实。

陈述事实即围绕商品与品牌，选取最重要的诉求点进行客观、公正的描述与介绍。

对重要事实的描述与介绍，有几种不同的角度与立场可供选择：

其一，直接介绍商品信息。站在企业及商品的立场，主要基于商品的功能、用途等提炼出文案的诉求重点，然后直接加以介绍。这种方式有些类似于产品说明书，但比产品说明书要求更高，需在内容和形式两方面有独特的创意，要将企业对产品的客观介绍转换、翻译成消费者习惯、熟悉的语言表述出来。传统广告时期大量的文案正文采用的就是这种方式，数字广告时代的展示广告、效果广告也在很大程度上沿袭、保留了这种方式。

其二，强调消费者可获得的利益与好处。从消费者角度出发，阐明使用某品牌的商品能为其解决什么问题、带来哪些好处和利益。与直接的商品信息介绍相比，其立场发生了明显的转变，不再是将商品的功用直接呈现给消费者看，而是根据目标消费者的现实状况与实际需求，设身处地地为之提供最佳的解决方案，使之从中获益。这种方式对消费者的心理说服效果自然更胜一筹。

其三，使用者现身说法。即让商品的实际使用者以自己的亲身经历、亲身体验来为商品代言。这里的使用者可以是名人明星、行业专家、网络大 V(但必须使用过商品），可以是品牌的创始人、拥有者，也可以是普普通通的消费者。相较而言，普通消费者的现身说法更显真实、亲切，名人、专家和大V们的代言影响面和号召力一般更大、更强。

（2）讲述故事。

正文不正面、直接涉及有关商品的信息，而是巧妙地将商品与品牌融入故事之中，通过故事生动、形象地完成信息的传播任务。

平面文案主要通过文字来完成故事的讲述，可以讲一个完整的、有头有尾的故事，也可以只截取一个故事片段；可以是由生活中的真实事件、真实人物改编的故事，也可以根据文案主题的需要虚构故事，甚至还可以是现实生活中不可能发生、却又可能存在的荒诞故事，只要人物、场景、情节、矛盾冲突等故事要素的设置与处理合情合理，都能成为一个好故事。但要成为一个有影响力和市场效果的广告故事、品牌故事，更关键的是要设计好商品与品牌如何在故事中出场，在故事中究竟扮演一个什么样的角色。在诸多广告故事、品牌故事中，商品与品牌经常扮演的角色是：推进、决定情节发展的关键因素，解决问题、化解矛盾的不二选择。

绝大多数故事型的文案，基本依照故事发生、发展到最后结局的顺序写作。开头交代时间、地点、人物，搭建起独有的故事场景，然后展开故事情节、突出矛盾冲突，最后随着情节的推进或矛盾的解决，凸显商品信息与品牌形象。

（3）阐释观念。

此类文案类似于“讲道理”的议论文，主要针对某种观念展开分析、论证。经常出现在营销传播文案中的观念，可以是品牌理念，可以是企业的经营理念，也可以是人们的消费观念，还可以是某种人生观、世界观、价值观……文案正文亦遵循一般议论文的章法：开头亮出中心观点，然后对之进行逻辑严密、有理有据的论证与阐发。可以从正面立论，标举某种观念与主张；也可以从反面入手，将某一落后、过时或消极、错误的观念与主张作为靶子，对之加以批驳，并在此基础上引出文案意欲推广的新观念与新主张。

三、广告语

广告语，又称为广告标语、广告口号。指的是基于企业及品牌的长远利益，从品牌文化的角度概括、提炼出的，能在各种类型的广告作品中交替、反复使用的简单语句。一经写成，可以长期沿用、保持不变。①

经典的广告语，可以伴随品牌走过数十年的风雨历程，成为品牌不可或缺的、宝贵的无形资产，成为消费者心中难忘的永恒记忆。只要看到、听到"味道好极了"，很多人会瞬间想起雀巢咖啡；数十年前诞生的"只溶在口、不溶在手"，"欢迎加入万宝路世界"，直到今天仍然保持着旺盛的生命力。

1. 广告语的特点

几乎所有的广告语都是一两句话、十几个字的简单语句，这一点与很多简短的文案标题非常类似。高志宏、徐智明所著的《广告文案写作(第二版)》曾以专论的形式讨论过"标题与广告语的差异"。之所以要特意放到一起比较，一是因为它们在形式上有许多相同之处；二是要明确区分标题与广告语，或者说要给二者一个明确的分工。专论从五个方面——内容、传播目标、使用范围、出现的位置、形态入手，对二者进行了具体的分析，如下表：②

差异	标题	广告语
内容	与广告具体内容紧密相关	长期观念，与广告具体内容不紧密相关
传播目标	吸引和引导诉求对象继续接触广告内容，注重即时的作用	传达长期不变的观念，注重对消费者观念和品牌形象的长期效果
使用范围	只在一则具体作品中使用，与广告具体内容密不可分	较长时期内持续使用，适合于任何媒介、任何形式的广告
出现位置	一般在平面广告最醒目位置和广播电视广告开头	一般在广告结束位置
形态	视创意具体需要	力求简短

广告语虽然只有短短的十来个字，但简单而不简约，言简义丰。

① 高志宏，徐智明. 广告文案写作(第二版)[M]. 北京：中国物价出版社，2002：225.
② 高志宏，徐智明. 广告文案写作(第二版)[M]. 北京：中国物价出版社，2002：225.

（1）在内容上，广告语主要是对品牌理念、品牌形象与品牌个性的高度概括、浓缩与凸显，是品牌文化的凝聚与升华。在广告作品中常常发挥着画龙点睛的作用。

（2）在形式上，广告语都很简短，而且特别讲究艺术性。一般来说，广告语的语言都要经过反复锤练，力求做到高度精炼、短小精悍。同时，还要追求文字的合辙押韵，通俗明了，让人一看就懂、一听就明白，并且朗朗上口，容易记忆。

（3）在位置安排上，广告语出现的位置其实非常灵活。可以像上表中所说的那样出现在文案结束的地方，也可以放置到文案之首、之中、之末，在平面广告中甚至还可以像对联一样，两句话分别放置在版面的两侧，平衡、美化版面。

2. 广告语的类型

根据广告语的落脚点或思考、写作时的发想方向，可以对广告语做一个大致的分类。

（1）聚焦品牌名称。

广告营销活动的目的就是要建立、扩大品牌的知名度、美誉度、忠诚度和影响力，在长期使用的广告语中，凸显品牌名称是自然而然的选择。一般来说，商品的命名本身就是一件非常考验命名者思想深度、创意能力、表达能力的事情，品牌名称既要简洁、醒目，读起来朗朗上口，听起来悦耳动听，便于理解、记忆，同时又要极具内涵、饱含深意……这对品牌广告语来说，自然也是最基本、最直接、最主要的内容。例如：

海尔，中国造

坐红旗车，走中国路

中华永在我心中（中华牙膏）

（2）突出商品特性。

立足于商品，提炼出最独特的功用、价值，通过广告语加以凸显。例如：

一呼天下应(润迅通信)

农夫山泉有点甜

请饮健力宝，止渴又逍遥

(3)强调利益与好处。

站在读者与消费者的角度，挑明并强调使用某种商品能给他们带来哪些具体的利益与好处。例如：

人头马一开，好事自然来

喝了娃哈哈，吃饭就是香

要想皮肤好，早晚用大宝

(4)张扬品牌精神与文化。

聚焦于品牌倡导、追求的理念与目标，以激发目标消费者的共鸣和认同。例如：

让我们做得更好(菲利普)

科技以人为本(诺基亚)

百事，新一代的选择

广告语常被人们称为广告标语、广告口号。提起标语、口号，一般都比较宏大、概括，但若处理不好，也容易空洞、苍白，这是在写作广告语时特别需要注意、重视的。在确保广告语简洁、耐读、动听的同时，还要做到实话实说、有一说一，不能盲目夸大，不能一味喊口号。当年获得台湾第一届广告金句奖的山叶钢琴广告语“学琴的孩子不会变坏”，初稿中多一个字“学琴的孩子绝不会变坏”，考虑到“绝”字太武断，便将之删去。删除“绝”字后，整句话显得更平和、实在。

四、随文

随文，又称附文，一般作为正文的附加部分出现在文末，是对正文未涉及内容的补充与说明。

传统平面文案的随文内容比较单一、明确，主要包括：品牌名称和商标、企业名称与地址、活动日期与优惠措施、联系方式等。

新媒体上平面文案的随文则更加丰富，顺应着用户的行为轨迹，将重点放在了链接与互动上，如微信公众号上广告推文的文末，一般都会放上含有链接的图片，点击即可进入购买页面或是小程序，非常方面；为了便于用户购买前的深入了解与咨询，还可放上客服的二维码，长按即可进行交流、互动；最后，在文案的最底部一般都会出现“分享”“赞”“在看”三个按钮，方便用户读后的反馈和二次传播，同时又能据此直接看到广告传播的效果。

相对而言，随文内容比较简单，结构相对固定，表述清晰、准确即可。但在意识上绝不能轻视随文，一定要充分发挥好其对用户的购买行为、互动行为以及二次传播行为的影响力和引导力。

第二节 诉诸听觉的音频文案

音频文案，指的是专为传统的有线与无线广播电台、互联网时代的各种网络电台撰写的营销传播文案。

平面文案用文字表达，并固定在静止的版面(屏幕)上，读者平心静气地用眼睛看，如有需要还可以反复看、认真研读；音频广告则是说者(播音员或是剧中人)用嘴将写成的文案说出来，听众只能在作品播出的瞬间，单纯用耳朵完成对信息的接收和理解。由此，音频文案在结构上与平面文案形成很大的不同。

一、音频文案的构成要素

与平面文案相比，音频文案的独特之处主要体现在两个方面：

其一，与平面文案所写的文字全部出现在正式的作品中不同，音频文案主要以脚本的形式呈现，其中有一些描述性的文字，如说话者(播音员)以怎样的情绪、腔调说话，什么时候、哪个场景需要什么类型的音乐与音响加入，等等，用以指导音频作品的录制、合成，这些文字不会出现在正式的音频作品中。

其二，平面文案非常纯粹，全部由无声语言符号(文字)构成，音频文案主要由声音构成，但看似单一的声音却涉及三个要素——有声语言、音乐和音响。也就是说，文案人员在撰写脚本的时候须兼顾三个要素。

1. 有声语言

有声语言，就是日常生活中人们面对面交流时所用的语言，又称为口头语言(简称口语)。其传播方式是口耳相传，只要会说、能听，就可以进行口语交流，不存在任何障碍，进入的门槛较低。

也正是因为生活中每个人每时每刻都可用口语交流、沟通，由此形成有声语言与无声语言之间明显的差别，通俗易懂、明白晓畅、富有生活气息，是有声语言的主要特点与优势。

运用有声语言写作文案的方式主要有两种：独白和对话。

(1)独白，就是一个人说。这个人可以是播音员，也可以是文案设定的某个角色。在文案人员完成脚本后，由播音员或品牌代言人根据文案的要求，以符合角色的口吻、情绪将脚本上的文字说出来。这种独白式的音频文案往往站在一个固定的立场，以一个视点、一种语气贯穿始终。

一个人从头说到尾，会显得比较呆板、枯燥，效果难以保证。为了求得变化，“变声”的方式便被人采用，即本来是独白式的脚本，但用两种不同的声音说出来。例如：

> (男声)穿上双星鞋，(女声)好事自然来；(男声)穿上双星鞋，(女声)祝您早发财！(男声)青岛双星集团，(女声)祝全国听众——(男女合声)早安！

相比于从始至终一个人说，两种不同的声音交替出现，会让人感觉到有变化，吸引力和效果自然会好一些。

音频文案除了“说”这种传播方式，还可以“唱”的方式呈现。广告歌在品牌广告中非常普及，有很多经典的广告歌被广为传唱，几乎可以用家喻户晓来形容。如歌手王力宏就为很多品牌唱过广告歌，包括娃哈哈、可口可乐、麦当劳等；华为也有自己的广告歌《我的梦》，而且还有中英文两个版本。

(2)对话，又称对白，即两个或两个以上的人同时在场，一个人一句，你来我往地交替说话。参与对话的每个人，往往都站在各自不同的立场上，从不同的视角、以不同的口吻说着各自该说的话，因而就会形成鲜明的反差，甚至会因双方(多方)的各执一词形成对立，产生矛盾冲突。这些要素——对立、矛盾、冲突交织在一起，会以极具张力的戏剧性让人单纯通过听就能身临其境、感同身受，效果非同一般。

在音频文案中，有声语言是绝对的主力，广告营销信息的传播任务几乎全部由它承担、完成，音乐和音响只是起辅助性的作用。

2. 音乐

音乐，主要作用于人的心灵、情感。在音频文案中，音乐虽是信息传播的辅助要素，但其作用也不可低估。没有音乐与音响的配合，只有单一的人声，无论多么绘声绘色，终究会给人单调、乏味的感觉和印象。选择恰当的音乐与人声配合，会在很多方面增强音频作品的吸引力、感染力和传播力。

第一，悦耳的音乐具有很强的穿透力，能在瞬间抓住人们的听觉，从而更快捷地吸引人们关注作品、关注信息。

第二，好的音乐能有效唤起人们的情绪、情感，在一定程度上缓和、减少对广告的排斥感，同时也可为相对客观、枯燥的商品信息增添一些情感色彩，使之更易被人接受。而且，在优美的旋律的辅佐下，人们的记忆力更强，更容易记住信息内容。

第三，一些为品牌量身定制的音乐，经由广泛的传播，会像电影、电视剧的主题曲一样，成为品牌的特有符号，被人们牢牢记住。日后只要一听到熟悉的旋律，就会自然联想到品牌名称及其商品。

3. 音响

音响，指的是音频作品中为烘托环境、氛围而采用的各种来自自然或人工合成的声响。音频文案中经常出现的音响主要有三种类型：

一是来自自然的音响，如风声、雨声、流水声、雷鸣声、鸟鸣声……一般用来烘托背景。

二是来自商品的音响，即由特定商品发出的声响，如电话铃声、刹车声、汽笛声、钟表滴答声……可用来表现商品特性或渲染环境氛围。

三是由人发出的各种声响，如笑声、哭声、掌声、喘气声、喝水声、敲门声、脚步声……主要用来表现人物情绪和情感。

音响虽然不能直接传递商品信息，但却能通过对环境、氛围以及人物情绪的渲染给人逼真的现场感，进而提升听众的投入度，加深其对相关信息的印象。

二、音频文案的结构方式

音频文案主要以时间为轴、用口耳相传的方式传播信息，在“说”与“听”的过程中，根本无法界定、区分哪一句话是标题、广告语，哪几句话是正文，而且这种区分根本没有任何意义。因此，音频文案的结构与平面文案规范、完整的结构形成鲜明的差别，如果说，平面文案结构的形成主要是基于对文字较多、篇幅较长的一篇文字进行内部分工与合作，那么，音频文案在建构文案框架时，则跳出了单一的语言符号的范畴，更多地考虑语言符号和非语言符号的兼顾、配合与协调，也就是根据文案创意策略对有声语言、音乐、音响三种要素进行不同的组合。

1. 单纯的有声语言

文案只使用一种构成要素，即有声语言符号，完全不要音乐、音响的配合，可以说是最简单的音频文案结构形式。例如：①

在300多年前，浙江宁波府有个走街串巷的卖药郎中，名叫乐尊育，正是他在公元1669年创建了同仁堂。数十年后，同仁堂的药剂以配方独特、选料上乘、工艺精湛、疗效显著而获得了向清皇室供应药品的特权。同仁堂的近百种传统中成药，以“不省人工，不减物力”、货真价实、制作精细的传统特点在众多的百姓中极负盛誉。如今百年老号同仁堂更以讲药德、守信誉的美称而名扬海外，享誉八方。

---

① 阮卫. 现代广告文案写作[M]. 合肥：安徽人民出版社，1997：265-266.

这样的音频文案以事实取胜，播出时只需要一个人娓娓道出即可，不玩任何花样，一般也只有大品牌能如此地自信。

为了避免听众在接收过程中自始至终只能听见一个声音、一种腔调，会觉得枯燥、呆板，还可以两人或多人的对话替代一个人的独白。例如：①

男孩：我想吃威威搁料面泡。

母亲：不是面泡，是面包；不是搁料，是果料；也不是威威，而是莱威。好了，你自己再说一遍！

……

两个人的对话，各有自己的身份、立场、角度、情绪及说话的方式，与从头到尾只有一个声音相比，增添了更多的变化与乐趣。

2. 有声语言+音乐

以有声语言承载、传递商品与品牌信息，同时以恰当的音乐营造良好的收听环境，有效调动听众情绪和情感的参与，加深其对信息的理解与记忆。例如：②

（音乐，压混）

女：世界上什么东西最长又最短，最快又最慢，最能分割又是最广大的，最不受重视又是最可惋惜的？它使一切渺小的东西归于消灭，它使一切伟大的东西生命不绝！

男：法国思想家伏尔泰的这个谜语曾经把多少学者难倒。亲爱的听众，您也动动脑子，猜猜这是何种珍宝？

女：噢，您不知道？那就请您佩戴上孔雀牌手表，它会帮您解开这个谜底，这就是时间的奥妙。

男：也许，您也知道时间的重要，可您怎样掌握时间的分秒？国家一级名表——孔雀牌手表，会帮您夺得准确无误的分秒！

---

① 阮卫. 现代广告文案写作[M]. 合肥：安徽人民出版社，1997：266.
② 阮卫. 现代广告文案写作[M]. 合肥：安徽人民出版社，1997：266-267.

3. 有声语言+音响

即有声语言符号和音响的组合。例如:①

——对不起，先生，半夜三更您在这儿干什么?

——看见您太高兴了，警官先生。

——我问你在这儿干什么?

——我住得不远，那边，第四栋楼……门口正在修路。

——先生，别废话了，请回答我你在这儿干什么!

——哎，别提了。我本来已经上床睡觉了，可是突然想起来白天忘了买本《时代》看看。

——你穿的这是什么?

——衣服?睡衣呀!哎哟，走的时候太慌张了，我老婆的睡衣。很可笑吧?(嘿嘿)

——上车吧，我送你回去。

——不行，没本《时代》周刊我睡不着觉，躺在床上看看“电影评论”“现代生活掠影”这些栏目……

——好了，好了!快点吧，先生!

——我试着看过其他杂志，都不合胃口。您知道《时代》发行情况一直上升吗?

——不知道，我知道罪案发生的情况。(汽车发动声)

——像我这样的《时代》读者多得很，比如丘吉尔，你呢?快快，不好了，快停车，你总不能看我穿着我老婆的睡衣就把我送到警察局去吧?

——你到家了!下车吧。(停车声)

(旁白):《时代》周刊，逸闻趣谈。

买一本，度过良宵。

看一遍，安然入眠。

---

① 迟双明. 广告——广告文案创作50法和精彩实例[M]. 北京：中国国际广播出版社，2004：438-439.

以汽车发动声、停车声来衬托午夜街头的寂静。

4. 有声语言+音乐+音响

这是最完备的音频文案的结构样式，三要素俱全。例如：①

(音乐渲染出惊恐的气氛)
(沉缓地)一个寂静的深夜
(音乐继续，低沉的脚步声)
一条窃贼的身影
(音乐继续，突然响起警铃声)
一鸣惊人的警铃
(音乐继续，急促有力的脚步声)
一声威严的喝令："住手！"
一名落网的惯犯
"带走！"(一阵远去的脚步声)
一场落空的美梦
防盗保险，请用猎犬牌防盗报警器
猎犬牌报警器保您的文件和财产防盗、安全！

整则文案始终有音乐、音响伴随，很好地渲染出现场紧张、激烈的氛围，能让人很快沉浸其中。

第三节　视听综合的视频文案

视频文案，指的是专为电视、电影、微电影、视频等视听综合媒介作品创作的营销传播文案。

需要特别说明的是，文案人员撰写的视频文案与观众、用户在视频作品中看(听)到的文案有很大的差别。用户在视频作品中看(听)到的文案可能只有寥寥

① 阮卫. 现代广告文案写作[M]. 合肥：安徽人民出版社，1997：267-268.

数语，甚至只有十来个字；而文案人员创作、提交给拍摄制作人员的文案，无论是在内容、涉及的要素和篇幅、字数上，都远远超出用户实际看到的。如第五章介绍过的南方黑芝麻糊的电视广告，在实际播出的电视广告中，观众能接收到的真正属于文案（语言符号）的部分只有三句画外音：“黑芝麻糊哎……”，“小时候，一听见芝麻糊的叫卖声，我就再也坐不住了……”，“一股浓香，一缕温暖。南方黑芝麻糊”，和两个字幕：“一股浓香，一缕温暖”，“南方黑芝麻糊，广西南方儿童食品厂”。拍摄脚本中大量的文字主要用来介绍故事情节、描绘人物与场景、指导镜号及镜头的调度，以及说明音乐和音响何时配合、文案如何呈现……这些文字隐含在作品的背后，观众是看不见的，而这又是拍摄视频作品必不可少的、重要的基础。有学者在界定广告文案的概念时认为：“所谓广告文案，是以语言文字为物质媒介符号，传达出创作主体某种特定的广告构想和诉求的篇章。”将文案的涉及范围扩展到广告作品之外：“这一定义所强调的不是媒体发布的广告作品，而是一种特定的篇章，从而将那些未在广告作品中出现的语言文字（如电视广告文案中的画面内容陈述以及拍摄技术的提示性说明等）也包括在广告文案之中。”①将创作人员对视频作品的整体构想囊括进文案的范畴，特别符合视频文案的现实状况和特点。

另外，视听综合媒介综合运用视觉、听觉两类符号，调动用户的眼睛、耳朵两个感官，其传播手段的丰富性及其作品的感染力，也是平面作品和音频作品无法匹敌的。

一、视频文案的构成要素

平面文案使用单一的视觉符号，主要作用于人的眼睛；音频文案使用单一的听觉符号，主要作用于人的耳朵；视频文案则综合使用视觉、听觉符号，同时作用于人的眼睛和耳朵。因此，视频文案的构成要素更加丰富、复杂，主要包括画面、声音、字幕。

1. 画面

画面又称为图像。视频作品中的画面绝大多数是运动的，与平面作品中静

① 张微. 广告文案写作（第二版）[M]. 武汉：武汉大学出版社，2008：2.

止的图片相比，视频作品的画面能从外到里、全方位地展示商品和商品的使用状况，而且非常直观，观众一看就明白。因此，从传播信息的角度，画面成为视频作品里绝对的“主角”，包括语言符号在内的其他要素则要退居次席、甘当“配角”。大卫·奥格威就曾感慨：“在电视时代的早期我犯了依靠语言来推销的错误，我习惯了没有画面的广播。我现在明白电视是用画面来讲故事的。所以画面比声音更重要。语言和画面必须互相配合、互相扶持。语言的唯一功能是解释画面所表现的东西。”①

一般来说，视频广告中的画面经常聚焦、突出展示的重点是：人物、商品、场景。

(1)人物，这里的人物泛指一切具有生命力、表现力的人与物，例如：品牌的形象大使，广告演员，普通消费者，卡通形象，大大小小的动物，甚至是各种花花草草，只要符合广告创意的要求，都可以进入视频画面，担当起商品信息的代言人，品牌理念、人生理念的阐发者，故事情节的主导与推进者，困惑与问题的提出者……他们的一言一行，甚至一个眼神、一个表情，都有明确的指向与归宿。

(2)商品，从广告营销活动的终极目标来说，商品、品牌是其永恒的主角。一直以来，在广告营销行业获得普遍认可的观念就是：任何不具销售力的广告都有违广告的初衷、有悖广告的目的；即使当下流行的众多去广告化的作品，最终也还是要回归到促销商品、推广品牌的轨道。因此，只要是广告营销作品，就根本不能离开商品，无论是画面还是文字，都要极力地烘托、表现商品。品牌的名称和商标，商品本身，商品的原料来源、生产工艺与流程，商品的使用方法，等等，都经常出现视频画面中。当然，商品的具体出场方式也直接检验着广告人的创意能力，需仔细琢磨。

(3)场景，主要指的是视频作品中呈现的与地点、空间、环境相关的要素，如故事或事件的发生地，人物的活动场所，或者是视频作品的拍摄点。场景可以是纯粹、现成的室外自然景点，可以是人们日常工作、生活、学习、休闲的场地，可以是人工搭建的专业摄影棚，还可以是电脑合成的虚拟空间……同时，场

① 大卫·奥格威．一个广告人的自白［M］．刘毅志，译．北京：中国友谊出版公司，1991：118.

景还需要很多细节的支撑，如室外的山水、花草、虫鸟，街道、广场、楼房，以及拥挤的车流与人流……室内的各种家具、用品与装饰……都是构建、还原一个真实的场景必不可少、不可忽视的。

2. 声音

视频作品讲究、追求的是声画合一。光有运动的画面还不够，还须有声音的有机配合。

视频中的声音几乎与音频作品中的声音一模一样，主要由有声语言、音乐、音响组成，三者各有分工，各司其职，只是在有声语言的运用上更加精炼、集中。语言符号在视频中的呈现方式主要有画外音(旁白)、人物独白或对话、字幕。

3. 字幕

这是语言符号在视频作品中的一种表现形式。视频作品的主要特点是视听综合，无论是创作者的表现(编码)环节，还是观众、用户的接受(解码)环节，视觉符号和听觉符号可以同时并用。语言符号在视频作品中既可以“说”和“听”的方式出现，同时又可以“写(字幕)”和“看”的方式出现；既可以用声音和字幕表达完全相同的内容，也可以强调不同的重点。字幕既可以叠加在画面的下方，也可以作为画面的有机组成部分放置在最需要、最恰当的地方。

二、视频文案的结构方式

前面说过，视频文案是为视频作品的拍摄写作的脚本，其涵盖的内容非常丰富、繁杂。视频脚本写作中常用的结构方式主要有两种：文学脚本和分镜头脚本。

1. 文学脚本

文学脚本，或文学剧本，主要是指为电影、戏剧创作的底本，文学性较强。就像写文学作品、小说或故事一样，将故事的来龙去脉和矛盾的发生、发展直至最后解决等用文字交代清楚、描述完整即可。如迪塞尔牛仔裤当年的电

视广告脚本：①

这是一个叫小石镇的典型西部小镇的清晨。

善良、友好、乐于助人的英俊男子，跟他美丽端庄的妻子和他们可爱的宝宝一块醒来。

在小镇另一处，既卑鄙又肮脏的坏蛋史利姆在一妓院里醒来，身边躺着一个丑婆。史利姆酒醒后感到头昏脑胀。他看了看这个妓女，把床单扔在她身上。他吃力地把衣服套在自己肥大的身躯上。

英俊的男主人公穿上他的迪塞尔牌牛仔裤，和妻子吻别。出门后，他帮助一位老妇人穿过马路。

与此同时，史利姆笨拙地来到楼下，抢了一个小女孩手中的棒糖，朝威士忌酒瓶猛击一拳，将一只狗踢出门廊。

这两个人在街上碰头了。一场枪战决斗在所难免。这个只有一条大街的西部小镇太小了，无法同时容下他们两人。

他们拔出枪对射。英俊的男主人公倒地身亡，而史利姆挖着鼻孔准备着继续作恶。

最后推出品牌和广告语：

迪塞尔牛仔裤　成功的生活法则

时间、地点、人物、事件以及事件的发生发展过程和结果，通过简短的文字非常集中地予以呈现。

还有的脚本更加简单，只是截取一个生活片段加以简要描述：②

一天傍晚，一对老夫妇正在吃饭，电话铃响，老妇人去另一间房接电话。回来后，老先生问："谁的电话？"

老妇人回答："是女儿打来的。"

又问："有什么事？"

---

① 根据网络资料整理。

② 郭有献. 广告文案写作教程(第四版)[M]. 北京：中国人民大学出版社，2019：205.

回答："没有。"

老先生惊讶地问："没事？几千里打来电话？"

老妇人呜咽道："她说她爱我们。"

两人顿时相对无言，激动不已。

出现画外音："用电话传递你的爱吧！"

这是美国贝尔电话公司的电视广告脚本，非常简单、精练，只是描述了老妇人晚餐时接电话的动作及其后夫妻间的对话。

可以说，上面两个文学型脚本都只写了一个故事梗概，告知了基本的故事情节、对话内容以及核心内涵，相对比较笼统。这样的脚本是无法直接指导视频导演的拍摄工作的，视频拍摄工作要顺利进行，还必须将故事梗概进一步细化为一个个镜头，并用文字将每一个镜头、每一格画面的具体内容表述出来，也就是做成分镜头脚本。

2. 分镜头脚本

分镜头脚本，指用于具体指导视频作品拍摄、制作的蓝本，又称为工作台本。视频拍摄过程中，导演、摄影师、剪辑师、音响师、代言人及演员等都需按照分镜头脚本的内容、提示与要求完成各自的工作。相比于文学脚本，分镜头脚本涉及的项目更加全面、细致，内容更加具体、翔实，要求更加明确。

从表述方式的角度，分镜头脚本又可细分为文字式分镜头脚本和表格式分镜头脚本。

所谓文字式分镜头脚本，指的是全部用文字来表达的脚本。如公益广告《帮妈妈洗脚》的电视广告脚本：①

主题：爱心传递孝敬父母

音效：贯穿全集

① 公益广告《帮妈妈洗脚》的电视广告脚本：http://www.cctvad.org/%E5%A4%AE%E8%A7%86%E5%B9%BF%E5%91%8A/%E5%A4%AE%E8%A7%86%E5%B9%BF%E5%91%8A%E5%88%9B%E6%84%8F/%E5%A4%AE%E8%A7%86%E5%B9%BF%E5%91%8A%E5%88%9B%E6%84%8F-588.html。

镜头一，内景 1′（近景）孩子的脚在水盆中，一双大手在给孩子洗脚。

镜头二，内景 2′~3′ 孩子的母亲给孩子一边擦脚一边讲故事。母亲说："小鸭子游啊游游上了岸。"

镜头三，内景 4′（镜头俯视）孩子快乐地在床上打滚，笑声十分欢乐。

镜头四，内景 5′ 母亲转身开门欲出去，并对孩子说："你自己看，妈妈待会儿再给你讲。"

镜头五，内景 6′ 孩子躺在床上看书。

镜头六，内景 7′~8′ 母亲拎着一桶水进了另一个房间。

镜头七，内景 9′~11′ 孩子很好奇，就紧跟着也出了门。

镜头八，内景 12′~13′ 孩子的母亲正蹲着在给孩子的奶奶洗脚（镜头由远及近），奶奶说："忙了一天了。"

镜头九，内景 14′~16′ 奶奶捋了捋孩子母亲的头发（镜头是那个母亲的脸部特写），奶奶继续说道："歇一会儿吧。"孩子的母亲笑了一笑说："不累。"

镜头十，内景 16′~17′ 切换至孩子的近景，孩子倚在门边看着这一切。

镜头十一，内景 18′~21′ 孩子的母亲舀着水给奶奶洗脚（镜头由下而上）（镜头给了奶奶特写），奶奶轻轻叹了口气，同时孩子的母亲说："妈，烫烫脚对您的腿有好处。"

镜头十二，内景 22′~23′（孩子脸部特写）孩子看到这番情景以后，转身跑了出去。

镜头十三，内景 24′~27′ 孩子的母亲回到孩子房间打开门一看，孩子不在房间里，房间里的风铃也叮零作响。母亲好像听到孩子的声音了，便回头看去。

镜头十四，内景 28′~30′　这时，孩子端着一盆水由远及近走来（镜头速度放慢）。

镜头十五，内景 31′~34′（镜头给了孩子近景特写）孩子笑逐颜开地说："妈妈，洗脚。"

镜头十六，内景 35′~38′ 孩子的母亲露出了欣慰的笑容（母亲脸部特写）。38′时画外音起。

镜头十七，内景 39′ 镜头转换。

镜头十八，内景 40′~45′ 坐在板凳上的孩子给坐在床边的母亲洗脚，对母亲说："妈妈，我也给你讲小鸭子的故事。"同时画外音："其实，父母是孩子最好的老师。"画面字幕：将爱心传递下去(同时镜头画面逐渐模糊)。

视频脚本必须涉及、描述的项目及内容包括：镜号、景别、画面内容、声音内容以及所需时间等。

所谓表格式分镜头脚本，通俗地说就是"填表格"，即用表格的形式将脚本应该涉及的主要项目及内容简单地呈现出来。

如中国移动通信当年的电视广告脚本：①

篇名：潜水篇 30 秒

主题：无论你身在何处，中国移动都能带给你意想不到的

镜号	景别	镜头运用	画面内容	时间	字幕	画外音	音效
1	全景	俯拍	平静的海面，漂荡着一艘豪华游艇。一妙龄女郎悠闲地倚在船舷上，望着远处的海水	3			
2	近景	切换	女郎从茶几上拿起手机，修长的手指轻盈地拨着号码，凑近耳旁倾听	2			
3	中景	切换	宁静神秘的海底世界，一男子在悠然地潜水，欣喜地观看着在身边游来游去的各式各样的海中生物	2			

① 中国移动通信网络电视广告《潜水篇》创意脚本：http://www.cctvad.org/%E5%A4%AE%E8%A7%86%E5%B9%BF%E5%91%8A/%E5%A4%AE%E8%A7%86%E5%B9%BF%E5%91%8A%E5%88%9B%E6%84%8F/%E5%A4%AE%E8%A7%86%E5%B9%BF%E5%91%8A%E5%88%9B%E6%84%8F-1472.html。

续表

镜号	景别	镜头运用	画面内容	时间	字幕	画外音	音效
4	特写	切换	突然从男子腰间传出的手机呼叫声，打破了海底的宁静	1			
5	中景	电脑特技	周围的鱼儿都左顾右盼，嘴巴一张一翕，不停地吐着汽泡儿，好像在商量着什么似的	2			
6	近景	推	鱼儿都发现了男子腰间那一闪一闪的发光的银色物体	2			
7	近景	拉	男子从腰间取下手机，按下免提功能键接听来电	2			
8	特写	电脑特技	鱼儿怒气冲冲地朝男子包抄过来，像离弦的箭一样从四面八方射向男子	3			
9	中景	切换	男子发现周围的鱼都朝他冲过来，吓得连忙把手机扔了	2			
10	特写	切换	手机中传来女郎娇滴滴的问候声，“喂！你在海底下还好吗？我想你，快上来吧！”	3		喂！你在海底下还好吗？我想你，快上来吧！	
11	近景	电脑特技	一条大鲨鱼用嘴接住手机，奋力跃出了水面，其他的鱼也跟着纷纷跃出了水面	3			
12	大特写	切换	蔚蓝的海面上跃起一只银色的海豚，海豚在妙龄女郎面前摆了个优美的“S”形舞姿	3		无论你身在何处，中国移动都能带给意想不到的	
13	特写	淡出	舞姿定格，蓝底白纹的中国移动标志从舞姿中凸现出来	2	沟通从心开始　中国移动通信	沟通从心开始中国移动通信	

除了用文字描述音频和视频的内容外，还可采取图文结合的方式，即视频部分直接用图片表现，甚至还可以是手绘的草图，只要能清晰地表现内容即可。

第八章　文案风格：语言表达方式的选择

在文案的内容创意、形式创意都已有序推进并有了明确的结果之后，下一个环节的工作就是选择恰当的语言符号，具体写作文案。

人类所有的写作活动，不管是写什么类型、体裁的文章，其最外在、最直观的行为表现就是遣词造句、连句成段、连段成篇。在每一种语言体系中，常用字的数量都是有限的。据国家语言文字工作委员会 1988 年的统计，在中国人的日常交流中，常用汉字也就 3500 个左右，其中最常用的 2500 个，次常用的 1000 个。但就是这 3500 个常用字，在不同人的笔下，在不同的文章与文案里，经由不同的排列组合，却又呈现出多姿多彩、千差万别的不同风格。之所以如此，起关键、主导作用的还是写作者，更准确地说，是写作者正在写的文章与文案的现实需要。

“我手写我心”，这是谈及文章写作经常会用到的一句话，头脑怎么思考的、心中怎样想的，文章就怎么写，于是，写出来的文章也就打上了“我”的烙印，具有“我”的风格。然而，营销传播文案有自己独具的特点和要求，它不像一般文章，如小说、诗歌、散文、学术论文，是一种纯粹自主、自由的创作，而是受到很多因素的限制和束缚，无论是文案主题与内容的确立，还是表现手段与方法的选择，都概莫能外。具体到文案的遣词造句、语言风格，不能单凭文案撰写者的个人喜好及擅长决定，而是要综合考虑诉求对象、用户和消费者，以及特定的商品与品牌的实际状况和战略需要。

传统广告表现中运用很广的“FCB 网格图”和“金罗坐标”，就是从消费者面对不同类型商品时的实际状况入手，研究不同类型的商品广告应该选用何种语言风格，最后提炼、总结的模型。“FCB 网格图”以消费者购买商品时的“参与度”和“关心类型”为纵横轴，根据消费者参与程度的高低，以及参与时是投入思考还是投入情感，将不同商品分别归入四个象限——低参与度思考型、低参与度情感型、高参与度思考型、高参与度情感型。① 一般来说，在“FCB网格图”中，越靠近思考型极点的商品，理性诉求的效果较好；越靠近情感型极点的商品，使用感性诉求的效果较好。“金罗坐标”则以“认知投入”和“情感投入”为纵横轴，按照投入程度的高低也分出四个象限——情感与认知投入都低，情感与认知投入都高，情感投入低、认知投入高，情感投入高、认知投入低。相对而言，情感投入高的商品适合于用感性诉求，认知投入高的商品适合于用理性诉求，情感与认知投入都高的商品采用情理结合的诉求方式效果更好。

由此，从语言符号的选择运用以及最后形成的整体风格的角度，营销传播文案可以分为三种类型：理性诉求文案、感性诉求文案和情理结合文案。

第一节　理性诉求文案

理性诉求文案，指的是直接介绍商品与品牌信息，或是集中论证、阐发某种观念的文案，可以说是理性思维的结果。

理性诉求文案主要围绕“事实”和“观念”展开，与之相对应，行文时选用的语言符号一般也以叙述、说明和议论为主，整体上呈现出客观、严谨、理性的风格。

理性诉求文案通过其陈述的事实、倡导的观念，进一步引发用户与消费者的认知，使之做出自己的分析和判断。

一、说事实

大卫·奥格威曾如此描述自己写作文案时的心境与状态：“我总是假装我在一个餐会上坐在一位女士的旁边，而她要求我告诉她应该买哪种商品，她在什么地方能买到它的建议。所以我就把要对她说的话写下来。我给她种种事实、种种事实、种种事实。如果可能，我就设法去使得它们有趣、具吸引力并有亲切感。”②

---

① 高志宏，徐智明. 广告文案写作(第二版)[M]. 北京：中国物价出版社，2002：194.

② 丹·海金司. 广告写作艺术[M]. 刘毅志，译. 北京：中国友谊出版公司，1991：81.

广告最主要的职能就是传播有关商品与品牌的信息，对于用户和消费者而言，他们很多时候最想知道的就是这个商品有什么样的功能、用途，能够为他们解决什么问题，并带来何种利益与好处，这个品牌和企业的追求和价值观如何。对此，文案最简单、直接的做法就是告知商品和品牌的“种种事实”。

“种种事实”的呈现须依赖叙述和说明性的语言符号，直接、简洁、客观、冷静地予以陈述与说明。

大卫·奥格威为波多黎各写作的招商广告，是他自认为最有效果的广告，写成后广告主一字不改地核准通过，刊登后给波多黎各带来很多投资。① 整篇文案961个字，紧紧围绕着波多黎各欢迎投资商前来投资开发的主旨展开，主标题强力渲染“波多黎各对新工业提供百分之百免税”的最大优惠政策，并引用总督缪拿兹(Munoz)的话作为副标题，再次强调“联邦税法不适用于波多黎各”，对“新的”与“扩展中的”工业，波多黎各还“豁免全部地方税”；正文由五部分组成，每部分均以小标题作引导，就劳动力、自然环境、投资时机、交通运输等投资者非常关注的要素，全面、细致地介绍波多黎各得天独厚的资源与条件，以凸显波多黎各对投资者的强大吸引力；文案最后还附了一个回函单，方便有投资意向的投资者表达、传递意愿。正是这份回函单，使这则广告文案的效果非常直观地得以体现：“1.4万读者剪下了这则广告中的回单，当中的几十个人后来在波多黎各开办了工厂。”正是翔实的事实带来了实际的效果，“若是我囿于常理只空空洞洞地写上几句，那么这样的变化就根本不会发生。”②因此，大卫·奥格威对纽约大学零售学校查尔斯·爱德华博士的观点推崇备至：“讲的事实越多，销售得也越多。一则广告成功的机会总是会随着广告中所含的中肯的商品事实数据量的增加而增加的。”③

展示“种种事实”的方法灵活多样，除了用叙述性和说明性的语言符号，还可以通过更直观醒目的数据、图表、算式等方式加以呈现。

20世纪70年代，美国取消了对电话行业的限制，由此激活了行业内部的竞

① 丹·海金司. 广告写作艺术[M]. 刘毅志，译. 北京：中国友谊出版公司，1991：97.

② 大卫·奥格威. 一个广告人的自白[M]. 林桦，译. 北京：中国友谊出版公司，1991：99.

③ 大卫·奥格威. 一个广告人的自白[M]. 林桦，译. 北京：中国友谊出版公司，1991：99.

争。到80年代初，长期处于电话行业霸主地位的AT&T遭遇后起之秀MCI的强劲挑战。MCI通过低廉的价格打开市场，获得极大成功。进入90年代后，MCI又推出"亲友"计划：MCI的用户给列入"亲友"名单的人(也是MCI的用户)打电话可以享受20%的优惠。此项活动实施后，MCI的市场份额很快提升到20%，而AT&T的市场份额则跌落到60%。面对这种被动局面，AT&T公司于1994年下半年更换了新的管理人和广告代理公司，进而改变了广告营销策略，主动对MCI予以有力的回击，推出了一则针锋相对的回击广告：①

MCI的数学？

20%=6%

20%=在你所列名单范围内，且同时是MCI用户的家人、朋友打电话时所享受的折扣。

6%=出现在你账单上的平均折扣。

MCI在广告中给长途电话提供了20%的折扣，条件是通话对方必须已被你列入名单之内，而且他也是MCI的用户。

事实是，当收到账单时，参与这一活动的用户看到的折扣只是6%而不是20%。因为他们大约2/3的电话不是打给已经列在名单范围内的MCI用户，这些电话是打给别人的，可能甚至是其他MCI用户，但他们并未被列入名单中。如果被你列入名单中的人离开了MCI——由于他们自身的原因——那么你打给这些人的电话不再享受折扣。

虽然MCI允许20个人被列入名单，但大部分人只给这个名单中的一或两个人打电话。所以折扣值开始听起来很大，但当你自己去核对这个算式的时候会发现它实际上要小得多。事实上，2/3此项活动的用户如果使用AT&T会节省更多的钱。

所以，如果MCI算术不适合你，请看另一页，你会看到……

---

① Gerard Tellis. 广告与销售战略[M]. 张红霞，王晨，译. 昆明：云南大学出版社，2001：167-169.

AT&T 的真实算术

20%=20%

20%=你给任何人打电话均享受20%的折扣。

20%=你在 AT&T 账单上所看到的折扣。

隆重推出 AT&T 活动。每月花 25 美元并节省 20%。任何时候，在美国的任何地点打电话给任何人。

整个文案采用对比的方式建立框架，自然将文案分为两部分。两个部分各由一个醒目的复合标题引导，标题采用的是算术等式，特别简单，但含义却颇为丰富。第一个标题是一个问句和一个明显是不等式的等式，既成功地吸引了受众的注意、调动起受众的好奇心，又简明、直观地透露出诸多隐含的信息，而且还自然而然地引出后面的说明性文字来解答那个问号，可谓是一举数得。接下来的正文便紧紧围绕着为什么"20%=6%"进行解释，最后亮出结果：很多 MCI 用户实际享受优惠的"亲友电话"只占其电话总量的 1/3，折扣率只有 6%。看到反差如此巨大的两个数字，消费者自然心有不甘，于是广告"趁热打铁"，抛出另一个"事实"——"事实上，2/3 此项活动的用户如果使用 AT&T 会节省更多的钱"，水到渠成、顺理成章地过渡到第二部分"AT&T 的真实算术，20%=20%"。这部分用最简洁的文字陈述两个 20%的实际内涵，没有任何附加条件，不掺杂丝毫的水分，再加上最后一句行动号召"任何时候，在美国的任何地点打电话给任何人"，相当自信，充满霸气。

很多时候，简单的数字最具说服力。一组数据摆出来，无须多言，传达的信息和意义直接显示出来，并给人科学、严谨、无可辩驳的印象。如北京某旅行社的广告，周到、细致地为消费者算了一笔经济账：①

只要半个平米的价格，日韩新马泰都玩了一圈；

一两个平米的价格，欧美列国也回来了；

下一步只好策划去埃及南非这些更为神奇的所在；

① 根据网络资料整理。

几年下来，全世界你都玩遍，可能还没花完一个厨房的价钱；
但是那时候，说不定你的世界观都已经变了。
生活在于经历，而不在于平米；
富裕在于感悟，而不在于别墅。

这样的文案一定会触动很多人的神经。

二、讲道理

为了促进、增强用户和消费者对商品和品牌的理性认知，理性诉求文案可以陈述商品的“种种事实”，为其认知活动提供原料与依据，使之基于对事实的分析认可而接受文案的诉求内容；同时，还可围绕商品与品牌，提炼出一个核心概念或理念，这个理念可以是企业的经营理念，可以是品牌的文化内涵，也可以是某种消费观念，甚至是某种价值观念，以此作为文案的中心观点，对之进行逻辑严密、有理有据的论证与阐发。也就是用观念武装用户和消费者的头脑，使之与品牌的精神与文化达成共鸣与认同。

我们来看中国奥美广告公司为天下文化出版公司25周年庆所写的文案：①

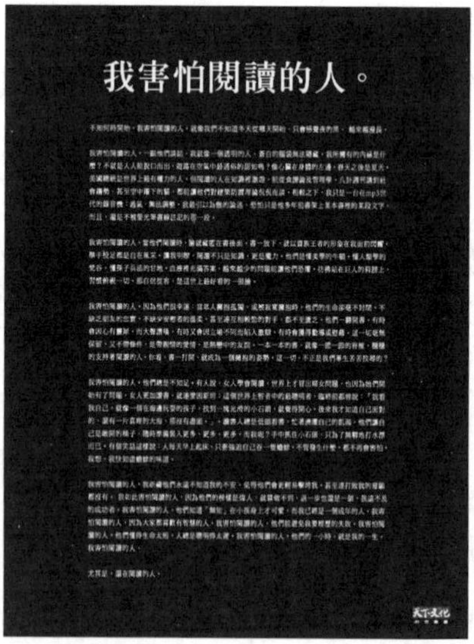

① 根据网络资料整理。

我害怕阅读的人

不知何时开始，我害怕阅读的人。就像我们不知道冬天从哪天开始，只会感觉夜的黑越来越漫长。

我害怕阅读的人。一跟他们谈话，我就像一个透明的人，苍白的脑袋无法隐藏。我所拥有的内涵是什么？不就是人人能脱口而出，游荡在空气中最通俗的认知吗？像心脏在身体的左边。春天之后是夏天。美国总统是世界上最有权力的人。但阅读的人在知识里遨游，能从食谱论及管理学，八卦周刊讲到社会趋势，甚至空中跃下的猫，都能让他们对建筑防震理论侃侃而谈。相较之下，我只是一台在 MP3 时代的录音机；过气、无法调整。我最引以为傲的论述，恐怕只是他多年前书架上某本书里的某段文字，而且，还是不被荧光笔画线注记的那一段。

我害怕阅读的人。当他们阅读时，脸就藏匿在书后面。书一放下，就以贵族王者的形象在我面前闪耀，举手投足都是自在风采。让我明了，阅读不只是知识，更是魔力。他们是懂美学的牛顿，懂人类学的梵高，懂孙子兵法的甘地。血液里充满答案，越来越少的问题能让他们恐惧。仿佛站在巨人的肩膀上，习惯俯视一切。那自信从容，是这世上最好看的一张脸。

我害怕阅读的人。因为他们很幸运：当众人拥抱孤独，或被寂寞拥抱时，他们的生命却毫不封闭，不缺乏朋友的忠实，不缺少安慰者的温柔，甚至连互相较劲的对手，都不至匮乏。他们一翻开书，有时会因心有灵犀，而大声赞叹；有时又会因立场不同而陷入激辩；有时会获得劝导或慰藉。这一切毫无保留，又不带条件，是带亲情的爱情，是热恋中的友谊。一本一本的书，就像一节节的脊椎，稳稳地支持着阅读的人。你看，书一打开，就成为一个拥抱的姿势。这一切，不正是我们毕生苦苦找寻的？

我害怕阅读的人，他们总是不知足。有人说，女人学会阅读，世界上才冒出妇女问题；也因为她们开始有了问题，女人更加读书。就连爱因斯坦，这个世界上智者中的最聪明者，临终前都曾说："我看我自己，就像一个在海边玩耍的孩子，找到一块光滑的小石头，就觉得开心。后来我才知道自己面对的，还有一片真理的大海，那没有尽头。"读书人总是低头看书，忙着浇灌自己的饥渴，他们让自己是敞开的桶子，随时准备装入更多、更多、更多。而我呢？手中抓住小石头，只为了无聊地打水漂而已。有个笑话这样说：人每天早上起床，只要强迫自己吞一只蟾蜍，不管发生什么，都不再害怕。我想，我快知道蟾蜍的味道。

我害怕阅读的人。我祈祷他们永远不知道我的不安，免得他们会更轻易击垮我，甚至连打败我的意愿都没有。我如此害怕阅读的人，因为他们的榜样是伟人，就算做不到，退一步也还是一个我远不及的成功者。我害怕阅读的人，他们知道“无知”在小孩身上才可爱，而我已经是一个成年人。我害怕阅读的人，因为大家都喜欢有智慧的人。我害怕阅读的人，他们能避免我要经历的失败。我害怕阅读的人，他们懂得生命太短，人总是聪明得太迟。我害怕阅读的人，他们的一小时，就是我的一生。

我害怕阅读的人。

尤其是，还在阅读的人。

这完全就是一篇雄辩的议论文，其主题很明确、也很简单，即“论读书的重要性”，只要是读书人，应该都写过以此为题的文章。这样一个几乎被写烂的主题，在这则文案里却被写得极富创意、别具魅力。标题“我害怕阅读的人”中的“害怕”一词成功地抓住了读者的眼睛，击中了读者的心，使之心生疑惑与恐惧，究竟有什么害怕的？会有多害怕？于是迫不及待地往下读。正文除了开头和结尾，其他段落的整体结构高度一致，都以“我害怕阅读的人”作为开头，接着将“害怕的我”和“阅读的人”并置，对比论证我为什么害怕，阅读的人哪些方面让我害怕(其实更准确的词汇应该是敬畏)，二者结合在一起，非常充分、有力地回答了为什么读书那么重要。而一个个排比的句子、排比的段落，更是在无形中增添了论证的力度，那排山倒海的气势会极大地震撼、征服每一个阅读这则文案的人，然后从内心发出呐喊“快去读书吧！”。

第二节　感性诉求文案

感性诉求文案以形象生动、有情有趣为追求目标，较少涉及如产品的功能、用途等事实类信息，主要针对消费者的心理需求、接受趣味，或直接抒发情感，或刻意营造意境，或绘声绘色地讲述故事，以期在轻松、愉快的氛围中完成营销传播任务。

一、抒发情感

在人的各种需求中，情感需求占据着非常重要的位置，亲情、友情、爱情、乡情，都是文学艺术永恒的主题，同时也是广告取之不竭、用之不尽的创意源泉。稍加留意，我们就会发现以情动人、以情取胜的文案俯拾皆是。也正是因为感性诉求文案较多地以激发、调动消费者的情绪和情感为目标，围绕情感做文章，故又被称为情感诉求文案。

正如唐代诗人白居易所言，“感人心者，莫先乎情”，想要感染人、说服人，“动之以情”是最有力、最有效的武器，文学艺术如此，广告也不例外。

表达情感的方式多种多样，可以直抒胸臆，可以寄情于物，也可以借景抒情。只要契合广告营销战略，分寸把握适当，都能让人在感动的基础上心动，进而行动。

2014 年，E-Link 太平网联国际广告公司为澳洲奶粉品牌 Mica(益生元)创意、执行了一则很特别的广告片。与大多数奶粉广告主要针对父母提出各项诉求，以唤起父母关心、期望宝宝健康快乐成长的心理不同，Mica 的这则名为《问题宝宝篇》的广告别出心裁地从小宝宝的视角切入，用小宝宝纯真的眼睛来观察、展示不同瞬间的母亲形象，并将小宝宝心中的不解与疑惑以画外音的方式呈现出来，充满了童真、童趣：①

为什么妈妈喜欢用奶烫手？
为什么妈妈喜欢不闭眼睛？
为什么妈妈喜欢坐着睡觉？
为什么我看见你就会心跳？
妈妈，妈妈，你的用心我知道。

① 根据网络视频整理。

(旁白)Mica，放心爱，为妈妈加油！

4个以“为什么”开头的问句中就用了3个“喜欢”，似乎有些重复、单调，但细细体会，却饱含深意。

其一，表达了小宝宝的直观感受。在小宝宝眼中，他的妈妈总是在重复着这些动作：只要自己醒来，妈妈总是高兴地出现在面前，好像从来不用睡觉；给自己喂奶前总是先将奶滴在手上测试温度，好像从来不怕烫；偶尔看到妈妈闭着眼睛睡觉，却总是坐着，不会离自己太远……在小宝宝看来，不断重复这些事就意味着喜欢。

其二，揭示了无私母爱的真谛。对于天下绝大多数母亲而言，为了自己宝宝的健康成长，无论做什么，无论多累、多苦，都会高高兴兴去做，都满心喜欢地去做。也就是全情投入、不计回报。

其三，“喜欢”一词其实也隐含在第4个问句中。“为什么我看见你就会心跳?”那是因为“喜欢”。只有看到自己非常喜欢的人，才会产生“心跳”的感觉。

经由4个萌萌的问句的铺垫，小宝宝最后发出感慨：“妈妈，妈妈，你的用心我知道。”如此善解人意的一句话从一个小宝宝的口中说出来，直接击中人们心中最柔软的地方，让人心瞬间被融化。

相较于益生元奶粉文案简单、直白的抒情，李欣频为台湾远东百货2004年秋冬换季促销活动所撰写的文案则更加内敛、含蓄：①

新华丽复古风潮

复古，就是最大的奢华！

2004年秋冬，从大远百开始，吹起新华丽复古风潮。

一年的尾声，开始想念起很多东西。

想念十多年没见的老朋友，

① 李欣频. 广告拜物教[M]. 北京：电子工业出版社，2008：128-129.

想念转角那家面摊的老师傅，
想念在梦里徘徊不去的老口味，
想念风景明信片里的老街风情。

想念，是时间给我们最美的特权；
复古，是时代给我们最大的奢华。

大远百新华丽复古风潮，
把过去整个年代最美好的经典，
一次带回到今年的秋冬。

就让我们披上一件古意的上海棉袄，
戴上一顶贝雷帽，
穿一双70年代的印花楔形鞋，
在橱窗前，温存起所有的荣华富贵。

远东百货为此次秋冬换季促销活动确定的主题是“复古”，李欣频找到的与之相对应、且能很好地把人们引向“复古风潮”的关键词是“想念”。在此基础上，文案将“复古”与“想念”结合在一起，谱写了一曲怀旧的咏叹调。秋冬季节为一年之末，每到年末，人们必定要回忆、总结一年的工作、学习与生活。沉浸在回忆之中的人，常常会被一种浓浓的“想念”和淡淡的“忧伤”情绪笼罩，“一年的尾声，开始想念起很多东西”，简单的一句话，高度概括并精确地描绘出这种普遍的年末情怀，既有效地吸引住人们的眼球，同时又瞬间引爆人们的情感，由此很自然、顺畅地引出下文；紧承的4个“想念”非常具体地将这种普遍的情怀淋漓尽致地抒发出来，“老朋友”“老师傅”“老口味”“老街风情”是最容易引发人们“思古之幽情”的典型意象，确确实实能勾起很多人的回忆、想念与不舍。“情到深处人孤独”，如何才能慰藉、排解这种常常会在岁末袭扰人的“想念”与“不舍”之情呢？“复古”！“想念，是时间给我们最美的特权；复古，是时代给我们最大的奢华。”承上启下，干净、果断地完成了文案的转换，水到渠成地由对普遍存在的怀旧情怀的抒发过渡到对复古风潮的推动。最后，文案用最能代表“过去整个年代最美好的经典”的元素——“上海棉袄”“贝雷帽”“印花楔形鞋”，将早已离人们远去的岁月重新“带回到今年的秋冬”，让人们能够非常方便地“在橱窗前，温存起所有的荣华富贵”。至此，由远东百货吹起的“新华丽复古风潮”，随着这些最美好的经典元素成功地潜入喜欢怀旧的人们的心中。

远东百货的这则文案，无论是核心创意概念还是具体执行方式；无论是整体的框架结构安排，还是语言符号的选择与运用，都颇具匠心。表面看起来，文案中出现的都是一些平常、平淡的文字，以及人们生活中常见的意象与元素，似乎有些波澜不惊，但当它们借由“想念”与“复古”两个关键词串联汇聚在一起之后，却像核裂变一样产生了巨大的能量，激烈地撞击着人们的心灵，让人心如潮涌。创作者创意思维的独特，对人心的敏锐洞察以及文字驾驭能力的老道，都在这则文案中得到非常直观、清晰的体现。

我们再来看保德信人寿保险公司的一则文案：①

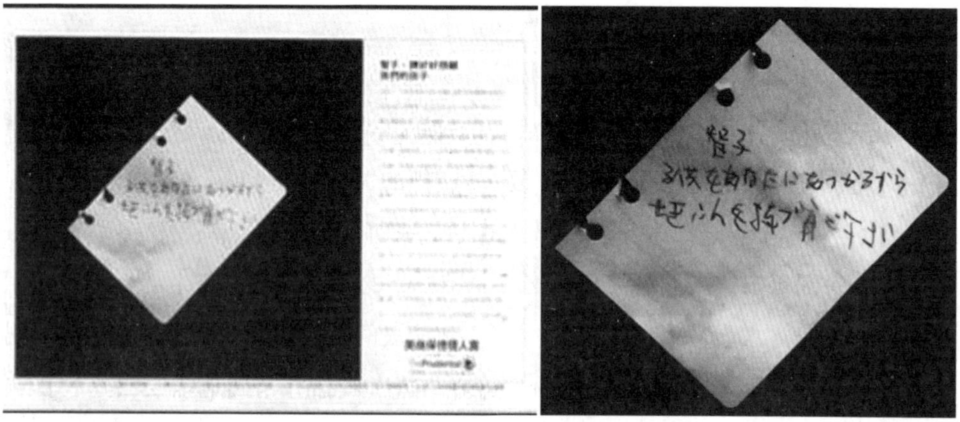

图片源自网络

智子，请好好照顾我们的孩子

日航 123 航次波音 747 班机，在东京羽田机场跑道升空，飞往大阪。时

① 程宇宁. 广告文案创意——引起受众对品牌认知的表现艺术[M]. 长沙：中南工业大学出版社，2001：45.

间是1985年8月18日下午6点15分。机上载着524位机员、乘客以及他们家人的未来。

45分钟后，这架飞机在群马县的偏远山区坠毁，仅有4人生还。其余520人，成为空难记录里的统计数字。

这次空难，有个发人深省的地方，那就是飞机先发生爆炸，在空中盘旋5分钟后才坠毁。任何人都可以想见当时机上的混乱情形：500多位活生生的人在这最后的5分钟里面，除了自己的安危还会想到什么？谷口先生给了我们答案。

在空难现场的一个沾有血迹的袋子里，智子女士发现了一张令人心酸的纸条。在别人惊慌失措、呼天抢地的机舱里，为人父、为人夫的谷口先生，写下给妻子的最后叮咛："智子，请好好照顾我们的孩子！"就像他要远行一样。

你为谷口先生难过呢？还是为人生的无常而感叹？免除后顾之忧，坦然地面对人生，享受人生，这就是保德信117年前成立的原因。走在人生道路上，没有恐惧，永远安心——如果你有保德信与你同行。

这则文案出自台湾广告教父、原台湾奥美广告公司执行创意总监孙大伟之手，非常有名，影响甚广，曾获得台湾时报广告金像奖。文案直接取材于一场空难事件，聚焦于空难现场发现的一张纸条。这张纸条是坠毁飞机上的乘客，为人父、为人夫的谷口先生，在飞机坠毁前短短的5分钟时间里，在机舱内一片"惊慌失措、呼天抢地"的氛围中，镇定而又匆忙地写给妻子的最后嘱托："智子，请好好照顾我们的孩子！"通过这张让人心酸，但读起来又令人肃然起敬且心中充满温暖的纸条，孙大伟开创性地将死亡场面引入广告，并借助死亡将保德信人寿保险公司的企业理念——让每一个投保者都"没有恐惧，永远安心"地"走在人生道路上"——深深地植根于人们的心中。

面对死亡，很多人充满了恐惧与抵抗心理。用死亡来为商品做广告，稍有不慎，不仅会无功而返，还有可能适得其反，产生连锁的负面效应。对此，孙大伟以高超的技巧做了恰到好处的处理：文案主要采用白描式的语言，客观、冷静地叙述事件的发生过程，开头的两段文字就像是常规新闻的写法，看不到一丝感情色彩；接下来，对飞机上500多位乘客与机组人员生命的最后5分钟，文案也是一笔带过，没有过多地渲染，只是从中挑选出了一个很特别的人——谷口先生；谷口先生之所以特别，是因为他在那短暂而又难挨的5分钟内，如他平时每次出门远行一样，从容地写下一张留给他妻子的纸条。这张纸条在飞机爆炸坠毁后幸运地留存下来，纸条上只是简单的12个字，“智子，请好好照顾我们的孩子！”行文至此，文案几乎没用什么形容词(除了惊慌失措、呼天抢地)，没有任何修饰语，也没有人为的煽情，更没有堆砌空难现场的惨状。但只要读到这张纸条上的12个字，相信每个人都会热泪盈眶，被其中饱含的深情与爱打动，真正达到了“哀而不伤”的境界。最后一段文字中的两个问句又紧承着这种感动，巧妙地将受众心中对他人命运的感怀转向对自我人生的思虑，进而自然而然引出保德信人寿保险，结语“走在人生道路上，没有恐惧，永远安心——如果你有保德信与你同行”则成功地让保德信人寿保险进驻到人们的心灵。

二、讲述故事

就人类的天性而言，人人都喜欢听故事。因为与枯燥的事实、抽象的道理相比，故事有时间、有地点、有人物、有情节，更能吸引人、打动人、激励人。曾有人指出：人类对故事的渴求一点也不亚于对食物的需求，“我们的好奇心(也许还有心灵深处的不安全感)使我们每时每刻都想弄清楚谁、什么时间、在哪里、做了什么事，以及为什么要这么做”。① 在人的成长过程中，往往会有很多“故事”陪伴：每个人的记忆深处，童年时期的“睡前故事”一定印象深刻，那些童话故事带领着心灵纯净的孩子们初次触摸这个世界的真善美丑；再往后会有很多的励志故事赋予人力量，去迎接人生中一个个的挑战；美好的爱情故事让人怦然心动；神奇的科幻故事激发人们去探究未知世界……

对于主要针对人心进行诉说，并期望得到人们的行为回馈的广告来说，通过故事来达成目的是其必然的选择。在谈及编剧技巧时，著名编剧罗伯特·迈克伊认为：“故事不仅是最为丰富的艺术形式，而且可以反映我们生活中的方方面面，

① 珍妮弗·阿科尔，安迪·史密斯. 蜻蜓效应：运用社会化媒体的制胜秘诀[M]. 刁海鹏，赵俐，刘霞，译. 北京：机械工业出版社，2011：68.

包括工作、休闲、吃喝以及锻炼等。除非我们睡着了，否则周遭的一切都是故事——即使做梦也不例外。”①故事反映着我们生活的方方面面，广告则希望在方方面面影响我们的生活，二者之间有极大的交叉与重合。特别是在各种新媒体、新技术层出不穷的今天，讲故事的手段和方法有了很大的拓展和提升，市场需求也不断增长，于是，讲述故事的广告自然大行其道。

虽然人人都爱听故事，但也只有好听的故事才能真正吸引并抓住人的注意力。怎样才能讲出好听的故事？

在《蜻蜓效应》这本书中，珍妮弗·阿科尔和安迪·史密斯将故事作为社交媒体吸引受众参与的重要设计原则，因为“故事能够打动人，能够调动听众的情绪并产生某种想法。”在此基础上，他们总结了讲故事的基本技巧：②

勾起观众的好奇心。小说家爱德华·摩根·福斯特说：“故事好听只能有一个原因，那就是听众总想知道接下来会发生什么。反过来，故事不好听的原因也只能有一个，那就是观众根本不想知道接下来会发生什么。”

迅速吸引注意力。要想达到这个目的，一个办法就是“从观众的兴趣点出发，牵着他们的鼻子走”。全美国公认的故事大王、演说家和咨询顾问安迪·古德曼曾经这样解释：“牵引观众的‘钩子’就是用平实的语言介绍地点、环境或前提条件，听懂了这些，观众就上钩了。”

要懂得吊胃口。先透露少量信息，让观众稍稍尝到点甜头，但不要让他们尝得太多。这样便可以制造悬念，把观众更深地吸引进来。当他们想知道接下来会发生什么的时候，他们的关注度就会提高，故事也因此吊足了观众的胃口，让他们欲罢不能。

突出主角。切记要让故事的主人公变得有血有肉、真实可信，唯有如此，观众的心情才会随着故事情节的跌宕起伏而变化不定。

为主人公设置障碍。扪心自问，主人公想要得到什么，他的主要困难是

① 珍妮弗·阿科尔，安迪·史密斯. 蜻蜓效应：运用社会化媒体的制胜秘诀[M]. 刁海鹏，赵俐，刘霞，译. 北京：机械工业出版社，2011：67-68.

② 珍妮弗·阿科尔，安迪·史密斯. 蜻蜓效应：运用社会化媒体的制胜秘诀[M]. 刁海鹏，赵俐，刘霞，译. 北京：机械工业出版社，2011：67.

什么？

你想让观众作何反应？你可能要说明你想让观众做什么，或者告诉他们怎样做才能帮助你。故事结束的时候，观众应该产生一种去帮助别人或采取行动的紧迫感。

营销传播文案讲述故事，同样要处理好这些环节：

首先，要弄清楚目标对象的心理需求和趣味，什么样的故事情节最能吸引他们？哪些主题、哪类人物形象最能引发他们的共鸣？何种风格、节奏最适合他们？只有把这些问题梳理清楚，讲述的故事才能有的放矢，珍妮弗·阿科尔和安迪·史密斯所强调的勾起好奇心、吸引注意力以及吊胃口方能一一落到实处。

其次，故事中的人物与情节一定要有深厚的生活基础，不能脱离具体、实际的生活，不能远离时代的氛围，一定要“接地气”。即使是虚构的故事，也要符合生活的规律与逻辑。同时，故事无论长短，都应对情节发展做巧妙设置，处理好起、承、转、合，或适当安排矛盾冲突，从而使故事“跌宕起伏”，使主要人物“有血有肉、真实可信”。

最后，始终要牢记你是在做广告营销，而不是单纯讲故事。因此，故事的方方面面，主题、内容、情节、人物等，都应围绕、针对商品与品牌进行开发、构想，或与商品建立联系、彼此呼应，任何撇开商品天马行空的做法都是与广告的目的、目标背道而驰。

如第五章介绍过的台湾大众银行 2010—2012 年推出的系列广告，就是通过真实的故事、平凡的人物传达大众银行追求的理念。负责此案的台北奥美 ECD（执行创意总监）胡湘云的创意理念是：把日常生活中最平凡的人搬上创意舞台，让人们看到生活中真正的英雄究竟是什么样子，并以此确立了选择故事的原则：①

第一，他的故事本身一定要够特别。

---

① 文静. 广告门专访胡湘云：与大众银行的三年情缘[EB/OL]. [2012-03-05]. http://www.adquan.com/post-1-11132.html.

第二，他所谈的东西有共鸣度，这是很基本的东西。

第三，我当然会希望我每一年所挑选的主人翁都不要重复，譬如第一年的母亲，母亲的角色我就避免在往后的几年出现类似的角色，可能上了年纪的女性类似的就不再出现。或者是《梦骑士》是一群老人家，这个议题以后也不会再出现，这是在人物上。

另外每一年我希望谈一个关于人生上面的东西。譬如说像谈梦想，梦想跟人生的关联，那就真的非常紧扣，它是非常重要的事情。再来我可能谈的是相信，也许再来谈别的东西，譬如说仁慈或者其他。所以我都会挑一个议题是关于人生的，关乎所谓不平凡的精神是什么。

还有一个很特别的标准是，我希望我每年挑的东西是可以走出台湾的，不是只有台湾人有共鸣，大陆有共鸣，其他的国家也可以有共鸣。我希望我做的东西能够有影响力，影响更多的人，这是我想要做的事情。我希望能一直延续下去。

选好了人物和故事，再将方方面面的因素都考虑周全，如情节设置的紧凑与合理，人物对话的精练与到位，品牌信息植入的自然与巧妙……那么，一个好的广告故事便初具规模。只要把握分寸和适当安排后续，其影响力与效果就能如期实现。这一组“不平凡的平凡大众”系列广告“传遍了全球的每一个角落”，形成热播、热议之势，有人将这种现象称为“大众银行广告效应”。对此，胡湘云用简单的话语道出了自己的感悟：“人们天生喜爱故事并向往那种自己也许无法实现的生活，他们需要这些正面的力量来满足自己，尤其是这些故事都是真真实实存在的。”①

真实故事中蕴含的力量能够极大地感染人、鼓舞人，虚构的故事只要讲得好，也完全能够产生同样的效应。益达口香糖在2010—2013年推出的《酸甜苦辣》系列微电影广告，就是根据广告营销主题的需要虚构的系列故事。《酸甜苦辣》系列广告共推出三季，其中第一、二季为一个连续的整体，一脉相承、前后

① 文静. 广告门专访胡湘云：与大众银行的三年情缘[EB/OL]. [2012-03-05]. http://www.adquan.com/post-1-11132.html.

呼应，讲的是一个完整的历经波折的爱情故事；第三季在主题、故事、演员等方面都有较大改变，突出的是励志主题。

第一、二季的爱情故事由 2010 年的“沙漠篇”开启序幕，2011 年依次推出“甜”“酸”“辣”“苦”四部曲，在抛出一个大大的悬念之后戛然收笔。2012 年，在广大网民与电视观众的期盼中，《酸甜苦辣 II》再次发力，经由“重逢”“纠结”“团圆”，最后画上圆满的句号。这场历时 3 年、一路上兜兜转转、五味杂陈的爱情长跑让无数观众沉浸其中、唏嘘感慨、反复玩味，最终创造出数个“奇迹”：据博雅公关有限公司 2013 年年底提供的数据显示，两季《酸甜苦辣》系列微电影广告播出之后，通过电视、网络等渠道收看该系列广告的人数累计已达到 20.4 亿人次，其中仅《酸甜苦辣 II》的微博转发量就高达 34 万次；① 该系列广告先后斩获亚洲实效营销金奖、艾菲实效营销金奖、微电影金瞳奖等诸多奖项；助力益达口香糖超越已进入中国市场 20 年的绿箭，一举登上国内口香糖市场第一品牌的位置，真可谓既叫好又叫座，成为当时微电影营销的标杆。

成功是要付出代价的。据负责此系列广告的主创人员介绍，《酸甜苦辣》前两季的每一个故事，都差不多花了 2 个月的时间“研发”。故事成型后，在向客户提案时也十分艰难，因为单凭写在一张纸上的故事很难让客户迅速、直观地感受到其对品牌的效益。再从提案到拍摄，又耗费了将近 8～9 个月的时间。“‘酸甜苦辣’是在 2010 年 9 月份进行了第一次提案，2011 年 1 月份开始拍第一条片子，一直拍到了夏天。拍摄地点也在北京、上海以及广州这三地周折。”“有的时候，我们还是边拍边想，把每一条都加以完善。”②

参与此案的 BBDO 广州创意合伙人莫浩贤的总结能够给我们很多启示：“我们不是单纯地把产品摆在整个故事里，而是让每一条片子里最有戏剧性的东西总是发生在益达身上，也总是和产品诉求相关，比如吃益达对牙齿好，比如还得两颗一起吃……”对于广告营销活动及作品而言，最重要的目标是突出商品与品牌

---

① 食品营销微电影——《酸甜苦辣 · 益达》：http://mp.weixin.qq.com/mp/appmsg/show?_biz = MzA4MzEwNDkxNg = = &appmsgid = 10001028&itemidx = 1&sign = 98df87f5a6d097f8630e2403ed78ccc9&3rd = MzA3MDU4NTYzMw = = &scene = 6#wechat_redirect。

② 凌雁. 益达口香糖：《酸甜苦辣》三年始末［EB/OL］.［2012-11-23］. http://www.domarketing.org/html/2012/fmcg_1123/6925.html.

信息，忽视这一点，广告做得再天花乱坠也于事无补；对于广告创意人员来说，始终要牢记自己是在为商品和品牌做广告，而不是单纯地“开故事会”。在此，BBDO 的态度和立场值得我们效仿：“我们永远记住我们是一家广告公司，我们所做的品牌是一个需要在市场上卖的品牌。所以，我们并不会单纯去做讨好消费者的东西，只是用讨好的方式去卖产品。”《酸甜苦辣》第一、二季的每一支广告，其主角都是益达无糖口香糖，每一个故事都有力地烘托、突出了益达口香糖。不管男女主角之间的感情如何经历波折、误会与纠结，尝遍酸甜苦辣咸各种味道，但彼此的关心与爱仍根深蒂固，就像文案中所说的：“不管酸甜苦辣，总有益达。”正是凭借着这个五味俱全但真情永存的爱情故事，益达口香糖的良好形象跃然纸上：“益达无糖口香糖，关爱你的牙齿，更关心你。”

第三节 情理结合文案

感性诉求与理性诉求分别作用于人类的“情感”与“理智”，可以说泾渭分明，各自的特色、效果都很突出。但同时，双方也都存在一些明显的缺陷与不足，如有人就总结了感性诉求的优劣势：①

优势：

1. 不易引起抵触情绪。
2. 不需受众太多的努力。
3. 唤起情感的刺激通常更为有趣。
4. 更易感染受众。
5. 更容易改变人的行为。

劣势：

1. 信息的传达要花费更多时间。
2. 过于投入情感，忽视中心信息。

① Gerard Tellis. 广告与销售战略[M]. 张红霞，王晨，译. 昆明：云南大学出版社，2001：184-187.

3. 消极情感令人不快，因此有意忽视信息。

4. 强烈的情感唤起使受众觉得传播者是在人为利用环境。

从中我们可以看出，感性诉求充分考虑、尊重并满足诉求对象的接受心理与趣味，能较好地引导、引发他们的注意与兴趣，在吸引力、亲和力、感染力等方面远远优于理性诉求。但是，过于注重对情绪和情感的渲染与满足，往往会影响客观信息的传达效果，如果分寸把握不当，更有可能招来诉求对象的抵触甚至厌恶。

换一个角度，感性诉求的这些劣势可能恰恰就是理性诉求的优势，感性诉求的劣势则正好是理性诉求的优势。理性诉求对直接、完整地传达有关商品的物质信息非常有利，但是，由于它强调“说事实”和“讲道理”，非常容易陷入生硬、枯燥，进而直接影响诉求对象的接受兴趣和实际体验。因此，为了获得更好的传播效果，在实际的营销传播文案写作中，人们不再偏执于一端，而是尝试将两种诉求方式相互结合，一方面通过理性诉求传达有关的商品及品牌信息，同时又引入感性诉求，引导诉求对象的阅读兴趣，激发其与广告产生情感共鸣，由此使二者的优势得以整合，并有效规避各自的缺失。

如微信公众号“六神磊磊读金庸”2020 年 9 月 13 日推出的一则文案《六神磊磊：最懂重庆话的外地人》，一开篇，摆出的就是一副讲故事的架势：“我”(六神磊磊)2007 年年初到重庆就被精彩的重庆话“震惊了”，于是决定学说重庆话，这样既有利于融入当地人的生活，又能为自己的记者工作带来便利。之后，“我”便利用一切机会、在各种场合学说重庆话，从刚开始时常被别人恳求“哥，你说普通话嘛！我实在听不懂你说撒子”，到苦学两个月后小有所成、交流自如；再到半年之后，“打通任督二脉，神功大成”，再无人能听出其外地口音；直至 14 年以后的今天，“我的重庆话已经进入炉火纯青、神而明之的境界”，除了极少数具有语言天赋的演员，几乎再无说重庆话能与“我”抗衡的外地人。可以说，“我”已经完全变成了一个重庆人。其间发生的很多趣事都被六神磊磊生动、幽默地描述出来，在将读者引领到心情愉悦的顶点时，文案的转折点适时出现，“我”有一个来自安徽的朋友，“此君的重庆话水平和我比有过之而无不及，并且已经延伸到了其他领域”，他是谁呢？科大讯飞！真正的主角登场，之后的语言

六神磊磊：最懂重庆话的外地人

原创　sixgod　六神磊磊读金庸　5天前

文/六神磊磊

一

看了标题很多人肯定不服气。没错就要这个效果，骗你进来。

2007年，刚到重庆的时候，我就被"重庆话"这种精彩的语言震惊了。

重庆人是最爱过教师节的，管谁都叫老师。

你出门上一趟街，遇见一百个人，九十九个人都管你叫老师，剩下一个管你叫老李，然后发现认错了人。

重庆话是n、l不分的。如何激怒一个重庆人？不是说成都火锅最好吃，而是逼着他说一个词，牛柳。

二

刚到重庆工作不久，我就下决心学重庆话了。

十多年前，重庆说普通话的外来人还没有今天那么多，方言是绝的第一通行语。

你一口普通话，难免觉得有点别扭，不能融入。

比如我去小面馆吃面，说要一碗杂酱面。

店员说好，然后转过身嘻嘻哈哈地学："一碗砸将面，哈哈，砸将面"。

我就有点挠头，下次再点杂酱面都心虚了几分。

更关键的是，自己的职业是记者，却不会当地的语言，采访不方便。

采访委办机关倒没什么问题，但如果想做深入采访，到田间地头去和人聊天，不会重庆话就是个障碍，你和人聊不起来。

我去农村，采访垃圾处理问题，问农村老太太：你家垃圾平时扔到哪里？

老太太听不懂，垃圾？癞子垃圾哦。问了好多遍都不懂。

旁边的人说：他问你渣渣甩到哪点！

其实，这些年来像我一样融入重庆的"外地人"越来越多。

重庆街头能听到各种话，东北话，浙江话，湖南话，广东话。我也遇到了很多对重庆这个地方真心喜欢、认同的朋友。

比如有一个朋友，严格说来是安徽人，但是他真的喜欢重庆。

多年以来，他一直在融入重庆。

此君的重庆话水平和我比有过之而无不及，并且已经延伸到了其他领域。

这哥们就是：**科大讯飞**。

他重庆话的水平堪称九袋长老，经过我鉴定完全算得上高手。

五

科大讯飞出道的绝活之一就是语音识别，搞定方言早已不是难事。

现在你用讯飞智能录音笔采访，就能识别转写西南官话等12种方言，秒变土著。

12种啊，绝对横行川渝，和余沧海、灭绝师太沟通毫无压力。

语言其实只是一个方面，这些年来，讯飞一直在方方面面都融入重庆。

他家的西南总舵在2016年已落户重庆，辐射重庆、云南、贵州，和五仙教、点苍派等比邻论剑。

他家的镇派绝招是人工智能，在这个领域已经积累了21年了，现在正在广泛地服务我们重庆的教育、城市、司法、旅游、服务、汽车……

很多重庆人可能都还不知道讯飞的人工智能技术就在身边。

比如在教育上，科大讯飞已先后承建了渝北临空、永川、南岸、两江新区等多个区域级的整体智慧教育平台，他家产品覆盖了千所学校的师生近120万人。

你的孩子也许就在使用讯飞的技术和产品。

此外，讯飞还用人工智能技术开展了很多公益，帮助重庆当地脱贫。

我想，他们热爱重庆，和他们热爱创业、热爱A.I.是一样的。

现在智博会来了，讯飞第三次来到了智博会。

六神磊磊微信公众号部分截图

风格也为之一变，虽然还是沿袭着江湖的话语体系，但行文更加客观、冷静，以简要介绍事实为主，从科大讯飞的语音识别，到听得懂 12 种方言的智能录音笔，再到“镇派绝招”人工智能，最后落到文案推介的重点：9 月 15—17 日在重庆举办的 2020 中国国际智能产业博览会。可以说，这篇文案就是典型的情理结合文案，即先通过故事吸引、调动用户，使之有较好的阅读体验；然后在最恰当的时刻用最恰当的方式引出广告营销内容，两相结合，能收获较为理想的效果。从 9 月 13 日晚上 10 点文案推出，到 9 月 19 日中午 1 点，不足 6 天时间，阅读量已达 9. 7 万。

第九章　符号运用：个性特质的发挥

信息传播活动其实就是在信息的拥有者(掌握者和发现者)和需求者之间，借助各种语言符号来完成信息的传递、交流与沟通。信息的传播者和作品的创作者进行的是编码工作，即借助各种符号来传递信息与意义；信息的接受者、需求者则是通过解码活动从文本中获取信息及意义。无论是传播者的编码还是接受者的解码，都离不开符号。

营销传播文案，主要通过语言符号传递商品及品牌的各种信息。只有在全面、深入地了解语言符号——有声语言符号和无声语言符号各自的特点、属性及使用原则的基础之上，文案人员的编码工作才能顺畅、有效地进行。

第一节　无声语言符号的运用

无声语言符号，就是人们常说的文字，主要诉诸人的视觉，以固定的方式定格在静止的页面上，包括各种印刷物的版面，电影、电视的画面，电脑、手机的屏幕。

一、主要特点

高志宏、徐智明合著的《广告文案写作(第二版)》在讨论各种不同媒介的文案，如平面广告文案、广播电视广告文案之前，特地安排了一个“专论”，用于剖析两种语言符号的属性及特点，其讨论给我们带来很多启发。①

① 高志宏，徐智明. 广告文案写作(第二版)[M]. 北京：中国物价出版社，2002：328.

专论："文字的空间传播"

文字以空间(版面)顺序传播，读者能自主选择接收信息的顺序，因此书面文案留给受众理解信息的时间相对较长，同使用有声语言的文案相比，可以对复杂信息做深入解释，可以使用较复杂的句式、较长语句，必要时也可以使用普及性不强的专业词汇。如电脑类产品的电视广告中很少出现专业词语和性能数据，而同类产品的平面广告中，专业词语和性能数据则是必不可少的内容。此外，文字的有效传播以受众一定的阅读能力为前提，写作平面文案，应考虑诉求对象的阅读能力和阅读习惯。

正如高志宏、徐智明所言，无声语言符号是写出来并固定在一定的空间(版面)上的，如用笔写并印刷在各种纸张上，用键盘敲并显示在电脑、手机的屏幕上，无论字数多少、篇幅多长，完成后它们就可以永远停留、保存在那个空间，可以供读者随时、反复阅读，并由此形成以下特点。

1. 规范、严谨

无声语言符号又被称为书面语。书面语最后以文字的形式固定地印刷在纸面上，呈现在电脑、手机的屏幕上，以供读者和用户阅读、理解、接受乃至批判。一般来说，书面语均出现在比较正式的场合，因此，在词语的组织、结构的安排、风格的协调等方面都有明确、严格的要求，行文都非常讲究，须遵循最基本的逻辑规范、语言规律，例如：遣词造句要文从字顺，段落之间的连接要自然、有序，篇章结构要完整、严谨……这样才能经得起读者和用户的检阅，给他们留下良好的阅读体验。

2. 有多种风格可供选择

在具体运用过程中，根据内容表达的需要，无声语言符号有多种不同的风格可供选择，如叙述、描写、议论、说明以及抒情等。具体操作时，既可以以一种方式为主，也可以多种方式并用，最后使文案呈现出多姿多彩的整体风格。

3. 阅读较为自由、独立

通过编码活动，创作者将主要内容与意义输入、寄托到由文字支撑起来的文案中，形成正式的作品。此后，这个作品便不再受创作者的主观愿望的控制。相当程度上，信息接收活动的掌控权早已转移到接受者手中。换句话说，文案进入刊播环节之后，创作者便退场或隐身幕后，读者和用户随之登场，并主导着后续的解码活动。

对于以文字为主的平面文案作品，读者和用户的阅读行为拥有较大的自由度和独立性。这里的自由，主要针对的是读者、用户阅读文案的时间、方式和具体的顺序。平面文案作品刊发、推送之后，读者、用户可以任意选择阅读的时间和地点，以自己喜欢、习惯的方式阅读。而且在具体阅读一篇文案时，可以顺着文案本身的结构依次往下读，也可以完全打烂文案原有的结构顺序，或是跳读，从最吸引自己的一句话开始；或是倒着读，先看结尾，再倒过来看开头……无论以什么顺序看，最终不会导致对内容与意义理解的混乱。

独立，则是指读者和用户的阅读与理解既依赖、来源于原有文案，但又不受原有文案作品的控制。即读者和用户对文案内容与意义的理解既可以(可能)与文案一致、相同，又可以(可能)与文案有出入、不同，甚至有时还会出现完全相背离的状况。因为每个个体在阅读、理解时，都是站在独特的个体的立场和视角，以自己独有的知识和经验，来对一篇固定的文案进行个体化的解读，其结果自然不可能完全一样。就像人们常说的，一千个读者，就有一千个哈姆雷特，在营销传播领域，这种情形也会出现。

二、使用原则

对于无声语言符号的上述特点，写作平面文案时一定要时刻牢记，并在具体行文过程中妥善加以利用。

1. 注重标题和标签的锤炼

对于平面文案作品来说，最首要的一个目标就是要吸引、抓住读者和用户的视线和注意力。一方面，广告营销作品是与其他的新闻报道及各种资讯混杂在一起，呈现于读者和用户的面前，彼此之间构成激烈的竞争关系，竞争的是宝贵的注意力资源；另一方面，拥有自由选择权的读者和用户常常是快速翻阅报刊、滑动屏幕，很多文章和文案会在他们翻阅、滑动的瞬间直接被忽视、被淘汰。如何才能在这双重竞争中脱颖而出，成为被读者和用户选中的幸运儿呢？答案很简单，那就是注重关键词句的提炼。关键词句可以是一个完整的句子，也可以是一个词或词组。它们在平面文案中往往成为文案的标题、广告语，或是微博文案的标签。这些关键词句，经常被放置在版面最重要、最吸引人视线的位置，如版面的左上方，微信公众号的首页，微博文字的开头，也就是读者和用户视线第一个注意、停留位置。文案作品带给读者和用户的第一印象如何，很大程度上就由这些关键词句决定，必须高度重视，花大力气锤炼。

(1)用标题和读者、用户打好第一声招呼，营建好第一印象，并将重要信息——品牌名称和核心利益写进标题里。

大卫·奥格威非常重视标题的写作。他曾说："在我们行业中最大的错误莫过于推出一则没有标题的广告。这种无头奇案眼下还可以见到。若有什么撰稿人递给我一份这样的奇物，我是不敢恭维的。"①在他看来，文案标题就好像商品的价码标签，是用来和目标消费者、潜在买主打招呼的，这第一声招呼一定要打好，要准确把握买主的实际状况与心理特征，以平等的立场，亲切、自然的话语招呼他们，让他们主动停留、阅读、点击；同时，他还强调，鉴于大部分读者和用户只匆匆浏览标题，所以一定要将品牌名称或核心利益写进标题之中。这样，即使读者和用户不继续阅读正文，也能让他们浏览标题之后对商品和品牌有所了解、留下印象。大卫·奥格威的文案作品，很好地实践、体现了他的这些主张，我们来看他创作的几个文案标题：

穿海赛威衬衫的男人(海赛威衬衫)

"舒味思"的人来到此地(舒味思柠檬水)

亲爱的，我现在体验的是最不同寻常的感受……

我全身都沉浸在多芬里(多芬香皂)

35岁以上的妇女如何显得更年轻(荷尔蒙面霜)

---

① 大卫·奥格威．一个广告人的自白[M]．林桦，译．北京：中国友谊出版公司，1991：94.

前三个标题里都含有品牌名称，第四个标题凸显了商品带给消费者的核心利益。

(2)选用恰当的句式，增强标题的吸引力和感染力。

一般来说，最基本的句式有四种：陈述句、疑问句、祈使句、感叹句，四种句式都经常被文案标题采用。

陈述式标题，即直接将要传达的主要内容与意义概括性地描述出来，让人一眼即可知晓关键信息。如上面所引大卫·奥格威创作的四个标题，都属于陈述式，简单、明白。运用陈述式时，可以适当加入一些新闻手法、新闻色彩，追求新闻效应；或是采用一些修辞手段如比喻等，以增强标题的吸引力和影响力。

疑问式标题，则是围绕商品与品牌以及用户和消费者，有针对性地提出问题。疑问式标题可以直接提问，即以问句形式出现，例如：

> 艾维斯在出租车业只是第二位，那为何与我们同行？
>
> 你知道如何在星巴克找到你喜爱的那一杯咖啡吗？

直接以“？”激发人的好奇心和求知欲。疑问式标题还可采用另一种形式，外在形式上看不到“？”号，标题的句式为陈述句，但其中有明确表示疑问的词汇，或是内在意义上包含明确的问题，也能引发读者、用户寻幽探秘的兴趣和欲望。前者如：

> 梵·高为何自杀(支付宝)
>
> 什么叫“不会聊天”(顶尖文案微信公众号)

后者如：

> 从12月23日起，大西洋将缩短20%(以色列航空公司)
>
> 从5角到一千元(上海人民银行)

祈使式标题，主要以饱含希望、命令、劝告、呼吁、叮嘱的语句敦促读者、用户发出行为，例如：

有时候爱情应该是看得见的(日本精工对表)

快领！京东购书优惠券明天过期！

4个微信小技巧，职场人一定要学好

买对的，不是选贵的(爱力麦粉)

(3)注重动词的锤炼。

一个句子无论长短、繁简，动词都是最关键的要素；对于以激发、引导读者和用户行为为目的的文案标题来说，更应该高度重视、充分运用好动词。动词能带给人一种动感，给人正在过程中的体验，并使人产生身临其境、跃跃欲试的感觉，这正是文案追求的目标，期望达成的最佳效果、最高境界。如下面两个文案标题：

纽约正在把它吃光(来味牌麦片)

这是一个一心一意戴着帽子吃凯洛格玉蜀黍片的年轻人(凯洛格玉蜀黍片)

都是食品广告，文案标题不约而同地选用了一个非常常见的动词“吃”，但带给人的画面感有很大差别：前者吃得极有气势，几乎全纽约的人都在吃一种名叫来味的麦片；后者则吃得专心致志，一心一意地吃，而且还戴着帽子，很有风度。吃的形式虽各有不同，但都是饶有兴致地在吃自己喜欢、钟爱的食品，这无疑会引发读者和用户内心的好奇与欲望：既然这么好吃，我何不也去试试？牵引力、号召力非同一般。

李欣频曾在总结自己的文案写作经验时，以自己早年为诚品书店写作的文案作品为例，特别强调对动词的选择与锤炼：①

阅读者的群像

海明威阅读海，发现生命是一条要花一辈子才会上钩的鱼；

① 李欣频. 李欣频的文案课[M]. 杭州：浙江人民出版社，2020：81.

梵·高阅读麦田，发现艺术躲在太阳的背后乘凉；
弗洛伊德阅读梦，发现一条直达潜意识的秘密通道；
罗丹阅读人体，发现哥伦布没有发现的美丽海岸线；
加缪阅读卡夫卡，发现真理已经被讲完一半。
在书与非书之间，我们找寻各式各样的阅读者。

几乎每个句子中都有一个动词“阅读”，其实在好几个地方，如第一、二句，用“看”更符合语言规范。但在李欣频看来，“阅读”才是这篇文案的“专属动词”——“阅读海、阅读麦田，跟看海、看麦田就是不一样，看是很表面的，阅读可以是很深度的，用自己的生命看另外一个生命，就像以读一本书的方式读海、读麦田、读生命，这就是我用‘阅读’来取代常见常用的动词‘看’的原因。”①

另外，为和读者、用户打好第一声招呼，收获良好的第一印象，在用语上一定要平等、亲切、随和，绝不能端着架子、居高临下，尽量选用一些充满感情的字眼，营造温馨的阅读氛围，给读者、用户上佳的阅读体验，吸引他们继续往下读。

当然，标题、标签的锤炼一定要把握好分寸，切不可像一些“标题党”那样，走火入魔，极尽夸张之能事，最后落得被人唾弃的结果。网上曾有人将一些惯常的“标题党”做法汇集在一起，所有学习文案写作的人都应该自觉回避、远离：

1. 就在刚刚……
2. 央视曝光……
3. 震惊国人……
4. 惊天秘密……
5. 疯狂转发……
6. 删前速看……
7. 千万别吃……
8. 还敢喝吗……
9. 癌症前兆……
10. 赶快扔了……
11. 太可怕了……
12. 大事不好……
13. 能害死你……
14. 多活十年……
15. 治病防癌……
16. 毒素最多……
17. 神奇功效……
18. 惊悚一幕……
19. 价值千万……
20. 绝密隐私……
21. 差点丧命……
22. 看后崩溃……
23. 身份曝光……
24. 北京震怒……
25. 内部消息……
26. 高层揭秘……
27. 强硬反击……
28. 全民炸锅……
29. 摊大麻烦……
30. 国人硬咽……
31. 西方胆寒……
32. 美国慌了……
33. 安倍慌了……

① 李欣频. 李欣频的文案课[M]. 杭州：浙江人民出版社，2020：83.

34. 美国沉默……　　35. 幕后黑手……　　36. 北京发飙……
37. 世界哗然……　　38. 果断出手……　　39. 突然翻脸……
40. 西方崩溃……　　41. 美国崩溃……　　42. 最后警告……
43. 噩梦来临……　　44. 世界沸腾……　　45. 国人不忍了……
46. 中国不忍了……

2. 正文的结构与层次要井然有序

前面第七章总结文案结构时曾介绍过，平面文案的正文一般由开头、主干和结尾三部分组成。三个部分各有分工，同时又必须相互配合，最后组成一个有机的整体。每一则文案的正文，无论是摆事实、讲道理，还是诉说品牌故事；无论是长文案，还是短文案，都有自己内在的逻辑线索和结构顺序。如果正文的逻辑线索与结构顺序合理、清楚，读者、用户阅读起来就会非常顺畅，而且对信息的了解和把握也会很准确、明晰；反之，如果正文的逻辑线索、结构顺序模糊不清、颠三倒四，则会给读者、用户的阅读与理解带来障碍。

具体而言，一则文案的正文由数个段落组成，每个段落又由数个句子构成。因此，整则文案的井然有序，必须依托、落实于每一个段落、每一个句子。也就是说，只有每一个句子、每一个段落都逻辑严密、彼此呼应，整篇文案才能自成一体、一气呵成。

首先，保证每一个句子结构的完整性。一个完整的句子，主、谓、宾是最主要的构成要素，其中，主谓关系特别关键。主谓关系清楚、明了，传达的信息和意义就会比较直观、到位。写作每一个句子时，“最好多使用主语与谓语关系明了的句型”，即使特别需要省略主语，也一定要以清晰地传情达意、不会使读者和用户产生误解为前提。① 很多时候，句子的主谓关系混乱不清或主语缺失，是导致语义模糊的主要原因。

其次，理顺句子之间的逻辑关系。包括营销传播文案在内的所有文章，其最小、最基本的构成单位就是句子，在厘清行文的整体思路与顺序的基础上，一个个彼此独立的句子经由必要的关联词的连接，集结在一起成为一个完整的段落，

---

① 高杉尚孝. 麦肯锡教我的写作武器[M]. 郑舜珑，译. 北京：北京联合出版公司，2013：40.

有效地烘托、传达某个信息与意义。不同的文案，或者同一则文案中的不同段落，其内在的逻辑关系可以不尽相同、各有侧重，如有的是平行关系，有的是递进关系，有的是转折关系……不管是什么逻辑关系，相关的连接词一定要选对、用准确，句子的先后顺序一定要理清、理顺，不能毫无逻辑地任意安排，或是本末倒置，那样只会使整个段落形同一团乱麻，让人读起来摸不着头脑、理不清头绪。

为了使读者、用户阅读方便与理解准确，可以尝试每一部分再提炼出一个小标题，或在每一段的开头用一个简单的句子概括整段的核心内容，这样不仅能使文案线索清晰、重点突出，而且即使读者和用户只是一目十行地快速浏览，也能大致知晓、把握文案的主要信息。

最后，处理好各段落之间、各部分之间的衔接与转换。所有的文章、文案，都是连句成段、连段成篇。在具体构思、写作每一个段落或部分时，不能各自为政地想到哪儿写到哪儿，那样写作出来的文案最终只会成为一盘散沙。具体动笔、行文之前，必须做好整则文案的统筹安排，根据文案主题的需要，明确各段落、各部分的主要任务与职责，并处理好各段落、各部分之间的起、承、转、合关系，这样才能使文案成为一个顺畅、连贯、和谐的整体。

3. 增强文字的可读性

一般来说，无声语言符号的运用讲究规范、严谨。但在当下用户主导、碎片化阅读、特别注重体验的营销传播氛围中，能否让读者、用户在文字中获得轻松、愉悦的感受，则显得更为重要、关键。

如今的营销传播文案，口语化的现象越来越普遍，即使是以规范、严谨为特点的平面文案，亦是如此。那一行行印刷整齐、密密麻麻的方块字，对于视觉传播时代明显碎片化的阅读行为来说，无疑是一个明显的障碍。因此，在运用无声语言符号写作平面文案时，必须拒绝、摒弃那些逻辑关系复杂的长句、复句，多用简洁、精练、含义直白的短句；不要端着架子写作，尽量少用文绉绉、晦涩难懂的专业术语，多用生动、活泼、通俗易懂的生活化语言，以拉近与读者和用户的距离，消除阅读的障碍。

口语化的语言具有亲切、随和的特点，能给读者和用户带来良好的阅读体验。同时，使文字充满画面感也是提升文案感染力的有效途径和方式。写作文案时可以多用描述性的语言，重视生活细节的积累和描写，让读者和用户看到文字的同时，脑海中自然而然地浮现出形象和画面，进而产生身临其境、感同身受的良好体验。

总之，融媒体时代的平面文案应充分利用“融”的特点，融合多种方式，赋予相对比较呆板的文字以更多的色彩与活力。如美的集团 2020 年 7 月在其官方微博上发布的系列平面海报，共计 9 则作品，于 7 月 20—22 日发布，每天三则：

图片源自美的官方微博

以视觉为主的平面文案，却选择从听觉入手，抓住夏天特有的一些声音作为文案的生发点，每则文案围绕着一个拟声字展开，既能将人带入对过往的回忆，同时又能激发、调动人的通感，在视听联通、综合的基础上，产生良好的传播效果。

第二节　有声语言符号的运用

有声语言符号，指的就是人们日常生活中常用的口头语言，主要以口耳相传的方式诉诸人的听觉。

一、主要特点

在《广告文案写作(第二版)》中，高志宏、徐智明对有声语言符号的特点也进行了专门讨论：①

① 高志宏，徐智明. 广告文案写作(第二版)[M]. 北京：中国物价出版社，2002：328.

专论：“有声语言的线性传播”

有声语言以时间顺序传播，听者不能自主选择接受信息的顺序，不能重复接收(除非录音)，因此有声文案留给听者理解传播内容的时间很短。为使诉求对象在短时间内明确理解有声语言传播的信息，诉诸听觉的文案应该：避免过于复杂、需要深入解释的信息；避免使用复杂句式、生僻词语和过长的语句；注意词语含义的明确性，尤其注意同音字词，避免产生歧义。

有声语言符号主要通过传播者“说”、受众“听”来完成信息的传播任务，这种口耳相传的信息传播方式，与文字固定在版面上供人阅读相比，在很多方面存在明显差异。可以说，在很多方面，有声语言符号与无声语言符号呈现出相对的特点。

1. 简单、灵活

与无声语言符号以静止、固定的形式呈现在版面上不同，有声语言符号是线性、流动的，与时间相伴，顺着时间的线索往前推进，并随着时间的流逝而消失。无论是“说”者还是“听”者，都只能在非常有限的时间里，按照预先确定的先后顺序进行传播与接收。而且是单纯通过嘴来说、耳朵来听，因此，有声语言符号一般都很简短、通俗、随意，具有鲜明、浓厚的生活气息，较少受到刻板的规则的束缚，总体风格灵活、多变。

2. 韵律、节奏感强

与无声语言符号是“写”出来的不同，有声语言符号是“说”出来的。说的语言的最大特点或要求就是要让说的人说起来很舒服、顺畅，不拗口、不别扭；同时也要让听的人听得很明白、很入耳。因此，有声语言符号特别注重韵律感和节奏感，常常以简短的、接地气的、字数与结构保持一致的句式为主，并且对押韵甚至平仄也非常讲究，最后使得说者和听者都能从中获得快感和美好的体验。

3. 明白、晓畅

无论是面对面的直接交流，还是借助于媒介，有声语言符号整体营建出的都是说者与听者“同时在场”的氛围，即双方同在一个场景(特别是语境)之中。说者与听者同处于一个语境，会更加有利于信息的传播、接收及理解，误读或曲解发生的概率相对比较低(当然，要处理好同音异义的多音字)。

有声语言符号也有明显的缺陷，如有声无形、转瞬即逝；看不见、摸不着；只有一个人的独白，或两个及两个以上人的对话，形式上难有大的突破，比较单调……这都是在具体运用时要妥善处理、着力弥补的。

二、使用原则

对有声语言符号的运用，一定要充分利用、发挥其独有的特质，扬长避短。可以说，音频文案主要是为“说”而写、为“听”而写，必须适应“说”与“听”的要求。

1. 让说者说得顺口

有声语言是“说的语言”，与“写的语言”有很大的不同。很多时候，说起来很流利顺畅，但照实用文字录下来则杂乱无章；或是用文字写出来文从字顺、极有气势，但用嘴说出来则显得拘谨、呆板……因此，运用有声语言符号写作文案必须要让说者说起来朗朗上口。

首先，少用单音词，多用双音词。在平面文案中，单音词多有出现，不会影响阅读效果。但如果在音频文案中运用单音词，听、说都会觉得别扭。例如：

现—现在　将—将要　然—然而　但—但是　达—达到　即—就是
虽—虽然　如—例如　或—或者　能—能够　且—而且　及—和

其次，一些文言成分浓厚的词，最好换用口语表达。如：

是否—是不是　日益—越来越　迅速—很快
即将—就要　　途经—路过

最后，注意语言节奏和韵律的安排与把握，增强感染力。2020 年 4 月 6 日晚，被称为央视“段子手”的主持人朱广权，与直播带货一哥李佳琦联袂做了一场主题为“谢谢你，为湖北拼单”的公益直播，为湖北产品做线上推广。直播期间，作为“金句王”的朱广权金句不断，且句句押韵，如开篇的预告：①

初来乍到，技术不好，手艺不妙，请多关照。我命由我不由天，我就属于佳琦直播间。烟笼寒水月笼沙，不止东湖与樱花。门前风景雨来佳，还有莲藕鱼糕玉露茶。凤爪藕带热干面，米酒香菇小龙虾。守住金莲不自夸，赶紧下单买回家。买它买它就买它，热干面和小龙虾。

卖鱼糕：

吃鱼不见鱼，鱼含肉味肉有鱼香。不管是食品还是大师级的艺术品，就像米开朗琪罗在晚年的时候，做出了“未完成的完成”的艺术品，是对自己艺术地位风格的一种超越。多纳泰罗晚年的时候敢于做出丑的美，提香晚年创作出了黑暗的光明，贝多芬晚年作品有难听的好听，不见鱼的鱼同样是大师的意境。糕，实在是高！

卖热干面：

人间烟火气，最抚凡人心。漫步东湖畔，黄鹤楼俯瞰。荆楚文化让人赞叹，但不吃热干面让人遗憾。黄鹤楼长江水一眼几千年，老汉口热干面韵味绕心间。愿亲人都平安，春暖艳阳天。人间唢呐，一级准备！“omg”，不是我一惊一乍！真的又香又辣。好吃到“死”掉的热干面令人不能作罢，舌头都要被融化，赶紧拢一拢蓬松的头发！买它买它就买它，天呐，运气好到爆炸，不光买到了，还有赠品礼包这么大！

卖藕：

① 根据网络资料整理。

“藕”代表着佳偶天成，而且无独有偶，吃了藕就不单身了，吃了藕就不会变心。因为奇变“藕”不变，符号看象限。所以吃了藕海枯石烂心不变！

卖绿豆糕：

清热解毒湿气，口感清爽不腻，组织细润紧密，又对身体有益，不粘牙真的不粘牙哦！佳琦用你的先知先觉带动了我的后知后觉，然后让大家买得不知不觉。

据相关报道，在两小时的直播期间，李佳琦直播间有近1500万次观众围观，朱广权的央视直播间吸引了1.2亿次观众在线观看，上架的湖北特色产品更是“秒光”。朱广权本人亦被人们称为“宇宙第一reader”“押韵狂魔”。①

2. 让听者一听就明白

音频文案的接受者(听众、听者)只能单纯通过耳朵接收声音(有声语言、音乐和音响)，而且对有声无形、转瞬即逝的声音只能在短暂的时间内一次性接收(传统广播无法重复收听，网络音频广告也很少有人主动重复收听)，如何在短短的数十秒时间里让听众单凭听觉就能准确接收、理解广告信息，这是在写作音频文案时必须重点考虑的。

其一，汉语言文字中，一音多义的现象非常普遍，同音异义的字很多。单凭耳朵听，是很难在听的瞬间准确判断其确切含义的，例如：

致癌—治癌　石油—食油　纪委—计委　部优—不优　向前看—向钱看

为避免歧义的发生，在音频文案中，对同音字的运用一定要特别小心，宁可多用几个字，也要将内容表达清晰、完整。如“治癌”可以说成“治疗癌症”，“致

① 朱广权直播带货惊呆李佳琦，国家级段子手如何炼成？[EB/OL].[2020-04-17]. https://baijiahao.baidu.com/s?id=1664182514956684356&wfr=spider&for=pc.

癌”则可表达为“导致癌症”，“食油”换作“食用油”，等等。

其二，中国是一个幅员辽阔、民族众多的国家，语言的差异性很大，特别是在有声语言方面，许多地方都有自己独特的方言。如果是做区域性的广告，采用方言既能突出地域特色，同时又能让区域内的听众产生亲切感；如果广告目标超出特定区域，要覆盖全国范围，则当慎用方言，因为不是方言区域内的听众，根本就听不懂文案在说什么，这样的广告无疑就是“打水漂”的盲广告，毫无效果可言。

其三，有声语言符号有声无形、转瞬即逝，听众的接受行为只能是短暂的、一次性的，又没有机会或耐心反复收听，因此，音频文案的句子要尽可能简短，以单句、短句为主，切记不要写很长的句子和很复杂的句式。一般来说，长句和复句单凭听是很难领会的，而且人们在日常口语交流时基本都是以短句和单句为主。同时，尽量少用或不用生僻难懂、意义丰富的成语和典故，力求明白晓畅、简单易懂，使听众只听一次就能准确理解并牢牢记住。

其四，听众在收听音频作品时，其状态是多种多样的，可以很专注地听，但更多的是边干其他的事边收听，即处于“兼听”状态，注意力并不集中，而是分散在其他事物上。这就要求音频文案的开头要营造吸引力，增强“可听性”，如可用提问的方式勾起收听者的疑惑和关注，进而引出正题。如某日化产品的文案就以两个问句开头：“听众朋友，您想使自己的皮肤保持光滑柔嫩、爽洁舒适吗？您想使自己的头发保持光泽柔软、富有弹性吗？”能有效地激发起人们的警觉和关心，使之接下来专注地收听具体信息。

3. 对重要信息进行反复强调

以时间为线索，单纯通过声音传播信息的音频文案，不可能像平面文案那样，可以用较长的篇幅、较多的文字介绍丰富、复杂的信息。大卫·奥格威倡导并坚信的“讲的事实越多，销售得也越多”，① 可能在平面文案中能够得以实现，但对音频文案却并不适用。在音频文案中，罗列的事实越多，给听众留下的印象

① 大卫·奥格威. 一个广告人的自白[M]. 林桦，译. 北京：中国友谊出版公司，1991：99.

可能越模糊，因为单凭耳朵一句接一句地听，是很难听清楚丰富、复杂的信息的，而且人的瞬间记忆能力非常有限，往往听到后面就忘了前面讲的是什么，文案越长，内容越复杂，听者能够接受并记住的东西就越少。因此，音频文案的写作不能盲目追求信息的全面、翔实，而应突出重点，以点带面：一方面，内容高度凝练、集中，只突出重点信息或品牌名称；另一方面，语言运用也要力求简洁、一语中的。如爱华仕箱包的一则广播文案：

甲：我就爱装，装独立，不再依赖父母的宠溺；

乙：我就爱装，装自信，不再拘泥别人的眼光；

丙：我就爱装，装远见，不再贪念眼前的苟且。

合：无所不装，轻装上阵，我的青春我的爱华仕。

文案紧紧围绕爱华仕箱包“生活酷旅行，装起全世界”的主题，聚焦于一个关键词“装”，率性地替年轻一代喊出“我就爱装”的心声，很好地诠释了“装得下，世界就是你的”的品牌主张。

广告是对品牌的长期投资，除了最核心、关键的信息，品牌名称也是需要通过广告凸显、强化的重点。对一般时长只有数十秒的音频文案来说，不断强调甚至重复品牌名称亦是普遍的选择。如第七章介绍的莱威面包的文案就是利用小孩子吐字不清晰的特点，通过母亲不断纠正小男孩儿发音的生活细节，将品牌信息“莱威果料面包”反复呈现，让人很容易记住。再如全国大学生广告大赛的一则获奖作品，与之几乎如出一辙：①

女孩：妈咪妈咪，我想去北京看雀巢。

妈妈：是鸟巢，不是雀巢。

女孩：妈咪妈咪，我想喝鸟巢咖啡。

妈妈：是雀巢，不是鸟巢。

女孩：妈咪妈咪，是不是喝了鸟巢就可以去雀巢了呢？

---

① 根据网络资料整理。

合：鸟巢能带来的活力，雀巢也可以。

第三节 与其他符号的协调与配合

所有的广告作品，无论是平面广告作品、音频广告作品还是视频广告作品，都是由语言符号和非语言符号组成的一个有机整体。因此，营销传播文案的写作，除了要全面思考、处理好语言符号的选择与运用，还需协调好语言符号与非语言符号之间的关系，在各有分工、各有侧重点的基础上彼此呼应、相互支撑，真正成为一个和谐的整体。换句话说，营销传播文案既自成一体，有自己内在的结构、规则与要求；同时，它又不是一个完全独立的存在，在关注语言符号的同时，文案还需和其他非语言符号如画面、图像、音乐、音响等相互配合，共同达成有效传播商品与品牌信息的目的。①

一般来说，在广告作品创作的过程中，负责文案撰写的文案人员和负责视觉设计的艺术指导组成创意小组，如影随形地在一起工作。

一、与其他视觉符号的协调与配合

在平面广告作品、视频广告作品中，文案须与画面、图像等视觉符号协调、配合。

1. 平面文案与画面的配合

平面广告作品主要由文案与画面组成。画面的构成要素又可细分为图片、色彩和版面编排等。②

首先，对于信息内容的传达，文案与图片要在分工的基础上互补。与文案相比，图片的优势是直观、形象，一看即懂，如产品的解剖图、品牌代言人的形象以及特定环境与氛围展现等，要充分利用这一点。一幅简单的图片能直接

① 高志宏，徐智明. 广告文案写作(第二版)[M]. 北京：中国物价出版社，2002：4.

② 高志宏，徐智明. 广告文案写作(第二版)[M]. 北京：中国物价出版社，2002：336.

呈现的内容，就不必再用很多文字去描述。反之，那些图片难以说清楚的微妙的体验与感受，则需文字当仁不让地承担起自身的职责，用到位的描述直击人的内心。

其次，在平面广告作品整体版式的设计与编排上，要协调、处理好文案与图片之间的均衡关系。平面广告作品的版式设计大致有两种类型：一种是图片与文案结合在一起，构成一个和谐的整体。在这样的作品中，文案与图片的关系非常密切，二者相互依存、难以分离。很多时候，文案就是图片的一个必不可少的组成部分，图片离开了文字，就会黯然失色；文字没有图片的配合，也会枯燥乏味。因此有人将这种类型直接称为图片式广告。传统的报纸杂志广告，以及互联网平台上的海报大多是这种类型。如支付宝的系列广告作品，文案与图片共生，不可分离：

图片源自网络

此类作品中的文案就要特别注重与图片的呼应，要用高度概括、非常精练的语句，画龙点睛式地揭示、呈现核心信息，绝不能泛泛而谈、面面俱到。

另一种类型则是图片与文案相互穿插，如微信公众号上的很多推文是在两段(或两部分)文字之间插入一张或数张图片。下面是故宫淘宝 2020 年 8 月 9 日发布的关于月饼的推文：

故宫微信公众号截图

这种版式中，文案与图片的关系相对比较松散，文案既可以对图片进行比较详细的解释与总结，也可以自成一体，只是用穿插的图片来调节气氛，舒缓密密麻麻的文字挤在一起带给读者的压力，或是起到美化版面的作用。

最后，文案与图片在风格、调性上应高度一致，以保证整则作品的完整与和谐。色彩、字体、字号、行距这些细节，也都要精心设计。为给读者和用户提供好的阅读体验，页面应适当留白。

2. 视频文案与图像的配合

视频作品与平面作品、音频作品相比有很大的不同，它集画面、声音、文字于一炉，综合作用于人的视觉和听觉，是诉求力、感染力最强的一种广告形式。

一般来说，视频作品以画面为主。其他要素如文案和音乐、音响，则应该充当“配角”，以支持、烘托画面。大卫·奥格威对此就深有感触：“在电视时代的早期我犯了依靠语言来推销的错误，我习惯了没有画面的广播。我现在明白电视是用画面来讲故事的。所以画面比声音更重要。语言和画面必须互相配合、互相扶持。语言的唯一功能是解释画面所表现的东西。”①换句话说，视频作品中，画面是绝对的主角，很多信息与故事，通过画面就可以非常直观、形象地呈现出来，根本不需要文案再以很大的篇幅喋喋不休地加以重复。文案应该适当地“退居二线”，只在最关键的时刻登场，画龙点睛，简要概括、展现最精髓的内容，不能仅仅充当画面的“解说者”。我们看很多优秀的视频广告，文案都很简略，只有一句广告语由人说出或定格在画面上，就能产生非常好的效果。

既然视频作品中画面是主角，文案作为画面的补充、说明者只强调重点，点到为止，因此，视频文案自然也不必像平面文案那样追求完整、连贯，可以适当地省略、跳跃。如香港地铁的一则电视广告文案：②

小和尚：师傅，是时候了。

小和尚：噢，师傅……

老和尚：前路看得通，何故要匆匆？

小和尚：时辰刚刚好耶，师傅……

老和尚(画外音)：心中有数，搭地下铁路，说着说着就到了。

字幕，广告口号：搭地下铁路，说着说着就到了。

小和尚：师傅，要放生的那只龟，还未到耶……

小和尚和老和尚，都是自己说自己的，表面上看彼此不搭界，但与画面结合在一起，却相映生辉，不多不少。

在谈及“怎样制作上乘的电视广告”时，大卫·奥格威曾说过这样一段话：

① 大卫·奥格威. 一个广告人的自白[M]. 林桦，译. 北京：中国友谊出版公司，1991：118.

② 郭有献. 广告文案写作教程(第四版)[M]. 北京：中国人民大学出版社，2019：200.

“在报纸和杂志上做广告，你是从吸引读者的注意力开始的，但是就电视广告而言，观众在一开始的时候已经在注意了，问题是不要把观众吓跑。”①如何才能不把观众吓跑、赶跑呢？从文案与画面相互配合、扶持的角度，画面应该先声夺人，牢牢地抓住并牵引观众和用户的视线，文案则可在深刻洞悉人性的基础上，通过直接的对比，或巧妙设置问题，直击人心。如猎豹浏览器曾在母亲节推出一则视频广告，文案与画面都运用对比的方式，既深深地触动了人心，同时又很好地传递了商品信息。

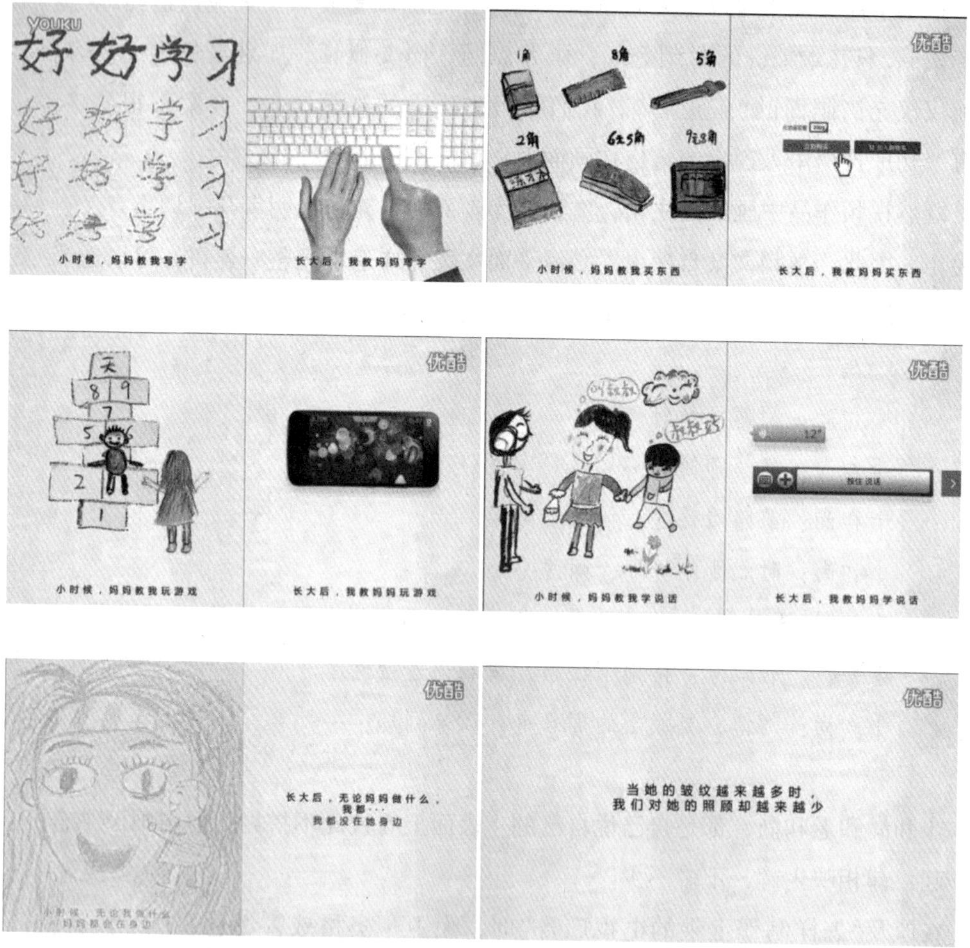

① 大卫·奥格威. 一个广告人的自白[M]. 林桦，译. 北京：中国友谊出版公司，1991：119.

网络视频截图

二、与其他听觉符号的协调与配合

在音频作品、视频作品中，文案需与其他的听觉符号，主要是音乐和音响相互配合，组成一个和谐的整体。

特别是音频作品，由于只能以单一的听觉符号作用于人的耳朵，其局限性体现得最为明显。相对于视觉符号而言，听觉符号有声无形、转瞬即逝，而且听者只能通过耳朵接受信息，对信息的理解、接受与记忆非常不利，再加之听者常常处于“兼听”的状态，这些因素综合在一起，最终导致听觉符号在传播信息方面的缺陷相当明显，必须想办法加以弥补。

弥补的主要方法之一就是借助音乐和音响的力量，尽量减少只有人声的单调与乏味；同时，通过恰当的音乐和音响配合，增强现场感，并营造良好的收听氛围。

文案是音频作品承载、传播信息的主力，音乐和音响只能起辅助性的作用。因此，音乐与音响的选择，应该根据文案内容的需要进行选择，以确保音频作品整体风格和调性的一致。

视频作品综合使用视觉、听觉符号，不仅作用于人的视觉，同时还调动了听觉的加入，让人既能看到画面和文字（字幕），听到人的声音（独白或对话），还能在音乐与音响的烘托中享受“视听盛宴”。正是多种元素有机配合，使得视频作品成为最佳的营销手段和方式。当然，前提条件是这些视觉、听觉元素在以画面为主的基础上和谐地搭配在一起。

第十章 反复试错：文案是改出来的

无论何种文章的写作，很少有人能做到一次成功。绝大多数时候，一篇优秀的文章、一则有效的文案，都是经过反复琢磨、认真修改才得以成型的。可以说，选择、修改、完善是文案写作必不可少的一个环节。

第一节 一个主题多种方式表达

常言道，条条大路通罗马，成功的路径不止一条。同样，一个商品卖点，一种观念或是情感，从不同角度出发，也可以有多种不同的表达、呈现方式。营销传播文案写作者的立场和角度可以是多元的，常见的有客户视角、消费者视角以及自我视角，从不同视角出发，写作出来的文案会有很大差别。为了获得最佳文案，可以先将各个视角的文案都写出来，然后再进行比较、权衡与选择。

一、客户视角

客户视角，即站在广告主、品牌主的立场思考问题，寻求解决方法并写出文案。现代广告自诞生之后，在相当长时期内都是秉承着为客户服务的理念，广告公司、广告人都是受广告主的委托，为之代理、策划、创意、运作广告。无论是广告的整体策划，还是具体广告作品的创意与表现，其出发点也自然都是“为客户代言”。

“为客户代言”的文案，往往从广告主的视角出发，以商品特别是商品的功能性信息为中心，以促销为目标，整体行文风格比较理性、客观。

二、消费者视角

消费者视角，则是从目标消费者入手，基于对他们的现实状况与实际需求的全面了解与准确把握，针对其面临的某种困境或急需解决的某个问题，适时、适机地推出某种商品与某个品牌。

消费者视角的文案主要围绕消费者的心理做文章，重点强调商品带给他们的实际利益与好处，品牌能够给予他们的情感共鸣与观念认同，以凸显品牌个性与品牌价值。与客户视角的文案相比，整体行文风格偏向柔软、委婉。

三、自我视角

所谓自我视角，即文案撰写者的个人视角。应该说，所有的文案都是由一个个各具特性的写作者撰写出来的。但是作为实用性、针对性非常强的营销传播文案，必须尽可能弱化甚至避免浓厚的个人化色彩，如个人趣味与好恶、个人风格与追求，更不能将个人特色、个人目标凌驾于为商品服务、为消费者服务的目标之上，如一味地舞文弄墨、炫耀自身的文字功底和文学才华，执著于获奖广告……过多地重视“自我”，是难以写出优秀、有效的营销传播文案的。李奥·贝纳在其《请不断注意听取那微小的心声》中，旗帜鲜明地反对三种文案写作情形：第一，用许多不证自明的事实凑成一篇毫无趣味的自说自话；第二，用明显的夸大之词构成一篇夸张的狂想曲；第三，一味地炫耀自己的才华，期望以自己的舞文弄墨获得他人的赏识，却将商品弃之一旁。① 这三种情形都是典型的写作者自我视角，其最终结果只能是突出了自我，而忽视了商品与品牌，明显背离了营销传播文案的初衷。

比较以上三种不同的视角，单纯听从广告主的安排，惟广告主之命是从，只做广告主认可的广告和文案，最后只能成为广告主的传声筒而远离消费者；一味凭一己的理解、好恶和趣味行文，则无异于自恋式地自说自话，难以引发受众的“共鸣”；端着所谓“专业人士”的架子写作文案，不仅会落入“八股文”的俗套，与广告的目的更是背道而驰，对此，李奥·贝纳也有非常形象的描述：②

> 当撰文员把一张纸放进打印机里，或者他把玩着一支大黑铅笔，在他面

① 汤·狄龙，等. 怎样创作广告[M]. 刘毅志，译. 北京：中国友谊出版公司，1991：76.

② 高志宏，徐智明. 广告文案写作(第二版)[M]. 北京：中国物价出版社，2002：151-152.

前放着一张刺眼的白纸时，撰文人员就会变得十分自觉，俨然像是专业人员……他的肌肉就紧张起来，他脑壳里面的灰色东西开始冷冻，同时在他奇怪的地方开始痒起来了。这时他从一个普通人变成一个撰文人员。

曾在智威汤逊和萨奇萨奇写作文案的 Paul Fishlock 则以自己的亲身经历现身说法，告诫文案人员不要太执著于所谓的“专业”：①

他努力钻研得奖文案，想要从里面找到诀窍，苦思冥想一鸣惊人的标题，刻意写非常短的段落，还想用笑话结尾，增加人们阅读的兴趣，可是最后，写出来的文案连自己都觉得没趣。

后来他觉得自己永远成不了优秀的文案撰稿人了，就把没有用什么技巧、写得明明白白的文案交出去，只要把问题说清楚了就停笔，不玩文字游戏。突然有一天他发现自己的文案变好了，他再不害怕写文案了，也不会冥思苦想而一无所获了，而且他的文案开始获奖。

由此我们可以获得非常有益的启示——文案撰写者真正专业的做法其实就是老老实实地研究商品、品牌和消费者，弄清楚商品的特质和消费者的需求，然后站在消费者的角度，去思考文案究竟应该说什么与怎样去说，最后用简单、朴素的语言把问题说清楚，让消费者有共鸣就行了。

明确了文案的立场、视角与主题，在具体运用语言符号的过程中，仍然可以、而且应该尽可能探索、试验多种不同的方式和方法。很多时候，同一个主题、同一个意思往往可以用很多种不同的方式来诠释、表达，写作者应拓展视野、打开思路，从各种角度切入，对各种可行的表达方式都进行尝试，写成文案，然后再对所有的文案进行比较、选择。李欣频就曾如此描述她初入行时的写作状态：“我最早进入广告公司写文案的时候，是全公司最年轻的菜鸟，完全没有任何工作经验，大家都很忙，没有人有空教我怎么写，但是自己瞬间就要独立接案了，所以得非常努力，一边看一边学，绞尽脑汁先想出三五个不同的概念，然后

① 高志宏，徐智明. 广告文案写作(第二版)[M]. 北京：中国物价出版社，2002：152.

就这些各自写一篇文案，自己再看哪个写得顺手——写得顺手是很重要的。”①

其实，与李欣频有同样经历和习惯的文案人应该很多。大卫·奥格威在其《一个广告人的自白》中就直言：“我为广告写标题每次不下 16 个。”如今的自媒体文案写作者，为了自己的文案能有更多的用户点击，完成 10 万+的目标，更是在标题的提炼上煞费苦心。曾有一个很有影响力的文案写作者，每次都要和助手一起为自己的文案准备 100 个标题，并从中精选出 5~6 个标题，再放到三个顾问群中投票，最后根据投票结果筛选、推荐一个交由这个作者拍板认定。有 100 个备选标题并经由多个人的反复比较、权衡、筛选，最后自然是优中选优，能非常充分地保证标题的质量和效果。

第二节 检测与修改

文案写作者为每一则文案打上最后一个句号，并不意味着文案写作活动的结束。后续还有一个非常重要，但容易被人轻视的环节，那就是对文案进行检查、测试，发现问题，及时纠正、解决，对文案加以修改、完善。

常言道：文章是改出来的，营销传播文案亦是如此。更准确地说，比之其他类型的文章，营销传播文案的检测与修改更加重要，其检测的主体与途径更多，流程更完善，延续性、针对性更强。

一、写作者的自我检查与修改

每一个文案写作者都应该对自己写作的文案负责。每完成一则文案，都应该对照广告目标及相关要求，自行对文案进行检查。从字、词、句是否妥当、通顺，标点符号是否正确，数字和小数点有没有错误，到内容与主题的呈现是否清晰、到位……都要一一仔细推敲、琢磨，做到万无一失。

长期以来，文案测试已经积累了很多标准。如 Rajeev Batra、John G Myers、David A Aaker 共同提出的五大标准：②

1. 诉求对象对广告的认知；

① 李欣频. 李欣频的文案课[M]. 杭州：浙江人民出版社，2020：389.

② 高志宏，徐智明. 广告文案写作(第二版)[M]. 北京：中国物价出版社，2002：462.

2. 诉求对象对广告及其内容的回忆；
3. 广告说服或者改变诉求对象态度的效果；
4. 广告对于购买行为的效果；
5. 广告在提高品牌忠诚度或产品消费量方面的效果。

这五大标准高屋建瓴地概括了广告作品及文案应该完成的总体目标。

还有更加具体的检测项目表，如国际广告协会提出的优秀广告的五条标准：①

1. 显示独创、革新的精神；
2. 列出商品或服务的真正优点；
3. 要有明确的承诺；
4. 给消费公众一种愉悦的情感；
5. 有一种潜在的推动力量。

罗伯特·布莱在《文案创作完全手册》中则给出了“文案写手的确认清单”：②

1. 这份文案是否落实了标题所做的承诺？
2. 这份文案够有趣吗？
3. 这份文案容易读懂吗？
4. 这份文案具有可信度吗？
5. 这份文案有说服力吗？
6. 这份文案够明确具体吗？
7. 这份文案够简洁吗？
8. 这份文案跟商品紧密相连吗？
9. 这份文案的节奏够流畅吗？

① 郭有献. 广告文案写作教程(第三版)[M]. 北京：中国人民大学出版社，2015：35.

② 罗伯特·布莱. 文案完全创作手册[M]. 刘怡女，袁婧，译. 北京：北京联合出版公司，2013：53-55.

10. 这份文案是否能够鼓励读者实际购买？

文案前辈的经验总结，也可以作为后来者自我检测文案的参考，如大卫·奥格威对如何写作标题、正文就提出了很多原则性的建议。①

关于文案标题：

1. 标题好比商品的价码标签。用它来向你的潜在买主打招呼。若你卖的是彩色电视机，那么在标题里就要用上彩色电视机的字样。这就可以抓住希望买彩色电视机的人的目光。若是你想要做母亲的人读你的广告，那在你的标题里要用母亲这个字眼。等等。

反之，不要在你的标题里说那种会排斥你的潜在顾客的话。也就是说，如果你是为一种男女兼宜的产品做广告，你就不要把标题写得单是倾向妇女，那样会把男士赶跑。

2. 每个标题都应带出产品给潜在买主自身利益的承诺。它应该像我为海伦娜·鲁宾斯坦的荷尔蒙霜所写的标题"35岁以上的妇女如何能显得更年轻"那样，承诺某种好处。

3. 始终注意在标题中加进新的讯息。因为消费者总是在寻找新产品或者老产品的新用法，或者老产品的新改进。

在标题中你可以使用的最有分量的两个词是"免费"和"新"。你使用免费这个词的机会不多，但"新"这个词则总是可以用上的。

4. 其他会产生良好效果的字眼是：如何、突然、当今、宣布、引进、就在此地、最新到货、重大发展、改进、惊人、轰动一时、了不起、划时代、令人叹为观止、奇迹、魔力、奉献、快捷、简易、需求、挑战、奉劝、实情、比较、廉价、从速、最后机会，等等。

标题里加进一些充满感情的字就可以起到加强的作用。比如亲爱的、爱、怕、引以为傲、朋友和宝贝，等等。

5. 读广告标题的人是读广告正文的人的5倍。因此，至少应该告诉这

① 大卫·奥格威. 一个广告人的自白[M]. 林桦，译. 北京：中国友谊出版公司，1991：94-104.

些浏览者，广告宣传的是什么品牌。标题中总是应该写进品牌名称的原因就在这里。

6. 在标题中写进你的销售承诺，这样的标题就要长一些。根据纽约大学零售学校与一家大百货公司合作举办的标题测试活动，10个字或10个字以上带有新讯息的标题比短的更能推销商品。

7. 标题若能引起读者的好奇心，他们很可能就会去读广告的正文。因此在标题结尾前应该写点诱人继续往下读的东西进去。

8. 有些撰稿人常写一些故意卖弄的标题：双关语、引经据典或者别的晦涩的词句，这是罪过。标题必须以电报式文体讲清你要讲的东西，文字要简洁、直截了当。不要和读者捉迷藏。

9. 调查表明在标题中写否定词是很危险的。

10. 避免使用有词无实的瞎标题。就是那种读者不读后面的正文就不明其意的标题。而大多数人在遇到这种标题时是不会去读后面的正文的。

关于文案正文：

1. 不要旁敲侧击——要直截了当。避免那些“差不多、也可以”等含糊其辞的语言。盖洛普博士已经证明这种模棱两可的说法通常会被误解。

2. 不要用最高级的形容词、一般化字眼和陈词滥调。要有所指，而且实事求是。要热忱、友善并且使人难以忘怀。别惹人厌烦。讲事实，但是要把事实讲得引人入胜。

3. 你应该常在你的文案中运用用户经验谈。比起不知名的撰稿人的话，读者更易于相信消费者的现身说法。

4. 另外一种很有利的窍门是向读者提供有用的咨询或者服务。以这种办法写成的文案可以比单纯讲产品本身的文案多招75%的读者。

5. 我从未欣赏过文学派的广告。我很同意克劳德·霍普金斯的观点：“高雅的文字对广告是明显的不利因素。精雕细刻的笔法也如此。它们喧宾夺主把对广告主题的注意力攫掉了。”

6. 避免唱高调。自吹自擂、自炫都应避免，但是完美和操行却应发扬光大。

7. 除非有特别的原因要在广告里使用严肃、庄重的字，通常应该使用顾客在日常交谈中用的通俗语言写文案。

8. 不要贪图写那种获奖文案。

9. 优秀的撰稿人从不会从文字娱乐读者的角度去写广告文案。衡量他们成就的标准是看他们使多少新产品在市场上腾飞。

文案写作者完成文案之后，可以先将作品搁置、冷却一段时间，放松一下身心，待到头脑冷静、心平气和之时，再启动对文案的自我检查与修改，往往会收到比较好的效果。这是李欣频的经验之谈：①

刚开始做文案的那段时间，每当我写了好几个版本的文案之后，就休息一下，喝杯咖啡，跟人家聊聊天，等一会儿再回来看这篇文案有没有要修改的，之后最好能睡个觉。

第二天一早起来，从客户的角度、消费者的角度看究竟哪个版本更好，如果不满意就会重写，就如同文案创作者麦克说的，“最有效的方法就是隔夜检验，本来看起来很棒的文案，常常在晚上6点和第二天早上9点之间，变得很无聊”，这种自我检验的方式很重要，否则我们很可能耽溺在里面，看不出盲点。

一般来说，每个人对自己写的文字都有一些偏爱与坚持，有些写作上的问题也是写作者自身难以发现的。这时，不妨发挥身边搭档、同事或朋友的力量，将文案拿给他们看一看，或是亲自读给他们听一听（大声读比默默看更容易发现问题），观察他们的反应，或者直接请他们提意见和建议。李欣频将这种评估文案的方法称为“天才检验法”和“白痴检验法”——把文案念给广告领域的专家和“白痴”（不懂广告的消费者）听。②

① 李欣频. 李欣频的文案课[M]. 杭州：浙江人民出版社，2020：389-390.
② 李欣频. 李欣频的文案课[M]. 杭州：浙江人民出版社，2020：390.

二、广告运作过程中对文案的多重检测与修改

文案撰写者对文案进行自我检查、修改之后，还要经受很多人、很多环节的严格检测，如果出现问题则需及时进行修改、完善。

首先，文案要接受广告营销公司的内部测试，即同事和专业人士的评估与建议。如视觉设计人员，因为文案必须时刻与图片、图像相互配合、支撑，文案人员也是如影随形地与美工、设计人员一起工作（在可见的未来，还要和智能机器人合作），他们的意见和建议往往最为直接、中肯。此外，还有整个运作小组、团队其他成员的意见，只有获得整个团队的认可，文案才有可能被采纳。

其次，文案必须获得广告主、品牌主的认可。广告营销公司为广告主、品牌主策划的所有活动、创作的所有作品，都必须经由提案并获得广告主的首肯、同意之后才能交付使用。换句话说，广告主、品牌主对包括文案在内的广告作品的命运具有最终决定权。在广告人的创作过程中，广告主、品牌主会随时对文案提出各种修改意见，文案人员必须高度重视并认真修改。

最后，文案正式面世之后，还要接受受众、用户和消费者的“检阅”。在以大众传播媒介为主的传统广告时期，受众对广告文案及作品进行意见反馈的渠道很少，广告公司也很难对已完成、刊播的广告作品做及时的修改，如果不是出现非常严重、必须解决的问题，一般不会终止广告活动和广告作品的继续传播。但在进入互联网时代之后，用户的感受、意见可以非常方便、快捷地表达；依托于广告交易平台，广告营销机构也可以实时跟踪用户的行为轨迹，了解他们的反馈意见，及时对广告作品的内容与形式、文案与视觉符号进行调整、完善和优化。

总之，每一则优秀的文案，都是千锤百炼的结果。

参考文献

[1]大卫·奥格威. 一个广告人的自白[M]. 林桦，译. 北京：中国友谊出版公司，1991.

[2]丹·海金司. 广告写作艺术[M]. 刘毅志，译. 北京：中国友谊出版公司，1991.

[3]汤·狄龙，等. 怎样创作广告[M]. 刘毅志，译. 北京：中国友谊出版公司，1991.

[4]原鸿一郎，石田胜寿. 广告文案[M]. 谭琦，译. 北京：中国电影出版社，1999.

[5]高志宏，徐智明. 广告文案写作(第二版)[M]. 北京：中国物价出版社，2002.

[6]李欣频. 李欣频的文案课[M]. 杭州：浙江人民出版社，2020.

[7]乔治·费尔顿. 广告创意与文案[M]. 陈安全，译. 北京：中国人民大学出版社，2005.

[8]威廉·阿伦斯，迈克尔·威戈尔德，克里斯蒂安·阿伦斯. 广告：创意与文案(第11版)[M]. 丁俊杰，程坪，陈志娟，等译. 北京：人民邮电出版社，2012.

[9]罗伯特·布莱. 文案完全创作手册[M]. 刘怡女，袁婧，译. 北京：北京联合出版公司，2013.

[10]张微. 广告文案写作(第二版)[M]. 武汉：武汉大学出版社，2008.

[11]高杉尚孝. 麦肯锡教我的写作武器[M]. 郑舜珑，译. 北京：北京联合出版公司，2013.

[12]朱利安·西沃卡. 肥皂剧、性和香烟——美国广告200年经典范例[M]. 周向民，田力男，译. 北京：光明日报出版社，1999.

[13]克劳德·霍普金斯. 我的广告生涯·科学的广告[M]. 邱凯生，译. 北京：新华出版社，1998..

[14]大卫·奥格威. 大卫·奥格威自传[M]. 麦慧芬，译. 海口：海南出版社，1998.

[15]威廉·阿伦斯. 当代广告学(第7版)[M]. 丁俊杰，等译. 北京：华夏出版社，2001.

[16]珍妮弗·阿科尔，安迪·史密斯. 蜻蜓效应：运用社会化媒体的制胜秘诀[M]. 刁海鹏，赵俐，刘霞，译. 北京：机械工业出版社，2011.

[17]Gerard Tellis. 广告与销售战略[M]. 张红霞，王晨，译. 昆明：云南大学出版社，2001.

[18]饶德江. 广告创意与表现[M]. 北京：中国广播电视大学出版社，2001.

[19]阮卫. 广告文案案例评析[M]. 武汉：武汉大学出版社，2015.

[20]阮卫. 现代广告文案写作[M]. 合肥：安徽人民出版社，1997.

[21]李欣频. 广告拜物教[M]. 北京：电子工业出版社，2008.

[22]何平华. 中外广告案例选讲[M]. 武汉：华中科技大学出版社，2010.

[23]卢泰宏，李世丁. 广告创意——个案与理论[M]. 广州：广东旅游出版社，1997.

[24]徐小娟. 100个成功的广告策划[M]. 北京：机械工业出版社，2002.

[25]胡晓云. 世界广告经典案例——经典广告作品评析[M]. 北京：高等教育出版社，2004

[26]刘家林. 新编中外广告通史[M]. 广州：暨南大学出版社，2000.

[27]曹虎，王赛，等. 数字时代的营销战略[M]. 北京：机械工业出版社，2017.

[28]沈虹. 让生命的感动蔓延[J]. 现代广告，2004(1)：80-82.

[29]沈虹. 缘起“协同”——论“协同创意”的理论渊源[J]. 广告大观(理论版)，2013(8)：74-81.

[30]沈虹. 互动网络营销传播的创意研究[J]. 广告大观(理论版)，2011(5)：38-47.

[31]徐卫华，胡晓芸. “语”不惊人死不休——贝纳通(上)[J]. 广告大观，2001(8)：14-17.

［32］王苗苗. 基于数据挖掘的互联网企业用户画像分析［J］. 现代经济信息, 2018(15)：33-34, 37.

［33］空手. 从 1984 到 Think different：苹果广告 40 年全纪录①［EB/OL］.［2017-09-20］. https://zhuanlan.zhihu.com/p/29293095.

［34］乐剑峰. 文案：我们靠什么活下去［EB/OL］.［2013-09-11］. http://www.doc88.com/p-9774748610874 .html?r=1.

［35］艾瑞咨询. 干货：搞定用户画像只需 5 个步骤［EB/OL］.［2016-10-08］. http://www.sohu.com/a/115611583_445326.

［36］搜狐网. 一份《中国 95 后数据报告》了解一下：三观一致［EB/OL］.［2018-03-18］. https://www.sohu.com/a/225791866_349018.

［37］晴栀.《后浪》破圈之后……［EB/OL］.［2020-05-05］. https://xw.qq.com/cmsid/20200505A 0PJEQ00.

［38］"515 我要我" 英特尔与你一起找回自己［EB/OL］.［2014-05-14］. http://digi.tech.qq.com/a/20140514/039156.htm.

［39］Aoi @ TOPYS. 黑得漂亮！大小之争，看 Smart 精彩"反证"［EB/OL］.［2014-07-30］. http://www.topys.cn/article/detail? id=14923.

［40］路虎发现：25 年来，我们发现了什么？［EB/OL］.［2014-07-09］. http://creative.adquan.com/show/36701.

［41］文静. 广告门专访胡湘云：与大众银行的三年情缘［EB/OL］.［2012-03-05］. http://www.adquan.com/post-1-11132.html.

［42］黑白. "谷歌，请给我爸爸放天假"［EB/OL］.［2014-07-23］. https://creative.adquan.com/show/36741.

［43］李传玖. 快消品的革命，卖产品还是买场景［EB/OL］.［2020-08-05］. https://baijiahao.baidu.com/s? id=1674173303079829777&wfr=spider&for=pc.

［44］凌雁. 益达口香糖：《酸甜苦辣》三年始末［EB/OL］.［2012-11-23］. http://www.domarketing.org/html/2012/fmcg_1123/6925.html.

［45］朱广权直播带货惊呆李佳琦，国家级段子手如何炼成？［EB/OL］.［2020-04-17］. https://baijiahao.baidu.com/s? id=1664182514956684356&wfr=spider&for=pc.

后　　记

在每个人的心里，2020 年都是非常特别、记忆深刻的一年。

一场席卷全球的疫情改变了很多人、很多事。本该在春季完成的本书稿，也因此而延迟到了深秋。

秋天是丰收的季节。在这特殊的一年里，有的人失去了很多，有的人付出了很多，也有人收获了很多。

这本探讨营销传播文案写作的小书，可以说是我 20 余年“广告文案写作”教学与研究的总结。1995 年，江汉大学开办广告学专业，我从文学转向广告学，开始讲授“广告学概论”“广告文案写作”两门课程，并将广告文案写作作为自己的研究重点。1997 年，安徽人民出版社出版了我的第一本书《现代广告文案写作》；2015 年，我的第二本讨论文案的书《广告文案案例评析》由武汉大学出版社出版；2020 年，在深秋温暖的阳光下，我为《营销传播文案写作》的书稿敲上最后一个句号……三本谈文案的书，串联起近 25 年匆匆而过的时光，想来不由让人生出许多感慨。

时光飞逝，世事沧桑。小小的广告文案领域也发生了诸多改变。本书在梳理广告文案发展、变迁历程的基础上，重点剖析数字时代营销传播文案呈现出来的新现象、新特点，以期为人们的文案写作活动提供更实际的建议与指导。

本书的写作参考、借鉴了很多前辈和同行的研究成果，书中已一一标注清楚，在此一并表达深深的谢意。

阮　卫

2020 年 11 月于珞珈山